房地产经纪行业研究

FANGDICHAN JINGJI HANGYE YANJIU

廖俊平◎著

中山大学出版社
·广州·

版权所有　翻印必究

图书在版编目（CIP）数据

房地产经纪行业研究/廖俊平著. —广州：中山大学出版社，2019.4
ISBN 978-7-306-06591-9

Ⅰ.①房… Ⅱ.①廖… Ⅲ.①房地产业—经纪人—研究—中国 Ⅳ.①F299.233.55

中国版本图书馆 CIP 数据核字（2019）第 045164 号

出 版 人：	王天琪
策划编辑：	王　睿
责任编辑：	王　睿
封面设计：	曾　斌
责任校对：	陈　霞
责任技编：	何雅涛
出版发行：	中山大学出版社
电　　话：	编辑部 020-84110771，84110283，84111997，84110779
	发行部 020-84111998，84111981，84111160
地　　址：	广州市新港西路 135 号
邮　　编：	510275　传　真：020-84036565
网　　址：	http://www.zsup.com.cn　E-mail：zdcbs@mail.sysu.edu.cn
印 刷 者：	广州市怡升印刷有限公司
规　　格：	787mm×1092mm　1/16　18 印张　312 千字
版次印次：	2019 年 4 月第 1 版　2019 年 4 月第 1 次印刷
定　　价：	52.00 元

如发现本书因印装质量影响阅读，请与出版社发行部联系调换

序

近年来，我国房地产经纪行业不断变革与创新。房地产交易以存量房为主的态势为经纪行业发展提供了难得的机遇，互联网浪潮为经纪行业发展注入了创新活力，社会资本的介入为经纪行业发展增添了变革动能。在这样的背景下，房地产经纪行业积极探索发展方向，大胆创新，提高服务水平，使得经纪行业发生了一些积极变化。

廖俊平教授自2005年以来担任中国房地产估价师与房地产经纪人学会副会长，还牵头创办了广州市房地产中介协会并连任三届会长。他以行业协会为平台，深入研究我国房地产经纪行业，同时具有广阔的国际眼光，长年跟踪研究美国及我国香港地区等国家和地区的房地产经纪行业发展情况，探索建立适合我国国情的房地产经纪行业制度和规则。在教学、科研和行业服务之余，他笔耕不辍，自2010年起在《中国房地产》杂志开设"廖俊平专栏"以来，每月撰写一篇文章，主要探讨房地产经纪行业的发展、创新和管理问题，至今已逾八载。这次他将历年发表的100多篇文章整理结集出版，并归为三类，让我们得以集中了解他对房地产经纪行业的现状与发展、行业合作与升级、行业监管与自律等多个方面问题的看法，具有十分积极的意义。

我希望有更多的专家学者和行业从业人员投入更多的时间和精力来研究我国房地产经纪行业，共同为提升房地产经纪行业的职业化水平与专业服务能力而努力。愿有识之士共同探讨建立行业发展新规

则,营造行业服务新生态,推动房地产经纪行业持续规范发展。

2018 年 12 月

(杜鹃,现任中国房地产估价师与房地产经纪人学会会长,曾先后担任中央办公厅副局长、局长,国家民族事务委员会党组成员、中央纪委驻国家民族事务委员会纪检组组长,住房和城乡建设部党组成员、中央纪委驻住房和城乡建设部纪检组组长。中国共产党第十七届中央纪委委员,第十六次全国代表大会代表,全国妇联第九届执行委员会,第十二届全国政协委员。)

房地产经纪行业研究

市场低迷中的房地产经纪人：做什么？怎么做？／52
行业、企业、员工
　　——基于行业观察的一些事实／55
行业净化是否应该从源头做起／57
两张统计图所包含的信息／59
专业精神应成为房地产经纪行业有效供给的核心要素／62
专业精神＋客户体验
　　——成功经纪公司的不二法门／64
专业人士的专业精神／66
房地产经纪人，你希望向公众展示什么？／68
房地产经纪人
　　——受尊重和自尊／69
善待房地产经纪人与经纪人的自我救赎／71
房地产经纪人的成长与发展／73
房地产经纪行业痼疾如何根除？／75
同一件事情的不同看法／77
如何防止房地产经纪人冒用其他公司名义？／79
低价竞争行为的冷静分析／81
价格与成本／83
重新出山与二次创业／85

目 录

【房地产经纪行业现状与行业发展】
房地产经纪人会推高房价吗？／3
论房地产经纪人的产品和获利／6
房地产经纪人的是与非／9
房地产经纪佣金与行业规则重构／11
房地产经纪业务的扩展和分化／16
两种法律关系辨析与房地产经纪人业务重构／18
房地产经纪收费的本质问题是服务质量／21
居间或委托
　　——房地产经纪行为模式再探讨／23
关于房地产经纪业务模式之辨析／26
房地产经纪业务的转型升级路径／30
房地产经纪业务的变革与创新／32
再谈房地产经纪业务的变革与创新／35
再谈房地产经纪人推高租金／37
消费者权益保护的另一面／40
房地产经纪人及其执业环境的互动／44
公平交易，两相情愿／45
出售二手房交易所得税的转嫁／47
真房源，一个终于开始的起步／50

关于上海链家金融事件的几点思考 / 122
从 FIABCI 看房地产顾问服务的发展空间 / 124
美国学者怎样研究房地产经纪行业？/ 127

【房地产经纪行业合作与行业升级】
独权委托
　　——避免房地产经纪纠纷的最佳委托代理模式 / 133
独权委托的法律问题 / 136
从虚假房源说到独权代理制度变迁的方式 / 143
独家代理行为的分析框架 / 145
中外房地产中介服务网络经营的比较 / 148
互联网之于房地产经纪 / 155
再论房地产经纪与互联网 / 157
房地产经纪公司抵制互联网平台公司之分析 / 159
房地产经纪公司与互联网平台公司融合之后 / 161
房地产经纪行业剧变将要开始吗？/ 163
互联网之于房地产经纪，能改变什么？不能改变什么？/ 165
从"MLS"到"MLS"/ 167
独家不是独吞 / 169
资本的力量和道德的力量 / 170

房地产经纪规范化经营的外部约束 / 87
房地产经纪企业经营与地域文化 / 89
近距离观察美国房地产经纪人 / 91
对房地产经纪人的再认识
　　——参加 NAR 年会的思考 / 94
在房地产经纪行业,我们能改变一点什么? / 97
国际化背景下的房地产经纪人 / 99
是对象的痛点还是自身的痛点? / 102
开创中国房地产经纪代理行业的新纪元 / 104
房地产经纪行业的发展方向渐明 / 106
房地产经纪行业的核心竞争力何在? / 108
房地产经纪代理行业变革的方向 / 110
房地产经纪行业
　　——回望与期望 / 112
房地产经纪和估价行业的共同出路
　　——房地产综合服务供应商 / 114
创建房地产"大中介"业务平台 / 116
链家、高策合并之臆测 / 118
房地产专业服务的重要一环
　　——按揭服务 / 119

房地产经纪从业人员及其行业代表性 / 172
给朋友的信
　　——关于建立房地产经纪业务互联网平台 / 174

【房地产经纪行业管理与行业自律】
对我国房地产经纪人管理体制的一些思考 / 179
限制收费还是规范服务 / 183
论房地产经纪行业的监管 / 186
《房地产经纪管理办法》与信息公开 / 189
房地产经纪行业管理需要制度安排 / 193
政府监管市场还是参与市场？ / 195
再论房地产经纪行业的监管 / 197
准入管制还是行为监管 / 200
制度变迁过程中的政府、企业和协会 / 202
期待专项整治的效果 / 204
政府有为，乱象可治 / 206
治乱需要政府作为
　　——《关于加强房地产中介管理促进行业健康发展的意见》解读之一 / 211
糖要真给，棒子要真打
　　——《关于加强房地产中介管理促进行业健康发展的意见》解读之二 / 212

一主六辅的监管体系
　　——《关于加强房地产中介管理促进行业健康发展的意见》解读之三／214
"坏孩子"是怎样炼成的
　　——《关于加强房地产中介管理促进行业健康发展的意见》解读之四／215
怎样成为"好孩子"
　　——《关于加强房地产中介管理促进行业健康发展的意见》解读之五／216
低于成本竞争也该管
　　——《关于加强房地产中介管理促进行业健康发展的意见》解读之六／218
违法违规行为的成本和收益／219
房地经纪行业的两种制度变迁／221
论房地产经纪行业协会／223
论行业自律
　　——以房地产经纪为例／227
房地产经纪人、行业自律和社会管理／229
房地产经纪人的自我救赎和政府管制／232
从科斯想到房地产经纪人的自律／235
关于房地产经纪人信用评价
　　——兼论房地产经纪企业社会责任／237
承诺之后的议论／239
承诺的法律效力／242

职业资格与行业协会 / 244
协会和企业的边界 / 247
房地产经纪行业民间商会的发展路径 / 249
行业自律促行业向上 / 251
小型房地产经纪公司的行动方向与行业协会 / 253
行业协会的权力与行业自律 / 255
行业协会的执法权力之辩 / 257
做百年老会 / 259
持续观察的样本
　　——NAR / 261
从美国亚裔房地产协会看房地产中介的社会责任 / 263
美国房地产经纪人的政治参与 / 267
企业伦理与社会责任 / 271

后　记 / 273

房地产经纪行业现状与行业发展

房地产经纪行业现状与行业发展

房地产经纪人会推高房价吗？

近来，媒体广泛报道了一种现象——全国各地房租上涨比较明显；同时，还出现了一种观点——房地产经纪人推高了房租。

关于房租上涨的现象，本文不准备展开探讨（但经济学原理告诉我们，从长期趋势来说，房租应该与房价形成一定的比例关系，这种比例关系是由房地产投资的收益率决定的，所以在经历了较长时间的房价上涨之后，房租"跟进"上涨是不奇怪的），而对房地产经纪人推高房租一说，从笔者长期研究房地产经纪行为以及对实际情况的调研来看，还找不到确凿的证据。

我们先从房地产经纪人的业务说起。房地产经纪是为促成房地产交易而提供房源、客源等信息，协助议价及协助办理相关交易手续的服务性行业。从房地产经纪行为的价值链来看，提供信息并非最终目的，通常也不能仅凭提供信息来获取收益（也就是说，信息本身不能卖钱，虽然实际上对于房地产经纪人来说，房源、客源信息是其生存的根本，收集房源、客源信息是其获取后续收益的开始），而是在撮合成交之后才能获取佣金；另外，在房地产市场成熟、专业分工明确的地方，比如像京、沪、广、深这样的大都市，买卖双方往往还委托房地产经纪人代办后续的相关交易手续，如代为办理交易过户手续和银行按揭手续等，相应地，房地产经纪人也可以获得代办手续费。这种手续费有些是包含在经纪人的佣金里面的，所以表面上看上去最高能达到成交价3%的佣金实际上是包含了后续的服务收费在内的；有些是根据约定另行收取的。但从我国各地目前的情况来看，多数是包含在佣金里的。也就是说，在提供信息—撮合成交—协助办理这一系列主要的房地产经纪业务当中，核心是撮合成交，而经纪收费也是以撮合成交为标志来获取的。

分析了房地产经纪业务的业务链和价值链，我们就会明白，房地产经纪人最为关心的就是能否促成双方交易。

那么双方交易又是如何达成的呢？我们知道，一宗交易能否最终达成，取决于交易双方对交易对象的效用评价是否能够达成一致，只有当卖方对交易对象的效用评价低于其获得的货币收入，同时买方对交易对象的效用评价高于其付出的货币代价，买卖双方才能以一个高于卖方愿意获得的最低货币收入而低于买方愿意支出的最高货币支出的价格最终成交。反过来，如果买卖双方对交易对象的效用评价出现了偏差，通俗地说就是卖方认为价格太低而买方认为价格太高的话，交易就不能完成，而经纪人也就不能获得佣金收入。

所以，经纪人往往需要在买卖双方中间做沟通和说服工作，要么是说服卖方降低自己的期望值，愿意接受较低一些的成交价；要么说服买方调整自己的预算，愿意支付较高一些的成交价。

经纪人会根据说服工作的难度来选择主攻方向。通常，在市场处于上升阶段的时候，也就是市场处于卖方市场的时候，由于卖方都待价而沽，希望在价格继续上涨之后卖一个更好的价格，所以供给量常常不充分；而这时买方也明白价格将继续上涨，所以希望尽早成交，并且需求量往往比较大。在这种情况下，经纪人当然选择主要去说服买方尽量满足卖方的要价（当然也会根据情况要求卖方适当让步），这样才能较为容易地达成交易。反之，当市场处于下降阶段，也就是处于买方市场的时候，部分观望者变成了买方，但需求总量在萎缩；而急于在市场进一步下跌之前成交的是卖方，供给量在加大。在这种情况下，经纪人当然就会选择卖方作为主要的说服对象，尽量说服卖方面对现实，不要心存幻想，尽早接受买方的较低出价。

这其实和股市的情况有类似之处：当股价一路走高之际，为了确保能够买到股票，我们在填单的时候往往会比当前成交价高几分钱；反过来，当股价一路下跌的时候，为了能够确保卖出股票，我们在填单的时候就会比当前成交价低几分钱。这样的结果当然就是：股价走高的时候越买越高，股价走低的时候越卖越低。

所以说，比较合乎市场实际情况的说法应该是：房地产经纪人会对市场走势起到一定的推波助澜的作用，在市场走高的时候推高房价，而在市场走低的时候拉低房价。

我们回头再来看最近一些媒体的观点，它们认为在目前房地产市场调控初见成效、市场掉头向下的情况下，房地产经纪人为了保证自己的佣金

房地产经纪行业现状与行业发展

收入,尽力推高房价。有些媒体认为,经纪人这样做的目的,是因为佣金收入和房价成正比,成交价越高则佣金越高。这只说对了一部分,或者说只看到了表面现象,而没有看到问题很显然的另一面:如果没有成交,经纪人一分钱佣金都收不到。

其实,佣金收入也并不完全和房价成正比,通常,成交价越高,则佣金比例会越低(当然,佣金的总值还是随着成交价的增加而增加的)。有些地方如杭州市政府还明确规定,房地产买卖代理收费实行分档累进费率计算[1],分档累计:20万元及以下的为千分之十;20万~50万元(含)为千分之八;50万~80万元(含)为千分之五;80万~100万元(含)为千分之三;100万元以上为千分之一。

同样也是媒体的报道,据2010年7月9日的《广州日报》报道:"一位不愿透露姓名的中介经理向记者表示,中介公司向双方客户收取的费用,只是一个月的租金。因此,与租金的高低相比,中介公司更看重房屋租赁的成交数量。'如果把一套市场租金3000元/月的房子抬价到3500元向租客推荐,这单生意很可能就黄了。而且,天底下又不止我们一家中介,租客也不是傻子,多走几家比一比就知道了。你说,我们是愿意赚稳妥的3000元,还是赚成功可能性很低的3500元?对业务员来说,他的提成比例是15%,500元的差价乘以15%,等于45元。他有什么动机去哄抬租金?'"

由此可见,不论是从理论上分析还是实际情况显示,房地产经纪人要做的都是力促成交,而不会在市场下跌的时候去推高房价(或者是租金)。

(原载《中国房地产》2010年第8期)

---

[1] 参见杭州市物价局文件,杭价房〔2002〕172号,见网址 http://www.hzfc.gov.cn/zwgk/zwgknews.php?id=349。

论房地产经纪人的产品和获利

笔者在《中国房地产》2010年第10期相关文章中提出了一个问题：应该对房地产经纪行为限制收费还是规范服务。那篇文章讨论的焦点集中在政府是否应该限制房地产经纪服务的收费，而对同时提出的另一个问题没有展开讨论，即房地产经纪人究竟应该提供哪些产品（服务同样也是产品），而产品与收费之间应该具有何种关系。

房地产经纪人究竟应该提供哪些产品？这个问题如果放在十年前提出来，估计大多数人（包括房地产经纪人和客户）都会说："房地产经纪人是卖房子的，提供的产品当然就是房子。"而放到现在，至少在北、上、广、深等房地产中介市场比较成熟的城市，房地产经纪人都会回答说："经纪人提供的产品是房地产买卖（或者租赁）信息，以及与之配套的其他服务。"

信息可以成为产品，出售信息可以获得相应的收益，这在当今所谓的信息时代已经为众人所熟悉。可尽管如此，房地产经纪人的获利方式却还是常常为人所诟病。为了充分而清晰地讨论这个问题，我们不妨先来看看典型的房地产经纪行为及其获利方式。

二手房交易过程中，房地产经纪人的行为通常是居间，《中华人民共和国合同法》第424条规定："居间合同是居间人向委托人报告订立合同的机会或者提供订立合同的媒介服务，委托人支付报酬的合同。"相应地，亦可将房地产居间合同定义为：房地产买卖居间合同是房地产居间人为委托人在房地产买卖过程中提供订立合同的信息及相应的配套服务，委托人支付报酬的合同。房地产经纪人在履行居间合同过程中的所为，即为居间行为。由此可见，居间行为的主要特征是为委托人提供信息，或者简单说就是为卖家寻找买家，或为买家寻找卖家。

为什么在买卖双方相互搜寻的过程中需要房地产经纪人来提供居间服务？这是因为房地产经纪人（及其从业机构）因其专业从事房地产居间业

务而成了大量的买方信息和卖方信息的汇集地,这些信息或者是由经纪人花费时间收集而来,或者在等候信息的过程中需要经纪人提供收集的场所(即所谓的房地产中介铺头或者门店)并花费等待信息的时间,经纪人还需要将收集到的信息进行加工和配对,再花费时间来将信息扩散出去,找到信息的需求方。因此,房地产经纪人在提供信息的过程中是花费了成本的,需要相应收取费用。而且其所收取的费用要低于信息的购买者自己去获得同样的信息所需花费的成本,同时要高于经纪人收集和加工信息所需的成本(如此才能使经纪人从中获利)。

所以,房地产经纪人为客户(买卖双方)提供信息的过程是一个双赢或者多赢的过程,明白这个道理的客户是心甘情愿为此支付费用的。

那为什么还会有人对房地产经纪人据此获利的行为提出异议呢?这主要有两方面原因:一是在房地产经纪行为还不成熟、市场还不够发达的地区,人们还没有认识到这种信息交易的合理性和经济性(以广州为例,就在十年前,想出售房屋的业主还习惯于自己在报上登小广告,并且照例写上"中介免谈");二是因为房地产经纪行业的确还存在利用信息不对称来不当获利的情况,比如"吃差价"就是这样的典型(即房地产经纪人利用买卖双方不知道对方的价格信息,向卖方低报成交价,向买方报高价,将价差收归己有),这虽然也可以说是利用信息在获利,但这样的获利行为是既不合理也不合法的,理所当然地会受到谴责和处罚。

因此,总结下来,我们可以说房地产经纪人应该以合法获得的信息来合法地获利,而不能非法获取或者是非法利用这些信息获利。

进而我们也就可以推论:规范房地产经纪人的行为是十分必要的。也就是说,应当规定房地产经纪人如何获得信息,获得哪些信息,可以利用哪些信息获利,如何利用这些信息获利。或者说,要对房地产经纪人的工作内容以及工作标准做出规范,并将这些内容和标准公之于众,使客户能够明确知道自己可以从房地产经纪人这里获得哪些服务,进而和经纪人协商确定自己要为这些服务支付多少费用。

在房地产中介市场发达的地区,客户往往还会委托经纪人协助办理成交后的产权转移等各种手续,因为房地产经纪人熟知这些程序,可以更熟练、更快捷地帮助客户完成这些工作。相应地,客户会另外支付费用给经纪人,而有时经纪人也会把这些费用包含在中介费里面一并收取。在这种情况下,同样有必要在签订中介服务合同的时候就清楚地说明经纪人应该提供哪些服务，相应地收取多少费用。

总之，合法、透明地提供信息和服务并协商收取费用，这才是房地产经纪服务的题中应有之义。

（原载《中国房地产》2010年第12期）

房地产经纪行业现状与行业发展

房地产经纪人的是与非

听闻本地一家大报的房地产部想联合中小房地产经纪公司一起做"一二手联动",笔者很能理解这个想法——这两年房地产开发商已经越来越少直接在媒体投放广告,而是和俗称"房地产电商"的互联网平台公司合作,根据后者带来的销售业绩支付佣金,互联网平台则发挥其媒体作用,利用各种手段将客户带到售楼现场并促使成交。

但笔者也怀疑报纸做"一二手联动"的效果,因为这里面最大的一个问题是:媒体人有没有房地产经纪人的那一股钻劲。房地产经纪人做业务的那种钻劲和狠劲,既是他们得以成功的基本能力,也是他们因而招致社会反感的主要原因。

今天笔者的手机上有一个未接电话,是个看上去眼熟的手机号码,打回去发现对方声音不熟悉,而且显然也不认识笔者,笔者说了两遍:"这个号码刚才打过我电话,我没接到。"对方这才说:"我是地产公司的。"哦,又是经常接到的那种由房地产经纪人打过来的电话,一般都是问你的房子要不要卖。

但注意一个细节,既然是做营销的,在接到一个电话时,即使不认识对方,也应该首先热情地说:"您好!我是某某地产公司。"当然,这只是笔者的期望,现实当中,打这种营销电话的房地产经纪人的语气几乎都是硬邦邦的。不请自来给人家打营销电话,还不会好言好语笼络感情,也难怪笔者的朋友对房地产经纪人打营销电话这一个问题都是深恶痛绝。

当然,作为整天和房地产经纪人打交道的行业协会工作人员,一方面,笔者能够理解房地产经纪人打这样的骚扰电话是能够收到成效的——如果一点成效都没有,他们也不会做无用功,而房地产经纪公司普遍放任乃至鼓励经纪人这么干,当然也是因为这样做有成效。开公司要赚钱,想赚钱的人会不断探索行为的合法边界,只要法无禁止,就会一直持续下去。另一方面,笔者在各种场合都会反复要求经纪人不要做这种影响行业

9

形象的事,笔者经常跟经纪人讲的一句话就是:"希望你们赚到钱的同时也能够得到社会的尊重。"

如果一时不能杜绝这种电话营销的做法,也应该把这个事情做得更能让人接受一些。例如,选择合适的时间,不要在别人休息的时候打扰。或者变通一下,不要打电话而是发短信。再就是既然是打扰了人家,至少应该先说声对不起,然后问问人家是否方便接电话。

回到报纸做"一二手联动"的事,想要进入房地产销售行业并取得成功,是不是只有采用这种传统的电话营销方式最有效?能不能有别的更能被大众接受的营销方式?笔者对此充满期待,也充满信心。

(原载"分享从不懂房地产开始"公众号,2015年5月10日)

房地产经纪行业现状与行业发展

房地产经纪佣金与行业规则重构

本专栏（指《中国房地产》"廖俊平专栏"——编者注）在2011年3月的文章讨论了《房地产经纪管理办法》（以下简称《办法》）中体现的信息公开精神，信息公开本身属于很重要的行业规则。细读《办法》，我们还会发现，如果要严格遵守《办法》的规定，则房地产经纪行业的许多规则都需要重构。

本文首先探讨《办法》中所规定的一个重要内容，也是现实当中经纪人与委托方经常发生纠纷的一个焦点——佣金与经纪服务内容的匹配问题。

这个问题，在现实中的表现形式是佣金支付的时点问题。按照目前的行规，在房屋买卖双方经过经纪人的撮合签订了房屋买卖合同（或者是加上经纪人一同签署的三方合同）之后，委托方就要向经纪机构支付佣金。但有时因为种种原因，买卖双方的其中一方在签订合同后反悔，导致合同不能履行，这时支付了佣金而对合同未能履行无责的一方就会向经纪机构提出索回佣金，或者是不向经纪机构支付佣金，而经纪机构则会向其追索佣金。

当这类纠纷诉诸法律时，法院一般都会判决经纪机构有权获得佣金，因为这是经纪服务合同所明确规定的，合同当事人有义务履行合同。

但委托方和旁观者却往往从情理上认为这时经纪人不应该收取佣金，或至少不应该全额收取佣金，甚至是判决了应该支付佣金的法官在接受记者采访的时候也认为有关规定不合理。有地方行业主管部门的负责人在面对记者质疑的时候也提出经纪人应该从道义出发，适当退还佣金。

笔者专门与经纪人讨论过这个问题，他们认为：经纪人的责任就是撮合成交，买卖合同的签订就意味着撮合的责任已经履行，就应该收取全额的佣金。

笔者追问：现在经纪机构都会在撮合成交之后协助买卖双方办理产权

过户手续,甚至是由经纪机构去交易登记部门具体办理有关事务,那这些服务算什么呢?他们的回答是:这些是免费赠送的。

但这个回答是不能使人信服的。因为谁都知道,天下没有免费的服务,说是免费,实际上这些服务是收费的,或者说经纪人收取的佣金中是包含了提供这些服务的价格的。只是经纪机构不愿意承认这一点。

回到本文前述提出的问题,即支付佣金的时点问题,前面笔者指出现在的行规是在房屋买卖双方经过经纪人的撮合签订了房屋买卖合同(或者是三方合同)之后收取佣金。我们先来看这个行规是否合法,为了全面认清这个问题,下面把《中华人民共和国合同法》(简称《合同法》)的相关条款详列如下。

《合同法》第424条:居间合同是居间人向委托人报告订立合同的机会或者提供订立合同的媒介服务,委托人支付报酬的合同。

《合同法》第425条:居间人应当就有关订立合同的事项向委托人如实报告。居间人故意隐瞒与订立合同有关的重要事实或者提供虚假情况,损害委托人利益的,不得要求支付报酬并应当承担损害赔偿责任。

《合同法》第426条:居间人促成合同成立的,委托人应当按照约定支付报酬。对居间人的报酬没有约定或者约定不明确,依照本法第61条的规定仍不能确定的,根据居间人的劳务合理确定。因居间人提供订立合同的媒介服务而促成合同成立的,由该合同的当事人平均负担居间人的报酬。居间人促成合同成立的,居间活动的费用,由居间人负担。

《合同法》第427条:居间人未促成合同成立的,不得要求支付报酬,但可以要求委托人支付从事居间活动支出的必要费用。

《合同法》第61条:合同生效后,当事人就质量、价款或者报酬、履行地点等内容没有约定或者约定不明确的,可以协议补充;不能达成补充协议的,按照合同有关条款或者交易习惯确定。

上述法律条文的关键是第426条,这一条明确规定:"居间人促成合同成立的,委托人应当按照约定支付报酬。"也就是说,支付报酬的前提条件就是促成合同成立,因此按照现行规在买卖双方签署了买卖合同之后收取佣金是完全合法的。

那么,为什么包括法官和主管部门在内的社会各界对这个行规要提出异议呢?我想这里面最关键的原因还是在于大家对居间行为的性质了解得还不够透彻。按照《合同法》第424条的规定:"居间合同是居间人向委

房地产经纪行业现状与行业发展

托人报告订立合同的机会或者提供订立合同的媒介服务,委托人支付报酬的合同。"这说明居间行为的内涵就是"向委托人报告订立合同的机会或者提供订立合同的媒介服务",其核心就是促成委托人订立合同,只要委托人完成了订立合同的过程,就应该支付报酬。但现在包括个别法官在内的社会舆论却把居间行为扩展为确保委托人签订的合同能够成功履行,即确保房屋买卖双方能够最后成交,这显然在法律意义上误解了居间行为。

其实,这种误解在一定程度上源于房地产经纪行业自身形成的惯例,即在激烈的行业竞争环境下,为了争取客户,主动向客户提供所谓"超值"服务,免费为客户代办各种交易登记手续。笔者在此可以透露一点行业"秘密"——与居间服务的成本相比,对于房地产经纪行业来说,代办交易登记手续的服务成本并不算高,笔者曾征询广州市几家大型(也是行业领先的)房地产经纪机构的意见:如果把后期服务费用划分出来,这些费用应该是多少?得到的回答是:交易过户费用(含代办查册、代办产权过户),约1000元;入住服务费用(含代办电话、煤气、水、电、有线电视过户手续,协助收楼),约1000元。

比较一下,如果一套房屋的交易价格是100万元,佣金按2.5%收取,总数就是2.5万元,2000元的后期服务费只占了其中的8%而已。

为什么一般人看上去很"轻松"的撮合成交费用在经纪人看来代价那么高,而一般人看上去很麻烦的后期服务费用在经纪人看来却不值那么多钱呢?

我们先来回答后一个问题,这实际上是一个专业分工的问题。看上去麻烦的后期服务对业务熟练的经纪人来说是一件驾轻就熟的事,对于一辈子办不了几次此类业务的普通人来说则是费时费力的事,所以由经纪人来代办这些业务是一个双赢的结果(这也是专业分工的经济学意义之所在)。

再来分析前一个问题。一般人往往以为撮合成交只是带客户看看楼而已,看不到一宗交易撮合成交前后所付出的大量劳动。首先,即使是看楼,也不是看一次就能成功的,同样是从广州市几家大型房地产经纪机构调研所得的数据:成功撮合一宗交易,平均需要带客看楼15~20次(其实一般的客户自己也清楚知道,真要买一处房屋,至少也会看楼3次以上,而且还未必会买,如果5个看楼客里面能有一个最终决定买楼,那么经纪人就要带客看15次楼了)。再看除了看楼之外所需要付出的劳动:平均每成功撮合一宗交易,需要电话联系45~55次,需要收集信息盘源

25～35个。

　　这些还只是一线经纪人的劳动,或者说是一线经纪人的劳动力成本,除此之外,一线门店还需要有各种房租、水电和办公费用。

　　除了一线的直接费用,越是大型的经纪公司,其后勤服务的成本越高,包括财务部门、法律部门、客服部门、信息技术部门、研究部门、市场推广(广告费用)、培训费用等等。

　　除此之外,经纪机构还要面对较大的违约风险(委托人在得到服务后违约不支付中介费等等),这些也都构成了经纪机构的成本。

　　房地产经纪人销售的核心产品是信息,以上所有成本可以说主要都是围绕着信息产品所支出的。曾经有人质疑:为什么房地产经纪佣金要按比例收取?难道撮合成交一套200万元的房屋和撮合成交一套50万元的房屋所付出的劳动有那么大的差别吗?如果我们从信息产品的成本而不是从客户所看到的直接服务(带客看楼等等)来理解这个问题,就会容易很多:越是价格贵的房屋,其市场就越小,把信息成功传播到受体所需要的成本就越大。客户之所以要委托房地产经纪人买房卖房,就是因为经纪人能够为客户提供更多的房屋买卖信息,也就是说客户是向经纪人购买信息。由于贵价房屋的买卖信息较少,按照物以稀为贵的原则,这些信息的价格当然也就越高了。

　　这是从产品的供给成本来考察。再从需求一方来看,越是买卖贵价房的客户,他们的时间成本也越高(如果他们每天能够赚500元,每天时间的机会成本就是500元,每天的机会成本就比那些赚200元的人要高),所以就会愿意拿出更高的价格来购买房屋买卖的信息。这说明贵价房屋买卖的居间佣金更高是符合市场规律的。

　　继续考察房地产居间行为的对象——房屋买卖信息,当经纪人撮合买卖双方成交,就说明房屋买卖信息已经为买卖双方所成功利用,当然就应该为产品付费了。

　　信息商品本来就是一种很特殊的商品:买家不容易判断商品的"质量"——信息的真实性。在没有"验货"之前当然不愿意付费,而一旦买家验证了信息的真实性,就意味着买家已经完全掌握了信息的内容,如果没有道德和法律的约束,买家就有可能赖账。所以,经纪人往往在提供信息之前需要买家签署一些承诺,而在信息被验真之后会要求买家立即付费,这是完全合理的。

由以上的分析可知，无论从合法性还是合理性来看，经纪人在成功撮合房屋买卖双方签署买卖合同后收取佣金是完全应该的。

当然，为了照顾行业惯例和社会的理解，可以在收取佣金时留出一个尾数，即代办过户手续的费用，待过户手续办完后再收取。

适当分解佣金构成，这实际上属于一种行业规则的重构。事实上，我们习以为常的很多行规制约了行业的发展，但大家出于惰性，不愿意去改变这些行规（包括本专栏文章讨论过的，如果能够建立独权委托的行业规则，将可以减少很多纠纷，大幅提高行业的效率），这时往往需要一些外力（如政府的强制要求）来推动。而《办法》已经提供了改变这类行业规则的契机，《办法》第十七条就规定："房地产经纪机构提供代办贷款、代办房地产登记等其他服务的，应当向委托人说明服务内容、收费标准等情况，经委托人同意后，另行签订合同。"这就明确把代办贷款和房地产登记等列为"其他服务"，实际上是将其从撮合成交的基本经纪服务中明确分离了。《办法》第十八条还规定："一项服务可以分解为多个项目和标准的，应当明确标示每一个项目和标准，不得混合标价、捆绑标价。"本文前面讨论的结论和这些规定是一致的。

（原载《中国房地产》2011年8月综合版）

房地产经纪行业研究

房地产经纪业务的扩展和分化

随着房地产调控的延续和深化,和当前的季节一样,全国各地的房地产市场正在一步步走向冬天,不仅开发商感受到冬天的阵阵寒意,房地产经纪代理行业同样也正在经历近年来最严峻的考验。

在市场低迷的时候,从事一手代理的房地产中介公司日子相对好过一些,因为开发商在这个时候正需要用到代理公司的专业策划营销服务。而从事二手中介公司的日子就会更难过一些,特别是二手房买卖中介业务会大幅度减少,因为市场正处于僵持状况,业主不愿降价,买家却认准了市场价格还会下降,不愿出手。以广州为例,最近两个月的二手房成交宗数相比之前几个月下降幅度在25%左右。

其实,从行业发展的角度看,市场低迷之时往往也是企业转型升级的绝佳时机。

目前,很多从事二手中介的公司祭起了惯用的一招:"一二手联动",也就是介入一手代理业务,从往常的承接二手中介委托转向为开发商销售一手楼盘服务,把自身储备的二手房买家转介给一手开发商。这类业务扩展方式并无新意,也只能作为市场低迷之时的权宜之计,等到市场回复正常,仍然还是会"上帝的归上帝,恺撒的归恺撒",做二手的仍然还是要回归二手中介的主业。

另外,一些成熟的大型二手中介公司却在考虑对多年形成的中介业务流程进行再造,将以往作为中介业务延伸服务的一些业务剥离出去,单独成立公司来开展这些业务。

这类延伸服务大家已经很熟悉:成交之前协助买家办理产权查核业务、初步联系按揭银行,成交之后协助乃至代理买卖双方办理交易过户手续、协助办理按揭业务、代办水电煤气物业管理的交接手续,等等。过去,这些业务是包含在中介业务里面的,或者说中介公司收取的佣金实际上是包含了这类延伸服务的费用的。

政府部门从规范行业的目的出发，一直希望中介行业能够明晰服务项目和收费，并在《房地产经纪管理办法》中明确规定："一项服务可以分解为多个项目和标准的，应当明确标示每一个项目和标准，不得混合标价、捆绑标价"；成熟的大型中介公司从行业发展的目的出发，同样希望把这些业务剥离出去，明码实价，同时让这些"辅助性"业务能够更好地发展，形成独立的利润增长点。

实际上，在房地产市场发育已经非常成熟的美国，同类的"辅助性"业务早已发展成独立的产业：产权查核，有专业的 Title Insurance（产权担保）公司；房屋质量检测，有专业的 Registered Inspector（注册验房师）；产权过户，有专门的 Escrow（交易过户担保公司）；按揭服务也有众多的小型专业贷款公司（Lender），他们实际上是银行业务的零售商，把钱贷给买房者，再把抵押债券出售给银行。这还没包括为交易过程服务的律师。

分工本是现代经济发展的一条基本路径，社会生产力水平就是在不断的分工过程中发展起来的。房地产中介行业的进一步细分或者说深化，也应该是这个行业发展到成熟阶段的必由之路。

从我国的情况来看，近年来按揭公司的发展已经比较成熟，不仅一些大型二手中介公司组建了独立的按揭公司，而且一些独立于二手中介公司的按揭公司也发展得很好。这些按揭公司不仅承担了一部分贷款服务功能（即 Lender 的一部分功能），还承担了一部分交易过户担保（即 Escrow）功能。

在我国的房地产交易登记制度下，Title Insurance 或许并无独立存在的必要，因为政府的房地产登记部门能够提供清晰的产权资料。但是，验房师还是有很大的独立生长空间的。实际中，成交之后的交易过户业务以及水电煤气物业管理等交接手续也可以由专业的代办公司来办理。

（原载《中国房地产》2011年12月综合版）

两种法律关系辨析与房地产经纪人业务重构

在2011年12月的本专栏,笔者曾经提出过房地产经纪业务的扩展与分化问题,在最近的一次业界沙龙上,广州市房地产经纪行业的资深从业人员和律师一起深入讨论的由"飞单"引起的一些话题,也涉及了房地产经纪人业务的重构。

大家首先讨论了两个案例。

案例一

北京链家房地产经纪有限公司起诉买房人田女士"飞单"。而经法院一审认定,链家地产败诉。据链家地产表示,田女士与其签署了《看房确认书》,约定链家地产提供居间服务,为田女士寻找潜在的可供购买的房屋。很快,链家地产为田女士提供了一处房屋的信息。田女士在看房后,虽表示满意,但为逃避中介费,田女士改口称暂不买房。后经查实,田女士确实已购买链家地产所推荐的二手房。为此,北京链家地产向法院起诉田女士违约。他们认为,田女士使用了其提供的房屋信息,就应该按照约定给付中介报酬。

法院审理认定,田女士虽在《看房确认书》上签字,但链家地产未能促成该房屋买卖的交易,无权要求田女士支付报酬。关于《看房确认书》中的约定,对于是否进行该房屋的交易、是否选择链家地产作为交易的中介机构,田女士享有自主选择服务的权利,链家地产无权干涉,因此《看房确认书》中的相关约定应属无效。

案例二

业主张某与21世纪不动产杭州信宜店签订《房屋出售委托协议》,委托其放盘。协议中约定,如张某私下和该店曾介绍过的客户签订房屋转让合同,应支付全额委托代理费。

签署协议的同一天，21世纪不动产信宜店马上向张某介绍了买家何某。何某在信宜店经纪人的带领下对张某的房屋及相关环境进行了实地考察，并签订了《客户服务确认单》。在中介公司的安排下，张何双方见了面。谁知，在见面后的第二天，买卖双方一个不买了，另一个也不卖了。10天以后，张某与何某私下签订了《杭州市房屋转让合同》。在证据确凿的情况下，21世纪不动产信宜店将张某与何某告上了杭州仲裁委员会。他们得到的仲裁结果：违约客户张某与何某被裁决支付包括中介费在内的总共4100多元的违约金。

其实，这两个在房地产经纪行业常见的案例，反映的恰好是两种不同的法律关系。在第一个案例中，中介公司与客户签订的是居间服务合同，在这种情况下，只有居间成功，即买卖双方签署了房屋交易合同之后，中介公司才能收取居间服务费。而在第二个案例中，中介公司与客户签订的是委托服务合同，因此只要中介公司提供了与合同条款相符的服务，就有权收取服务费。

从房地产中介公司的全业务流程链分析来看，中介公司的核心产品是信息。从中介公司向买房客户提供服务的项目分解来看，第一步是向客户提供初步信息，即何处有合适的房屋。如果从信息交易的角度看，提供这个信息已经可以收取相应报酬，因为中介公司需要花费大量时间成本和其他费用获得这些信息并从中筛选出有效且适合客户需求的信息，有偿提供这些信息是完全合理合法的。但现实中，由于行业惯例，这个信息提供过程却是不收费的。第二步是为客户提供看房服务，这个服务过去曾经是收费的，看一次房收20元乃至50元都有，但这是十几年前的事情了，后来也不按这个规矩了。第三步是经过谈判撮合买卖双方签署房屋交易合同。如果第三步能够顺利完成，经纪人的佣金收入已经基本上可以落实，即使有客户违约不支付佣金，法院一般也会支持经纪人追索佣金。第四步也就是最后一步，是协助买卖双方办理交易过户手续。从经纪人方面来说，这一步属于"友情赠送"，因为这既不属于受委托寻找交易对象的工作内容（在采用委托代理合同安排时），也不属于撮合成交的工作内容（在采用居间服务合同安排时），无论是哪种合同安排，当买卖双方的交易合同签署之后，经纪人的法定服务内容已经可以结束。但是，我国多年以来形成的惯例是经纪人或者其所在公司还会继续协助买卖双方办理交易过户手续。

  在一次业界沙龙活动上，也探讨了分段收费的问题，也就是按照上面提到的四个步骤分段收取费用，这实际上就是在讨论房地产经纪人业务的重构问题了，或者是之前本专栏讨论的房地产经纪业务的分化问题，随着房地产经纪服务市场的不断成熟特别是客户的成熟，这样的业务重构应该引起业界的重视并且有可能逐步实现。

（原载《中国房地产》2012 年 5 月综合版）

房地产经纪收费的本质问题是服务质量

本期专栏继续关注2016年4月开始的这一轮房地产中介行业专项整治工作。随着专项整治工作的持续深入进行,房地产经纪服务收费问题又再次成了焦点,但笔者的观点是:关注收费不如关注服务质量。

自从2010年开设本专栏之初,在将近7年的时间里,笔者曾多次从不同的角度讨论房地产经纪佣金问题,以及房地产经纪服务的内容和质量问题,而且在这7年的时间里房地产经纪的行业生态和整个社会经济法律环境都发生了很大变化。

2010年10月本专栏发表《限制收费还是规范服务》一文时,房地产经纪佣金的标准还是严格遵守《国家计委、建设部关于房地产中介服务费的通知》规定,即:"房屋买卖代理收费,按成交价格的0.5%~2.5%计收。实行独家代理的,收费标准由委托方与房地产中介机构协商,可适当提高,但最高不超过成交价格的3%。"

而在2014年6月13日,《国家发展改革委、住房城乡建设部关于放开房地产咨询收费和下放房地产经纪收费管理的通知》规定:放开房地产咨询服务收费、房地产经纪服务收费,实行市场调节价。房地产经纪服务收费标准由委托和受托双方,根据公正、公平、合理的原则,依据服务内容、服务成本、服务质量和市场供求状况协商确定。

从房地产经纪行业内的情况来看,2014年正是行业剧变的一年,以互联网资本为代表,传统房地产经纪行业之外的资本大举进入房地产经纪行业,首先受到冲击的就是经纪佣金,曾经有公司号称收取0.5%的佣金,大幅低于当时的行业平均佣金水平,但这样的状况并没有持续很长时间。并且,当时就有很多消费者发现:0.5%佣金水平下的房地产经纪服务内容和服务质量都是不尽如人意的。另外,其他经纪公司的佣金水平也在随着市场的变化有所调整(向下),最终的结果是行业佣金水平仍然趋于一致。当然,这是符合所有行业的价格形成规律的。

对房地产经纪佣金水平的质疑之声也一直存在,特别是在近年来房地产市场价格持续高涨的情况下,据说政府部门也在拟议重拾佣金价格管制措施。

但在现阶段,房地产经纪行业的确已经是一个充分竞争的行业,甚至完全可以认为是竞争过度的行业,竞争过度的一个体现是大量并不具有足够专业知识技能和职业道德的人员进入这个行业赚快钱。在过度竞争的市场环境下,他们的撒手锏就是低价。而房地产经纪行业原本就有信息不透明的固有问题,向下拉低佣金价格的过度竞争使得不良从业人员更有了利用信息不透明赚取额外不合理乃至非法收入的动机。在房价趋高的背景下,房地产经纪人的佣金问题也就自然成了社会各界攻击的对象。

问题在于:如果房地产经纪行业从业人员的道德水平和专业能力不能提高到一个合适的水平,强制规定降低其佣金水平并不能满足消费者的真实需要。佣金降了,消费者需要的服务得到了吗?另外,也可以说正是不良从业人员的劣质服务造成了社会对房地产经纪佣金的质疑。不能物有所值,当然让人无法接受。

因此,笔者仍然持一贯坚持的观点:应该管制的不是佣金,而是房地产经纪的服务质量。政府加强对房地产经纪行业的监管应该从房地产经纪服务质量入手,奖优罚劣,促进房地产经纪从业人员的道德水平和专业能力不断提高,让消费者享受到满意的房地产经纪服务。

(原载《中国房地产》2012年7月综合版)

房地产经纪行业现状与行业发展

居间或委托
——房地产经纪行为模式再探讨

笔者已经在本专栏多次讨论过房地产经纪佣金问题以及与之密切相关的房地产经纪合同关系或房地产经纪行为模式问题。本期专栏所讨论的问题起源于笔者几天前与一位资深业界人士（下面不妨用广东业界的术语称其为"行家"）的讨论。

这位行家认为：一个经纪人同时代表买卖双方的利益，也就是采用居间方式促成交易，比两个经纪人分别代表买卖双方（即分别接受买方或者卖方的委托，形成委托关系）效率要高。其理由是，居间行为中的关系人有三方，而委托行为中的关系人有四方（买卖双方加上代表买卖各方的经纪人），关系多了一重，效率自然就降低了。

这位行家提出的命题实际上涉及若干层次问题的讨论。

首先，居间方式是否比委托方式的效率高？这个问题比较容易回答，的确是高。

其次，这样的高效率是如何取得的？对这个问题的坦白回答可能就会让人有些尴尬了。事实上，这样的高效率往往是在牺牲买卖双方其中一方利益的基础上取得的。

此话怎讲？让我们先来看看交易价格是如何形成的。房地产估价理论中有所谓"公开市场价值"的说法。所谓公开市场价值，用通俗的话说就是绝大多数普通人对估价对象的价值判断的平均值，也可称之为公平市价。每一个人，包括买卖双方，对于所估价或者所交易的对象都会有自己的价值判断，这可称之为"主观价值"，在达成交易之前的谈判过程中，买卖双方会通过讨价还价最终确定成交价格。如果买卖双方对交易对象的市场信息都有充分的了解，同时又都有足够充分的谈判时间，并且双方都能自主决定交易价格，那么最终形成的这个交易价格一般就可以认为是"极度接近"公开市场价值的。

房地产经纪行业研究

从以上对公开市场价值的描述已经可以看出：公开市场价值形成的重要前提是买卖双方对所交易对象的市场信息都有充分的了解，同时又都有足够充分的谈判时间。但在现实当中，普通的交易当事人往往对市场信息是缺乏了解的，而经纪人则可以认为是对市场信息有充分了解的，如果由经纪人来分别代表买卖双方谈判，就将原本对市场信息不够了解的买卖双方之间的谈判转化成了对市场信息有充分了解的各自代理人之间的谈判，这样形成公平市价的可能性就大大增加了。

而如果采取所谓居间方式，即由一个经纪人来撮合双方成交，那么在价格谈判的过程中经纪人会分别做买卖双方的工作，一方面希望买方提高出价，另一方面希望卖方降低售价，在这个过程中，经纪人为了尽快完成撮合交易，往往是"柿子拣软的捏"，即哪一方容易说话（实际上也就是哪一方对市场信息了解得较为不充分）就力促这一方让步多一点，这样形成的交易价格就不那么公平了。

其实，这也恰恰是"一肩挑两头"的经纪人在现实中常常为人所诟病的一点：你怎么可能既照顾好买方的利益，同时又照顾好卖方的利益呢？在成交价格这一点上，买卖双方显然是有利益冲突的。

当我用上述理由反驳这位行家以后，他进而提出了这样一个论据：如果能够尽快成交，对于买卖双方来说也是有好处的啊。我明白他所说的意思：时间就是金钱，早日完成交易，能够节约时间，同时能够提高资金（或者房屋）的使用效率，早日创造新的价值。这当然是有道理的，但问题在于：这样的决定应该取决买卖双方自己，经纪人如果以采用隐瞒真实信息的方式来促成交易，虽然可以说替买卖双方节省时间成本，提高资金或资本的使用效率，但仍然难说是公平的。

从买卖双方的角度讨论完公平和效率的问题，我们再回顾一下过去专栏里面讨论"飞单"问题的时候提到的一个司法实践问题：如果经纪人与买卖双方签订的是居间合同，经纪人获取报酬的前提条件是促成合同成立，因此如果买卖双方认为他们之间的交易合同不是"这一个"经纪人促成的，而"这一个"经纪人又不能提供充足的证据，经纪人就无法获取佣金（经纪人只可以"要求委托人支付从事居间活动支出的必要费用"），但如果与其中一方签订的是委托合同，那么只要完成了合同所规定的服务事项，就可以要求委托方支付报酬。也就是说，在司法实践中，法官判定委托合同成立所要求的条件往往比判定居间合同成立所要求的条件要低一些(或者更准确地说,这两种合同需要提供的法律证据不一样,经纪人可以更容易地提供完成了委托服务的证据)。也就是说,即使从经纪人保护自身利益的角度看,与其中一方签订委托合同比签订居间合同更有利。

(原载《中国房地产》2012年8月综合版)

关于房地产经纪业务模式之辨析

2013年5月24日的《21世纪经济报道》发表了一篇文章,题为《房地产交易模式推高房价》。笔者历来很关注媒体上关于房地产经纪行业的报道,也非常高兴看到媒体上有文章讨论房地产经纪行业。而且这篇文章提出了一些有趣的新观点,所以更加吸引了笔者的注意。不过,这篇文章反映了作者对房地产经纪行业的一些认识偏差。作为在国内著名财经媒体发表文章的专业作者尚且不能完整准确地认识房地产经纪行业,一般老百姓对这个行业有模糊认识也就更不奇怪了。因此,笔者觉得,不妨借着讨论这篇文章,澄清社会大众对房地产经纪行业的一些模糊认识。

这篇文章的题目和通篇文字都是在质疑房产交易模式,这首先就是不准确的。实际上文章是对房地产经纪的经营模式提出了质疑,这也正是本文要对这篇文章加以讨论的原因,如果文章是对房地产交易模式提出质疑,就不是重点研究房地产经纪行业的笔者想要讨论的主题了。

文章说:"中国二手房交易本质是英国式拍卖,英国式拍卖是最古老的拍卖方式,其核心是'价高者得'。这种拍卖制度旨在发现愿意为标的商品出价最高的人。"这首先就给出了一个错误的定义。任何卖家都希望达到价高者得的目的,但价高者得的结果并不都是采用拍卖的方式来实现的。拍卖的特征是"以公开竞价的形式,将特定物品或者财产权利转让给最高应价者"(引自《中华人民共和国拍卖法》),其本质是公开竞价。但我们知道,二手房交易基本上都不会采用公开竞价的方式,而是一对一谈判的方式。

当然,仅仅是这一点对二手房交易方式的误读,还不会从逻辑上推证出房地产经纪推高房价的结论,最多只能说二手房交易方式本身推高了房价,即使没有房地产经纪人参与,这样的交易方式当然也会推高房价。

问题在于文章接下来的论述:"北京的二手房通过房地产经纪公司(即房产中介)进行交易,经纪公司手中掌握买(注:原文如此,应为

房地产经纪行业现状与行业发展

'卖'之误——笔者注）房者信息（所谓房源）。据此，通过网络、短信、电话等的方式寻找意愿购房者，出价最高者得房。经纪业务本源（注：原文如此，应为'本来'之误——笔者注）应以交易量为目标，如股票交易经纪业务。但在当前的二手房交易模式中，房产经纪公司已成为拍卖者，其性质发生了根本性改变。"

这段话的前面一半基本上没错。房地产经纪公司得到卖房者委托之后，为之搜寻合适的买房者。只不过"出价最高者"不能一概而论，因为房地产交易和一般商品交易的不同在于其付款方式的多样性，比如有的买家虽然出价较高，但不能一次性付款，需要分期付款，或是需要办理银行按揭业务，这时有些急于拿到现款的卖家可能就会放弃这样的出价较高者。

而这段话的后半部分就出问题了。首先，"经纪业务本来应以交易量为目标，如股票交易经纪业务"是文章作者下的一个判断，但这个判断的依据何在，作者并未告知；其次，作者说"但在当前的二手房交易模式中，房产经纪公司已成为拍卖者，其性质发生了根本性改变"则更是与现实情况不相符合了，实际上房地产经纪公司从来都是居中撮合者，而不是在采用拍卖方式简单寻求出价最高者。

顺着这个逻辑，文章接着指出："当房产中介公司的佣金是基于成交价提成时，每个经纪人都有动力充分发挥其拍卖者的优势，尽最大可能追逐最高成交价。出于自身利益最大化，中介公司会尽可能捂盘，以争取更多时间，向更多潜在购房者询价，最终实现卖价最高的目的。在此信息搜寻过程中，有可能耽误了卖房者的时间而成交价反而更低，卖房者利益受到损害，而中介公司却毫发无损。"

但实际上，笔者曾经在2010年第8期也就是本专栏开设之后的首篇文章中就指出，"不论是从理论上分析还是实际情况显示，房地产经纪人要做的都是力促成交"，也就是说房地产经纪人的确是在追求成交量而不会去追逐最高成交价。有兴趣的读者可以去看看那篇文章，笔者在那篇文章中给出了浅显易懂的理论分析，也给出了房地产经纪行业中可以验证的现实描述。

而文章中认为"出于自身利益最大化，中介公司会尽可能捂盘，以争取更多时间，向更多潜在购房者询价，最终实现卖价最高的目的"，就更是罔顾现实了。做房地产经纪的人都知道：询价是房地产经纪的主要工作

房地产经纪行业研究

内容,也耗费了他们大量的精力,没有哪个经纪人愿意放着可能的成交机会不要,而去耗费时间继续询价。在现实当中,当一宗房地产交易的佣金较高的时候(例如,美国房地产经纪人收取的佣金可能达到6%甚至更高),房地产经纪人还可能在买卖双方谈不拢价格的时候拿出自己的部分佣金收入来弥补买卖双方的差价,以达到尽快成交从而获取佣金的目的,而不会是放弃撮合的努力再去另找买家。

至于上面那段话的最后一句,就更是前后矛盾了。如果因为信息搜寻时间太长,耽误了卖房者的时间而导致成交价反而更低,那么房地产经纪公司岂不是弄巧成拙,怎么会毫发无损呢?文章作者设定的前提就是成交价高则经纪公司获利也多;按此种逻辑,如果成交价低了,经纪公司当然不会毫发无损。

接下来,文章又转换了一个论证的角度,提出:"北京的房产中介公司大多以专业购房顾问的身份出现,却有意识地将近期最高成交价作为新的定价基础,营造房价上涨氛围,并在此基础上继续以英国式拍卖的方式寻找潜在购房者。"

这里的关键仍然在于:房地产中介公司并非接受卖家的委托在拍卖房屋,而是在搜寻合适的成交机会。所以即使是"将近期最高成交价作为新的定价基础",那也是业主(卖家)的正常行为,而不是房地产经纪所为。

文章由此得出的结论是:"从这个意义上看,中介公司在某种程度上已成为做市商,不仅促成交易,还参与定价,并从定价中获利。"作者在这里又给了房地产经纪公司一个新的身份:做市商。所谓做市商,是指在证券市场上,由具备一定实力和信誉的证券经营法人作为特许交易商,不断地向公众投资者报出某些特定证券的买卖价格(即双向报价),并在该价位上接受公众投资者的买卖要求,以其自有资金和证券与投资者进行证券交易。房地产经纪公司是否有类似做市商的行为?有,但这一直是监管部门严厉打击的行为,也是正规的房地产经纪公司不做的。因为这实际上把房地产经纪公司变成了投资公司,用自己的资金炒买炒卖,这种行为的获益当然可能比较大,但其风险也远远高于房地产经纪行为,过去这十几年间,因为涉足这类行为而关门倒闭的房地产中介公司不在少数。

这篇文章行文至此,已经提出了两个不同的观点:其一,房地产经纪公司以拍卖者的身份出现,推高了房价;其二,房地产经纪公司以做市商的身份出现,推高了房价。但这两个身份都是和现实的情况不相符合的。

  文章的最后提出了一些建议,这些建议是有借鉴意义的,只是这些建议和前面的两个观点其实并不是密切相连的,或者说这些建议其实并不是针对房地产经纪人的上述"两个身份"的。

(原载《中国房地产》2013年7月综合版)

房地产经纪业务的转型升级路径

笔者近来一直都在关注房地产经纪业务转型升级问题，具体体现在包括 2012 年第 10 期本专栏文章在内的若干期文章都在讨论房地产经纪业务的转型升级问题。实际上，笔者认为房地产经纪业务的转型升级只是整个房地产行业转型升级的一个缩影。

中国的房地产行业是从 20 世纪八九十年代商品住宅的开发起步的，在相当长一段时间内，采用的是"拿地—建房—售房"的经营模式。而且，不仅商品住宅的开发采取的是这种模式，写字楼、商业物业等的开发也同样采取的是这样的模式。但至少从商业物业经营的一般规律来看，这样的经营模式是不可持续的。

业界有这样一种说法：商业地产的价值由三部分构成，即地段、产品和运营，地段实际上体现的是土地的价值，产品就是建筑物的价值，而运营才是商业地产的价值得以发挥的最重要因素，对于成熟的商业地产而言，运营的因素在商业地产总价值中的占比超过 50%。

商业地产的运营并非开发商或者主运营商一家之力可以承担，需要靠众多的商家参与，而这些商家的加入，靠的是招商过程，招商（或者说招租）是和销售物业基本上不同的业务：销售商业物业是一次性业务，而商业物业的运营过程则贯穿商业物业的整个生命周期，这意味着经营团队必须是一个稳定的、同参与商业物业经营的商家长期保持密切关系的团队。这个团队已经不是一般意义上的房地产经纪人，而是介于商业物业持有人和经营者之间的资产管理者。

即使是一些可以散卖的小型商铺，对于专门从事这类商业物业经纪业务的经纪人来说，也已经不是单纯的中介，而是担当了投资顾问的角色。经纪人要为商铺的投资购买者分析商铺的经营前景，而这种分析必须建立在对商圈状况的熟悉和对标的物过往经营状况的了解。

成熟的大型商业物业往往是一种定制产品，并不是开发商建好了房子再卖给经营者，而是在筹备开发阶段就开始寻找和确定商业物业的经营者，按照经营者的需要建设。

其实早在十年前，国内一些住宅物业的开发商已经引入定制的概念了，只是在后来房地产市场持续升温的情况下，定制并没有形成中国商品住宅开发的主流经营模式。在任何房子都会被很快一抢而空的情况下，当然不需要那么在意购买者的需求。

而越来越严格的房地产调控政策直接导致了房地产行业的调整，也使得行业的转型升级变成了一种自觉的行动。

行业的转型升级是行业经营由粗放转向集约的结果，或者说是卖方市场逐步转向买方市场的结果，从房地产开发初步兴起时什么房子都能卖，到后来开始更多关注买方的需求和偏好，再发展到按买方的需求定制，销售人员也从关注怎样把卖方的产品推销出去，到深入了解客户的需求、关注客户的需求。

而很多服务于房地产开发商的销售代理人员，也开始从受雇于开发商、服务于开发商，转向成立独立的第三方代理公司，把服务的重心由开发商转向了购房者，更加重视购房客户的忠诚度和客户黏性，为投资型客户提供源源不断的投资机会，也为投资型物业不断寻找新的投资者接手。这时，房地产经纪人已经转变成房地产理财顾问。当然，对于这样的房地产经纪人来说，更多更全面的房地产专业知识就显得更加必要。在掌握了更多更全面房地产专业知识的情况下，房地产专业服务提供商也就自然形成了。

（原载《中国房地产》2012年11月综合版）

房地产经纪行业研究

房地产经纪业务的变革与创新

自从开设这个以讨论房地产经纪行业问题为主的专栏以来，笔者已经多次对房地产经纪业务或者说产品的问题提出探讨。回顾一下：在2010年第11期，讨论了房地产经纪人的产品和收费问题；在2011年第8期，讨论了房地产经纪佣金与经纪服务内容的匹配问题；在2011年第12期，讨论了房地产经纪业务的扩展和分化问题。紧接下来，在2012年以来的几期专栏更是密集地讨论了房地产经纪业务相关的问题：第1期的专栏讨论了在市场低迷时房地产经纪人应该如何开展业务；第2期的专栏提出专业精神本身是经纪人供给产品的组成部分；第3期的专栏通过和房地产估价行业的对比提出房地产经纪业务的发展方向是提供房地产综合服务；第5期的专栏从法律关系的辨析入手讨论了房地产经纪的业务重构；而上一期（第8期）的专栏又再次对居间和委托这两种最主要的房地产经纪行为模式进行了探讨。

屈指一数，在不到两年的时间里，竟然已经在本专栏用了8期的篇幅讨论房地产经纪业务或产品的问题，原因应该还是在于：这个问题的确是房地产经纪行业的核心问题，并且是至今仍然困扰着这个行业或者说仍然有待厘清的问题。

本期专栏继续关注这个问题，是因为在实践中继续观察到房地产经纪同行还在不断探索和创新房地产经纪业务的变革。

近年来，房地产经纪业务的各种创新探索集中在以下三个方面：

一是面向互联网的业务发展。几家大型专业的房地产中介门户网站已经使得相当部分的房地产经纪业务转移到互联网上。严格来说，这些门户网站并不属于房地产经纪公司，他们只是为房地产经纪公司提供网络通道服务。当然，很多房地产经纪公司始终担心这些门户网站公司有朝一日变成真正的房地产经纪公司，此乃题外话。而很多房地产经纪公司自身也越来越注重对互联网的利用，把自己公司的官网逐步打造成了公司的网上门

房地产经纪行业现状与行业发展

店。更有甚者,有些公司就此转型,开始专注于网上房地产经纪业务。然而,从笔者在广州范围内观察到的情况来看,这样的转型要么并不成功(前两天就有同行告诉我,他的房地产网络公司两年已经亏掉了200万元),要么还正在起步(这样的公司在广州至少就有四五家)。但笔者认为他们的探索精神非常值得鼓励和赞扬,而且可以说他们的探索代表了房地产经纪业务变革的一个重要方向。其实,互联网公司是一个"烧钱"的行业,这已经是十几年来大家有目共睹的事,所以这样的变革需要资本的支持。而据笔者了解,嗅觉灵敏的资本已经开始关注到这方面的变化,有投资人表示愿意在这类网站的建设上大手笔投入。如果不用自有资金去炒楼,房地产经纪行业本来是一个轻资产的行业,但也正是因为这个行业更多地依靠人力而不是资本,所以在从业人员普遍素质还有待提高的情况下,这种依靠人力资本的行业是不容易提升到比较高级的形态的。而现在资本开始介入,或许是一个良性的信号。

二是放弃佣金收入,只收取服务费。最近不止一家广州本地较小型的房地产经纪公司提出不向客户收佣金,而是免费为买卖双方提供撮合信息。多数业主和买家可能是第一次买卖房屋,缺少相关专业知识,既不太了解市场行情,又很少了解交易过户方面的知识。于是经纪公司在买卖双方有初步意向之后,就开始为双方提供专业知识解答服务,并收取服务费。而当买卖双方达成协议之后,经纪公司继续根据双方的需求提供代办交易过户手续,并收取手续费。据调查,很多客户觉得房地产经纪人提供的服务不值,所以才飞单。经纪人主动放弃佣金,转而用专业的服务来换取服务费和手续费,一方面降低了买卖双方的交易成本(经纪人也会相应减少收入),另一方面也让买卖双方能够根据自身需求选择适合的专业服务。当然,这条路能不能成为房地产经纪的主流业务形式,还有待观察。

三是提供更多的相关服务或者是延伸服务。例如,有些单店的小型房地产经纪公司长期驻扎在某个居民小区,乃至和小区内的一众业主成了街坊,相互知根知底,同时发展了一批专业的购房者(往往是投资客)。在购房者资金周转不灵的时候,这类经纪公司会提供短期借款,其获利往往颇丰,同时也解了购房者燃眉之急。然而,这样的发展方向是不是已经属于房地产经纪业务的异化了,暂且存疑。

除了在服务内容上跳出传统的房地产经纪业务,一些大型公司开始更多地选择在服务质量上下功夫。最近笔者通过和一些大公司的老板交谈了解到，他们现在越来越意识到员工的专业技能和服务质量是公司应对市场低迷的重要竞争力，所以更加重视员工的培训和教育。而这些，无疑是代表了行业发展的方向的。

作为一个社会地位尚有待提高的行业，房地产经纪行业经常被认为是"钱景"光明而"前景"堪忧，这从行业从业人员的流失率上就可以看出。因此，行业的变革与创新需求是十分迫切的。

（原载《中国房地产》2012年9月综合版）

再谈房地产经纪业务的变革与创新

笔者曾经在 2012 年第 9 期的《中国房地产》杂志谈过房地产经纪业务的变革与创新这个话题,之后仍然密切关注房地产经纪行业的业务变革与创新情况。由于参与地方房地产经纪行业协会的工作,笔者有机会近距离观察,更有得天独厚的条件首先获知行业变革与创新的进展,因为协会会员单位往往会把他们开展业务变革与创新的设想首先拿来与笔者讨论。

从笔者所在广州的情况来看,近期出现的一些房地产经纪业务的变革与创新主要以反思房地产经纪人的角色定位为出发点,进而从以下几个方面展开。

一是区分房地产经纪人的居间行为和服务行为。从本质上说,房地产经纪人的核心业务应该是居间,即撮合买卖双方达成交易,并据此收取佣金。如果在居间行为完成之后能够顺利收取佣金,房地产经纪业务的开展应该是很平稳顺利的,美国等房地产市场规则成熟的地方,多年来呈现的就是这样一种局面。在这种情况下,房地产经纪人不用为收取佣金担忧,也就可以集中精力做好与居间相关的信息收集和展示工作,这就是房地产经纪人的核心业务。不过在中国,长期以来形成的行业惯例是房地产经纪人除了提供居间服务,还要提供后续的签约办证等代办服务,这本是房地产经纪人的延伸服务。

但现在有些房地产经纪公司苦于收取佣金之难,主动放弃居间业务,或者说放弃居间业务产生的佣金,而只向买卖双方收取服务费,包括成交之前的专业知识服务和成交之后的交易办证服务,而让其他小型经纪公司去赚取前面业务环节的佣金(在 2012 年第 9 期本栏目文章中比较详细地介绍过这种模式)。

这可以说是对传统房地产经纪人角色地位的一种反动,把本来是房地产经纪人附加延伸服务的内容变成了主业。这样做未尝不可,实际上可以把这项业务发展成一项独立业务,类似美国的 Escrow 业务,也就是交易过户担保业务。这也可以说是房地产经纪业务的拆分，或者说房地产经纪人角色的一种分离定位。

二是对经纪人角色定位的再认识。最近还有一家公司提出了一个五方模型，并且认为这是一个重大的发现。这个模型实际上是把传统的买卖双方加上居间的房地产经纪人这三方扩展到包括经纪人的部门负责人以及经纪人所在公司在内的五方，进而分析这五方之间的利益关系，然后在业务流程再造的过程中将这五方的利益关系区分清楚。这家公司正准备按照自己的这种理念开设若干家示范门店，然后再通过示范作用征集加盟店，推广这种理念和相应的经营模式。可以说，这种对经纪人角色定位的再认识，实际上也是对业务流程的一种重塑。

三是拆分买方经纪人业务和卖方经纪人业务。在2013年第2期的本栏目曾经介绍过广州有公司在做这方面尝试：该公司只负责发掘独权代理的房源，同时发展一批特许加盟店，把这些签署了独权代理协议的房源交由这些特许加盟店去寻找买家或者是租客，并且承诺与特许加盟店分享独权代理的佣金收入。选择这样一种业务合作模式，同样也是基于对房地产经纪人角色定位和核心业务的透彻理解。

综合上述三类变革与创新，其共同点都是在经纪人的核心业务即居间业务上做文章。原因很简单：佣金收取一直是困扰国内房地产经纪业务的最大问题，为了解决这个问题，前述第一类变革是选择放弃核心业务和佣金收入；第二类变革是希望通过改善客户的服务体验来换取客户在支付佣金上的自觉；第三类变革则是把精力集中在发掘独权代理业务上，从而锁定佣金收益，进而通过稳定的佣金分成来锁定特许加盟店。

让笔者感到欣喜的不仅是看到房地产经纪行业进行变革与创新的自觉性，而且看到这些创新者们正在逐步加深对这个行业的理解。唯其如此，这个行业的成熟与进步才成为可能。

（原载《中国房地产》2013年6月综合版）

房地产经纪行业现状与行业发展

再谈房地产经纪人推高租金

本专栏在2010年8月第一次和读者见面,时光荏苒,白驹过隙,本期文章刊出之时,已经是2013年8月了。

三年来,中国的房地产市场一直处于上升过程中,房地产经纪人在这个过程中也收获颇丰,而房地产经纪行业的社会形象却改变不多。2013年7月11日的《广州日报》又登载了一篇文章:《中介吹高挂牌价赶走老租客》[①]。凑巧的是,三年前本专栏刊登的第一篇文章就是《房地产经纪人会推高房价吗?》,那篇文章的写作缘由也是当时全国各地的媒体广泛报道全国各地房租上涨比较明显,而认为是房地产经纪人推高了房租。三年过去,似乎是一个轮回,房地产经纪人推高房租的报道再次摆在了我们面前。

三年前,笔者的文章从房地产经纪业务的特性出发,论证了房地产经纪人从获取最大利益的理性出发,是不会冒着可能损失佣金收入的风险去盲目推高房租或者房价的。而在这次《广州日报》的报道中陈述的案例却比三年前媒体的一般性报道更具体,看上去说服力也更强。我们先来看看《广州日报》的这篇报道所说的案例。

黎先生的物业还有不到两星期就租约到期了。他的房子本来以6000元/月的价格出租了两年,他打算如果租客愿意加租到6500元/月就续约,不愿意加价就找新租客。但所有中介都拼命劝他别续租:"现在你这里的价格都要到7000元/月~7500元/月了。"一个小中介行的销售人员还信誓旦旦地说:"我给你找了个公司老总,他们的租金是公司付的,8000元/月都没问题。"

---

① 载《广州日报》2013年7月11日AII-3版,见http://gzdaily.dayoo.com/html/2013-07/11/content_2314965.htm。

房地产经纪行业研究

　　于是,黎先生拒绝了老租客续租的要求,开始每天接待看楼的"潜在新客户"。奇怪的是,不同中介带来的看楼客都是当面诚意十足,拼命表现自己的满意程度,一谈价格都说"没问题""好商量",但是问及决定时,都表示要请示老板。

　　一个朋友告诉黎先生:"这些中介先用高租金诱惑你,然后让'租客'来看楼,你就感觉租金真的涨了,开价也高了。等于高租价就是中介'造势'造出来的。"而中介人员对此却倍感委屈:"大中介一般都懒得做这种事情,因为租赁成交我们收佣金并不高,现在二手楼买卖成交还不错,有必要这么去搞事吗?"

　　不管是谁的过错,反正黎先生的房子租约到期之后,还一直没有找到新的租客,而老的租客又找到了新的去处。黎先生只好降低预期,重新放盘,"房子租是肯定租得出,但我就多了一段空置期是没租金可以收的,又要给中介佣金,感觉最终还是吃了亏"。

　　我们来分析一下这个案例,里面的确包含了一些很有价值的信息。

　　首先,文章说这种造势的事情是小中介在干,大中介不屑于这么做,而不这么做的理由和笔者三年前那篇文章所说的是一样的——房地产经纪人不能从中获益。也就是说,文章也承认这样的现象在市场上并不普遍。其次,文章说黎先生最终还是降低租金重新放盘,也还是会以比较低的租金而不是房地产经纪人所鼓吹的高租金成交,或者说房地产经纪人忙活了一场,并没有推高市场租金。

　　但同时,文章也告诉我们:由于黎先生没有和原来的租客续约,一方面房子空置了一段时间,另一方面也是最关键的——他还要通过房地产经纪人再找租客,从而要向房地产经纪人再交一笔佣金。

　　这里反映出房地产租赁不同于房地产买卖之处:大多数情况下,租约是一年或者两年一签,租约期满以后有些租客会续签,而续签的时候是不用找房地产经纪人的,因此不用给经纪人支付佣金。如果在租约期满时经纪人成功地拆散了原来的租赁关系,业主就要重新找租客、重新签约,租客也要另外找业主,同样要重新签约,这就可能给经纪人带来了两宗新的租赁经纪业务。小中介往往是以做租赁业务为主的,所以小中介热衷于干这种事情也是情理之中的。

　　其实在做二手房买卖业务时,有些经纪人也会用类似的招数损人利己。有的业主同时在几家中介公司放盘,正当业主准备和某个中介公司介绍的买家签约时,另外的中介公司会对他说:"别急,有客人愿意出更高的价买你的房子。"而且,可能真的会有"买家"来和业主谈。于是业主拒绝了原本已经谈妥的买家,另起炉灶,和新的"买家"谈,但最后可能还是不能以更高的价格成交,只是换了一个买家而已(未必是后来的这个"买家",但已经不是最开始谈妥的那个买家了),而这个买家是第二家中介公司介绍的,当然就成了第二家中介公司的业绩,前一家中介公司就白忙活了。这实际上是第二家中介公司用缓兵之计把别的中介公司的业务截留到了自己公司这边。

所以,我们认为在通常情况下,房地产经纪人不会推高市场租金或者房价,但房地产经纪人的确可能为了自己的利益而做一些不符合行业规范的事情。作为房地产经纪行业中人,本文在为房地产经纪人受到的一些似是而非的指责展开辨析的同时,揭露这些不良行为,是为了让更多的业主和客户了解这些损招,让全社会来共同促进房地产经纪行业更健康地发展,这是符合房地产经纪行业的长远利益的。

(原载《中国房地产》2013年8月综合版)

消费者权益保护的另一面

一年一度的消费者权益日已经过去,房地产中介行业历来是消费者权益保护者关注的重点,每逢"3·15",更是容易成为媒体的焦点。

不过我注意到,今年"3·15"前后广州各家媒体对房地产中介相关行业的报道有一些变化,并不是一味登出一些消费者上当受骗的案例,也用相当多的篇幅登出了一些消费者自以为有理,但实际却得不到法律支持的案例。

案例一:银行迟迟不放款,买家收不了楼

2011年3月初,高某通过中介公司经纪人吴某促成与业主何某签署三方合同,合同约定以按揭方式付款,成交价为150万元,首期付款75万元,贷款额为75万元。2011年4月,银行出具了贷款同贷书同意高某贷款75万元,买卖双方办理房屋交易过户手续,并取得房产证及他项权证。但至2011年5月,因受限贷政策影响,银行贷款迟迟不能发放,直至2011年6月,业主何某未能收齐房屋余款,便不愿办理最后的交楼手续了,买方高某因而无法收楼,无奈之下向法院起诉请求解除合同,并要求中介公司退还中介服务费。法院认为银行贷款未能及时发放,不是中介公司的原因,中介公司及经纪人没有责任,同时买卖双方交易过户手续已完成,故不予支持高某的诉讼请求。

业界声音:完善合同内容,调整房贷预算。近年国家对房地产市场进行调控,银行购房贷款政策变化较大。在并非一方当事人原因导致交易不成的情况下,为了规避风险或者合理分担损失,可在合同中订立相应的条款,如在合同中约定若贷款不成功或银行降低贷款额时,买方有权解除合同,并可要求中介公司退回或减免收取中介费,要求卖方退回房屋定金,等等。

此外,针对当下银行房贷申请时隐藏的不确定因素,业内人士建议买家应适度调高首付预算范围,避免因银行调整放贷额度而影响二手房交易。如向银行申请70万元房贷,最后仅获批65万元,买家应事先预留一笔资金,以解房贷额度缩水的困局。

案例二:房子没买成,中介费没得退

2011年8月,梁某经中介公司经纪张某介绍看了一套房屋后,对房屋十分满意。梁某认为购房是一件重要的事情,为谨慎起见,决定约家人再次查看该房屋。梁某及其家人对该房屋结构、价款、环境等均十分满意,于是向卖家支付2万元定金及5000元中介费,并签署三方合同,约定贷款人为梁某的母亲周某。

事后,银行告知梁某因其母亲已近50岁,只同意贷8年款,与其预期贷10年款有差距。于是梁某就与卖方、中介公司协商解除合同,并要求退回定金2万元及中介服务费5000元,遭到拒绝。梁先生认为,买卖合同没履行完,中介公司无权收费,卖家应退回房屋定金,于是将中介公司和业主告上法庭。最后,经法院审理,法院对梁某的诉讼请求不予支持。要求其向中介公司支付中介服务费、向卖方支付违约金及经济损失。

业界声音:在房屋交易过程中,中介公司的行为实际上是一种居间行为,其和委托人之间形成的是一种居间合同关系。根据《中华人民共和国合同法》的规定,居间人促成合同成立的,委托人应当按照约定支付报酬。而居间成功的标准,一般以促成买卖合同签署为准,而不是以完成买卖过户手续,除非委托人和中介公司有特别约定。因此,买卖双方自签署合同之日起,该合同受到法律约束,中介公司有权向梁某收取中介服务费。

案例三:买到"凶宅",退房却很难

李某于2011年5月通过中介公司促成购买了一套房屋,并签署《存量房买卖合同》。事后,李某得知该房屋曾发生过凶杀案。李某认为,中介公司在促成其签署合同前未告知该房屋曾经发生过凶杀案,无法承受住在"凶宅"的恐惧感,遂向法院提起诉讼,要求解除本次买卖合同,并要求中介退还中介服务费。法院认为此类民间认为"不吉利"事件并未明文规定属于中介机构在居间过程中须告知的内容，故不予支持李某的诉讼请求。

业界声音：法律缺失，买家购房还需"多打听"。根据现有法律法规规定，中介机构在居间合同中的告知义务和告知内容主要包括房屋的权属、面积、查封抵押情况、租赁情况、使用限制和房屋质量状况等事项。对于卖方来说，是否应将房屋内发生凶杀案的情况告知买方，法律上并无明文规定。建议购房人购房时除查看购买房屋本身的情况外，还可以向大楼物业管理公司或邻居了解是否发生过类似事件；同时，购房人也可在合同中与卖方明确约定该物业未发生过相关事件，如卖方有意隐瞒，购房人可依此要求解除合同或者酌减房屋价款、赔偿损失等。双方约定书面条款，以便在发生类似纠纷时有据可依。

案例四：无法贷款，中介费也要交一半

2010年11月，经房产中介介绍，李某看中了一套房产。在中介的积极联络下，李某与房主达成了购房意向，并支付了2万元定金。12月6日，买卖双方及中介一起签订了《二手房屋买卖合同》，约定李某以40万元的价格购买房屋，并承诺于2011年4月1日前办完银行按揭手续。买卖双方共同委托中介办理房产交易手续，中介按照房屋成交价2%的标准收取服务费8000元，由李某在办理过户手续当天支付。合同签订后，中介协助李某向银行申请购房款的七成贷款。但因银行开始收紧住房贷款业务，而李某又年过五旬，没有稳定的收入来源，多家银行拒绝向李某提供贷款，即使有一两家愿意贷款也不可能提供高达七成的贷款。因无法从银行贷到足额款项，李某只能损失2万元定金与房主解除了买卖合同。但此举却让为促成这笔交易忙前忙后的中介傻了眼，谁来为中介费埋单呢？法院认为，中介为李某提供房源信息、带领李某看房、提供选购意见、解答买卖手续的咨询、协助办理银行按揭手续等，并促使李某与房主达成了房屋买卖协议，李某理应支付中介费。法院认为，李某作为理性的成年人，在签订合同之时应对合同风险以及自身的义务有充分的认识和预见，银行信贷政策变动带来的不利后果应由其自行承担。按照合同的约定，中介应为买卖双方办理房产过户手续，现因房屋买卖协议已经解除，客观上造成中介协助办理房产过户手续等居间义务无须履行，故依据民法的公平原则和等价有偿原则,法院酌情确定李某应支付4000元中介费。

案例五:房主有意反悔,中介费谁来付

张先生在某小区购买一套二手房,双方签订了二手房买卖合同,张先生也已经按照合同约定向房主交纳了大部分的购房款,但是在合同约定的交付日期,房主以出差为由未能办理房屋交接手续。前不久,房主告诉他房屋不卖了。张先生面临的问题是:如果退房,自己已经交纳1万余元的中介费,由谁来承担呢?

专家点评:张先生购买房屋,中介公司实际履行了相应的提供信息等服务,因此中介公司应当收取中介费。虽然房主反悔,但双方签订的购房合同仍然有效,因此张先生已经交纳的中介费不能退还,不过张先生可根据合同要求反悔的房主承担损失,其损失不仅是已经交纳的中介费,还可以是其他实际发生的经济损失。

案例六:无效交易,中介费能否退

2012年年初,李女士在某中介公司看好一套二手房,在与房主进行交易的过程中,发现该房屋还没有办理房产证,无法办理过户手续。李女士认为这样的房屋买卖有风险,因此提出退房,房主也同意了她的要求。由于在签订购房合同时,中介公司向她收取了4000余元的中介费,如今她要求退还这笔中介费,却遭到中介公司的拒绝,中介费能否退还呢?

专家点评:李女士要求退房是因为该房屋不具备出售的条件,中介公司提供了虚假信息,因此中介公司应当承担相应责任,其收取的中介费应当退还。因无效交易给购房双方造成损失的,购房者可以要求中介公司承担赔偿责任。

从以上6个案例可以看出,有些房地产中介纠纷是消费者不熟悉法律所致。因此,我们(包括媒体)应该积极引导消费者了解相关法律,避免因为缺乏法律常识而误入陷阱。这同样是在保护消费者权益。

(原载《中国房地产》2012年4月综合版)

房地产经纪人及其执业环境的互动

2017年6月23日,在中国房地产经纪人年会上,笔者结合美国房地产经纪人的职业自豪感和社会地位,谈到了对中国房地产经纪人的一点希望,其中举了个小例子:不希望看到中介门店前面时常有三五成群的经纪人站在那里抽烟闲聊,这种形象实在不能给房地产经纪人加分。

今天在白云机场看到的一幕却让我大跌眼镜:一位从商务舱出来的老者,刚一走出机舱门进入候机楼内,就站在人行自动步道上点燃了一根香烟——候机楼可是禁烟的呀!而且,他从哪里来的火机?飞机上不让带火机的呀。

笔者马上联想起昨天曾说房地产经纪人站在门店前面抽烟的事,此公形象实在是连这些年轻的房地产经纪人都不如!况且,从飞机上服务员对这位老者的尊敬程度看,他应该是个有一定行政级别的人(其实他在飞机上的言行已经让我想到"为老不尊"四个字)。

我一直认为:要提高房地产经纪人的职业道德水平,除了要加强对经纪人的教育以外,也应该教育广大的消费者。从近年来房地产中介协会处理的很多纠纷来看,不少是由于消费者想投机取巧造成的。房地产经纪人固然有很多不诚信的行为,但消费者同样也有很多不诚信的行为,所以,只有提高全社会的诚信水平,才能创造一个更加诚信的环境。当然,房地产经纪人如果能够做出表率,努力提高自身的职业道德水平,那么对提高全社会的道德水平无疑是有益的。

(原载"分享从不懂房地产开始"公众号,2017年6月24日)

房地产经纪行业现状与行业发展

公平交易，两相情愿

市场交易的基本原则是公平买卖，两相情愿，这道理谁都懂，但遇到具体问题，却还是有人不那么容易想明白。

比如买卖房屋涉及交易税费，按规定有些是买方交，有些是卖方交，但具体交易的时候双方可以商定具体的税费承担方式，比如可以全部由买方承担，合同写明卖方净收多少，也可以反过来，全由卖方交，买方总共支付多少。其实质还是成交价格的调整。

再具体一点，如果交易的时候房子贷款还没还清，理应由卖方先还清贷款，卖方如果没钱，可以找小额贷款公司垫资，当然需要一定的资金使用费用。可是现在卖方不愿意出这笔垫资费，希望买方先付这笔钱拿来还贷。买方不干——这笔钱付给卖方了，万一卖方卷款走了岂不麻烦？虽可依据合同起诉追讨，但毕竟不知是什么后果。

依据公平交易的原则，这时买方有三个选择：一是冒一定风险先按合同约定付一笔不小的首期款给卖方；二是找垫资公司，但由买方来出这笔垫资费，其实这是把风险转嫁给了垫资公司，当然为此也要付出代价；三是一拍两散，不买了。

买方接受不了前两个解决方案，也就是还没想明白卖方其实是变相在提高价格，实质还是价格问题，并不复杂。

同样道理，最近有人指出共享单车应该说明收的押金用在什么地方了，我觉得并无此必要。首先，经过记者验证，共享单车押金退款很容易，也就是说共享单车并无侵吞押金的故意（见2017年2月22日《羊城晚报》A13版）。然后，按照公平交易的原则，人家提供一辆单车给你用，请你付一笔押金（从99元到199元不等），你如果觉得不公平，可以不用他的单车，你为啥只关心你的押金，不考虑一下开办公司、投放单车、建设网络等，要先投资多少？人家的这些投资可是有风险的呀，就算占有了你的资金并因此获得资金利用收益，那也是前期投资的对价，并无不合理之处。

　　让市场在资源配置中起基础作用，这句话要深入人心，看样子还得花些工夫啊。

　　　　（原载"分享从不懂房地产开始"公众号，2017年2月25日）

房地产经纪行业现状与行业发展

出售二手房交易所得税的转嫁

2013年2月20日,国务院常务会议针对一段时间以来热点城市房价上涨趋势明显,研究出台了有关调控措施。

在被称为"国五条"的调控措施当中,最为社会关注的是所谓"20%所得税"政策,文件原文是:"税务、住房城乡建设部门要密切配合,对出售自有住房按规定应征收的个人所得税,通过税收征管、房屋登记等历史信息能核实房屋原值的,应依法严格按转让所得的20%计征。"

且不说针对这条政策的各种质疑和对其实施会带来何种效果的各种预测,本文仅就房地产中介服务行业由这条政策以及相关的"国五条"其他内容所受到的影响和由此带来的行业变化做一些简单分析。

"国五条"公布以来,社会上最忙碌和紧张的除了众多的售房者和买房者以外,就是房地产中介行业了。据媒体报道,有些经纪人甚至在一个星期内就赚到了去年半年所赚的佣金。但更多经历了这些年各种调控政策洗礼的资深房地产经纪人则是且喜且忧,忧的是经过这一阵忙碌,会不会又一次迎来市场的长期沉寂。一旦这样,很多房地产经纪公司就可能面临关门的结局,而大量的房地产经纪人则将离开这个行业。

笔者一直认为,一个行业如果总是如同坐过山车,形势好的时候一拥而上,钱如雨下,形势不好的时候一哄而散,门可罗雀,这个行业一定不能说是一个成熟的行业。但这些年的情况又总是如此,却又不能一味指责这个行业的从业人员缺乏行业责任感和长期经营的职业意识,他们对这种指责的回答是:"政策总是在变,市场跟着政策在变,我们又能怎样?"

不过,这次"国五条"的政策出台之后,我们看到一些房地产经纪人并不只是埋头忙于汹涌而来的中介业务,而是积极考虑一旦20%所得税的政策严格实施,将要采取什么样的对策。至少,这种不为眼前的飞来横财迷住眼睛,而是着眼长远的意识,是值得鼓励的。

据说有些房地产经纪公司准备联合起来推行一条行业规则:20%的所

得税由买卖双方各担一半,各付10%。乍一看,这一条政策首先是违反政策的,因为所得税本来就是针对卖方的。2013年3月5日,全国"两会"期间,住房和城乡建设部(以下简称"住建部")领导在接受采访时还表示:将交易所得税转嫁给购房者的行为严重违规,国家将会出台保护购房者利益的措施。当然,针对住建部领导的这一表态,马上有学者表示:在卖方市场情况下,交易所得税向购房者转嫁是必然的,只需要提高售房价格即可,表面上看购房者并没有被要求支付应该由卖方支付的交易所得税。进一步深究这个问题:既然连政府都无法真正管住交易所得税在买卖双方之间的重新配置,房地产中介机构又如何有这么大的能量来做这件事情呢?又凭什么来把这20%的交易所得税平均分配给买卖双方承担呢?

但当我们从经济学的原理来分析这个问题就会发现:房地产经纪公司虽然的确是没有办法强令买卖双方来平分交易所得税,但他们这个天才的设想却是符合其自身利益最大化的(在不损害他人利益的前提下追求自身利益最大化,这是无可厚非的),而且,这个设想实际上是可行的,只是这个设想的实现并不是因为房地产经纪人定出的行业规则,而是市场均衡所致。

任何公平的价格都是买卖双方经过充分协商、自主达成的,没有任何人可以强迫,这个价格就是经济学上的均衡价格。所以,前面说房地产经纪人没有因为引导交易所得税在买卖双方之间重新分配而损害他人利益,因为交易所得税本来就会通过买卖双方对成交价格的重新议定而事实上被重新分配,这是买卖双方的自愿行为。在这种情况下,要说损失,是新增的20%所得税使得交易双方都受到损失,而不是房地产经纪人造成了其中任何一方的损失。当由于外力作用(如政府要求抽取20%的交易所得税)使得价格均衡的条件发生变化,导致价格发生变动(卖方首先会考虑提价,把所得税转嫁给买方),市场成交量也会发生改变,从而形成新的均衡价格,这个新的均衡价格实际上就是新增的交易所得税在买卖双方之间进行分配之后形成的。当然这个均衡价格究竟意味着买卖双方各承担10%的交易所得税,还是一方多一点而另一方少一点并不重要,房地产经纪人其实也不关心这个具体的分配比例。房地产经纪人最担心的是市场上没有成交,而在外力冲击导致失去价格平衡、新的平衡由于买卖双方无法达成共识而不能形成,从而导致交易不能完成时,房地产经纪人就无事可做,这时他们最希望的是尽早撮合买卖双方形成价格共识。如果能够让买卖双方都认为，各自承担一半即10%的交易所得税是一个最有可能达成共识的结果，双方谁都不会在这个平衡点上让步了，那么买卖双方就有可能很快达成协议，于是房地产经纪人的撮合工作也就大功告成了。

所以实际上，房地产经纪人真正希望做的是帮助买卖双方尽快形成一个明确的市场预期，尽快完成议价的过程（即讨论交易所得税分配的过程），从而尽快成交。所谓制定一个要求买卖双方各自承担10%交易所得税的规则，只是房地产经纪人自己表错了情，房地产经纪人无权也不可能来强迫买卖双方接受由房地产经纪人制定的交易所得税分配比例。但我们必须承认：房地产经纪人的确是最贴近房地产市场、最了解市场预期的一群人，他们也的确可以通过与买卖双方的互动帮助市场预期尽快稳定下来，这对参与市场的每一方都不是坏事，当然对于市场本身也不是坏事。

（原载《中国房地产》2013年4月综合版）

房地产经纪行业研究

真房源，一个终于开始的起步

2018年6月，中国的房地产经纪行业又开始热闹起来。7月份，本专栏已经对此有所提及，不过没有正面谈，只是侧面先提到了2014年春天开始的那场经纪行业剧变。

这次的热闹，"唱戏"的主角基本上还是2014年引发行业剧变的那批公司，只是增加了一家互联网平台公司而少了另一家互联网平台公司。说起来很有意思，2014年的时候，正是这次唱主角的互联网平台公司在前一年发生的失误（准确说失误的是另一家平台公司，然后这家失误的平台公司被收购，收购者就是今年唱主角的这家平台公司），导致了另一家互联网平台公司的膨胀，而又是这种膨胀导致了后者一系列的不成功，以至于时至今日，后者仍然没有完全恢复元气，甚至成了今年这场大战的观众而不是参与者。

另外不同的是，当年站在一起和互联网平台公司"作战"的几家大型房地产经纪公司，这次分成了两个阵营，一家独自为战，另外几家和那家互联网平台公司站在一起组成了另一个相对的阵营。

三十年河东三十年河西，今天联吴抗曹，明天或许会联曹抗吴，这都是很正常的商场现象。不过这次和往常不同的是，"交战"的双方祭出的战旗却是一样的，上面都大写了三个字：真房源。

其实这原本是一件很滑稽的事——至少我们极少看到有卖鸡蛋的说自己卖的是真鸡蛋而不是人造蛋。货真价实原本是做生意最基本的要求，可房地产经纪这个行业做了这么多年了，还在把求真当作一个最起码的要求，把真房源当成了卖点，而且不是一家拿这个当卖点，大家都竞相用此作为卖点，让人颇有黑色幽默的感觉。

不过即使如此，也是一个值得鼓励的起步。多年以来，房地产经纪行业自己有一个共识，就是在这个行业当中一直存在劣币驱逐良币的怪现象，很多时候行业的参与者都是在竞劣而不是竞优。即使经过政府部门多次整顿，这个行业痼疾还是无法消除。

这次各家公司都以真房源做卖点，但到目前为止却没见到行业主管部门出来正式表态。笔者认为：政府主管部门一直在要求房地产经纪公司挂真房源，现在这些公司不约而同地这么做了，可以认为是在响应政府的号召。所以，一方面政府应该正面肯定，鼓励房地产经纪公司这样做；另一方面也有必要对房源的真实性做出检验。检验可以由政府主管部门来做，也可以请第三方部门来做，如请行业协会来做。

据笔者所知，行业协会已经在行动，中国房地产估价师与房地产经纪人学会正在拟订真房源的具体标准，标准是核查房源真实性的第一步，接下来应该就是确定具体的核查方式和信息披露方式，以及核查出不符合真房源标准时的整改方式。

(原载《中国房地产》2018年8月综合版)

市场低迷中的房地产经纪人：做什么？怎么做？

本文标题中的"做什么？"具有双重含义：一是实证性的，现在这个时候房地产经纪人在做什么；二是规范性的，现在这个时候房地产经纪人应该做什么。

先回答第一重含义的"做什么"这个问题，并且先从一般意义上，或者说从普通市民的角度，我们能看到房地产经纪人目前在做些什么。

首先，很多房地产经纪公司关门了。小型的房地产经纪公司，经营灵活，开张很容易，关门也很方便，所谓轻资产行业是也。大型的房地产经纪公司，公司的开和关都不那么容易，但门店的扩展和收缩也还是比较方便的，所以有些门店也会关闭；有的房地产经纪店铺关闭了以后马上就被业主租出去做别的用途了，有的只是关门，不营业，但店铺仍然保留，房租照付。其次，经纪人不是等在店铺里面了，很多经纪人跑到街上举牌子推销，特别是推销一手新房。当然，市民接到的经纪人促销电话会更多了。

上面这些是普通市民都能看到的现象，还有是看不到的：店铺关闭了或者暂时关门了，原来在此工作的经纪人去了哪里？当然有些就此离开或者暂时离开了这个行业，也有些是被公司派往别的店铺了，以往一个店铺可能有2个销售团队（相互竞争，也是一种互补），现在可能增加到3个甚至4个。增加了团队，就可能会轮流上街去主动出击，特别是去街上推销一手新房。

本来从事二手中介的经纪人变身从事一手代理，原因很简单：二手买家这时处于观望状态，导致二手市场低迷不振，而卖一手房的开发商这时是最着急的，房子好卖的时候，不需要专业的代理公司也能卖楼，市道低迷的时候，专业销售代理公司的优势就体现出来了，开发商就会用很好的条件来请代理公司帮助了。一手代理的业务增加，二手经纪也伸手来分一杯羹了，此所谓"一二手联动"也。

经纪公司关店,除了从成本考虑,也是在向开发商施压呢:你觉得日子还好过对吗?你死撑着不肯降价对吗?我先死给你看,我这可是真死了啊,真把店关了啊。

除了向开发商施压,也向二手房的买卖双方施压,放出风来:好多投资客已经出逃了,已经在降价卖房了,别的业主,您也别撑着了,降吧;还有买家,您该出手就出手吧。

作为行内人士,把这些内幕暴露出来,不怕自绝于行业?我想不至于,因为这些所谓内幕其实已经是公开的秘密。

借此机会,我还想证明一下我在之前的专栏文章里面提出的两个观点,一是在2010年8月份的专栏文章《房地产经纪人会推高房价吗?》一文中,笔者明确指出:房地产经纪人会对市场走势起到一定的推波助澜的作用,在市场走高的时候推高房价,而在市场走低的时候拉低房价。现在的情况完全验证了这个结论。二是在2010年10月份的专栏文章《限制收费还是规范服务》中,笔者提出:像广州这样的城市,房地产经纪市场已经足够成熟,竞争非常充分,由此已经形成了均衡的房地产经纪服务收费价格,因此不需要对经纪收费进行管制。现在的市场情况同样证明了这一点,在市场低迷情况下,房地产经纪人正主动降低佣金标准。

以上从实证的角度简要回答了标题中"做什么"(或"正在做什么")的问题,下面从规范的角度再来谈谈房地产经纪行业此时应该做什么的问题。

我们还是再次回到实证的视野:当前市场环境下,面临业务量减少,很多房地产经纪公司选择加大员工培训力度。在经纪人已经因为业务量大幅下降而"手闲"的情况下,公司不能让他们"心闲",所以要加强培训。这是非常明智的,不仅公司应该这样做,作为行业自律部门的房地产中介协会,也应该利用这个时机加大对经纪人的培训力度。

除此之外,笔者还认为此时我们应该思考房地产经纪行业的发展方向。

从多年的实践中我们可以看到,房地产经纪人实际上始终处于一种焦虑状态,眼睛总是在盯着那点佣金,这当然无可厚非。但笔者想问的是:这个行业就是应该始终处于一种焦虑状态中吗?难道不能更从容一些吗?难道不能跳出"市道好的时候忙开店,市道差的时候忙关店"这样一个低层次的循环吗?

处于这样一个低层次循环中的行业，显然不能说是一个可持续发展的行业，那么，怎样才能使得行业能够在一种从容的状态下进入良性可持续发展的轨道呢？

笔者认为，首先还是要有一个能够提高市场效率的规则体系，也就是笔者在过去的专栏文章中多次提到的以独权委托方式为核心的一整套房地产经纪规则体系，在这样的规则体系下，房地产经纪服务的交易成本能够大幅下降，房地产经纪人的收入也能够非常稳定，不会像现在这样饱一顿饥一顿，也就不会再去做出一些低级的市场行为。

我们也注意到，这样的规则体系是以行业职业道德的普遍提高为前提的，这意味着需要房地产经纪行业的从业人员素质有整体的提高。我们有理由相信：整体具有较高职业道德和职业技能的房地产经纪人必能造就一个具有较高社会地位、能够持续发展的房地产经纪行业。

也就是说，配合这样的行业规则体系，需要加强对经纪人的职业培训教育，同时也需要以职业培训作为筛选工具，把一些不具备职业技能和职业道德的从业人员逐步淘汰，也把一些不适应行业规则的经纪公司逐步淘汰。

这些，就是笔者针对房地产经纪人和经纪行业该"做什么"这个问题给出的建议。

(原载《中国房地产》2012年1月综合版)

行业、企业、员工
——基于行业观察的一些事实

作为本栏目 2013 年的开篇,这篇文章只准备陈述一些事实。

身为资深的教育工作者(2013 年正好是我进入高校教书 30 周年),我经常会被业界的朋友要求推荐人才,希望我把学校的优秀研究生、本科生推荐给他们。

这么多年带出这么多房地产专业的学生,几乎没有一个是愿意留下来教书的,而且,他们毕业以后往往都能找到薪酬比较好的工作(肯定远胜于在高校当一个年轻老师慢慢晋升、承担繁重的教学任务、从事高水平的学术研究并且还要在高水平的学术期刊上发表足够数量的文章),毕业几年之后就开始买房买车的不在少数。

基于以上两个事实,这些学生基本上不需要我推荐,尽管他们需要把毕业前将近一年的在校学习时间大部分用来找工作,需要制作无数份简历,参加无数次笔试和面试(一家企业的笔试和面试平均在三次以上吧)。用本应在校学习的时间来做这样的工作搜寻,在我看来这是不合算的事情,但他们却乐此不疲,似乎不穷尽可能地搜寻尝试而只是轻易地被推荐到一家公司去工作是一个天大的损失。

这些年来,我越来越觉得学生的质量在下降,所以我觉得我推荐不出满意的学生。我这里说的质量,既包括他们的学术素养,如学经济学的研究生却缺乏基本的经济学素养,不会用经济学的方式思考问题和解决问题;也包括他们的为人处事之道,往往不愿学习、不愿思考、不愿做事,只希望轻轻松松赚钱,或者连赚钱也觉得可以不用。

作为一个地方房地产中介协会的负责人,我也要管理 20 多名协会秘书处的员工,我同样觉得招聘合适的人才是一件不容易的事情。

30 年的教育生涯造成了我好为人师的职业病,所以我总是希望协会秘书处的员工能够不断进步,在工作技能、工作态度、为人处事等各方面能够做得更好,直到有一天协会秘书处的负责人向我指出:不是每个员工都希望听你上课的,他来这里工作就是赚钱,只希望做一天的工作,拿一天的工资就行了。我这才幡然醒悟:是啊,为什么不能允许人家这样过日子呢。

有一家相当大规模也相当成功的房地产经纪公司,公司在不断创新和发展,同时在用人和培养人的模式上也倾注了很多精力:他们在招聘新人的时候不招具有房地产经纪从业经验的人(这里就不转述他们这样做的理由了,大家都懂的)。

据我多年对房地产估价和房地产经纪行业的观察,一个企业是否发展得好,企业的最高领导起很大的作用。

在一个具有好的商业模式和好的治理结构的企业里面,员工的发展也会更好,好企业引来好员工,好企业也造就好员工,好员工当然更能成就好企业。

同样是根据行业观察的结果:一个地方的行业生态是否良好,取决于这个地方是否有一些优良的企业,并且恰恰也是这些优良企业中的企业家和高管会对这个地方的行业发展起决定性作用。

新年伊始,只陈述事实,不加评论,但很希望业内人士能够通过编辑部向笔者提出反馈或者反驳,如果能够引起一些讨论,则甚喜。

(原载《中国房地产》2013年1月综合版)

行业净化是否应该从源头做起

2015年7月本专栏文章针对最近出现的行业乱象，提出了两个问题：一是如果一家公司属下的经纪人都不得不冒用其他公司的名义才能开展业务，那么这家公司这么做下去是不是太无趣了？二是对于这样的无序竞争，除了按照丛林法则行事，是不是还可以有其他的办法？

近一个月来，情况又有新的发展：一是那家公司用一些方式明确表示自己要和其他公司对立；二是别的公司继续用更大规模的暴力行为和这家公司对抗。这等于是对我提出的两个问题都明确给出了否定的答案。

恰好，今天在微信上刚认识了一位美国的华人房地产经纪人，她告诉我："我们这边华人经纪常搞不正当竞争手段，比如互相踩贬、抢夺客户、不尊重同行的劳动。这边有些自称大牌的华人经纪在各个网站上都发文章、发广告，在中文网互相黑对方，甚至把家属都'人肉'出来开骂，真是叫人汗颜。"

如果不是这位资深的华人经纪人告诉我，我还真不知道在美国的华人经纪人有这样的行为。这些年，我和美国的华裔房地产经纪人交往不少，联系也很多，感觉他们和其他的美国房地产经纪人一样，都很有职业素养和操守，想象不出来他们会做这样的事情。

进一步和这位经纪人交流，她认为："人的价值观、德行是从小被家庭、被大社会影响而成，要想改变成年人的思维是不容易的，所以我觉得筛选比改变更可行。"

对于最后这句话，我想了很久，所谓"筛选比改变更可行"实际上就是说房地产经纪行业的净化应该从选择合格的经纪人开始，靠入职后的教育培训来改变经纪人的价值观和行为模式是比较困难的。我认为这一点在这一轮的某公司与行业内其他公司的激烈竞争中也体现得很充分——行业内的公司一直都谴责某公司的经纪人采取各种不正当手段窃取房源信息和客户信息、抢夺客源，同时也谴责某公司从其他同行那里大规模挖人。那么问题就来了:这也就是说某公司的经纪人也都是从行业内其他公司跳槽过去的,这样岂不是要告诉大家这个行业实际上存在着相当多的不良经纪人?总不能说只有不良经纪人跳槽去了某公司,也不能说其他公司的不良经纪人全都跳槽去了某公司吧?

同样是今天,我在一个全国范围的有几百名房地产经纪人的微信群里看到有位群友发了一个红包,但红包数额很小,另一位群友马上就说:"发不起就别发。"而发红包的这位随即就开骂:"你有病啊!"

同样的情形,换了我所在的其他微信群,如金融界人士的微信群,情况就会完全不一样,抢到几分钱的群友会用各种俏皮话调侃几句,甚至一分钱都没抢到的群友也会说"没抢到也谢谢",从来不会有人恶言相向。

这是一个非常小的事,但以小见大,管中窥豹,经纪人队伍的整体素质水平有待提高应该是个不争的事实。

所以,先不论房地产经纪人能否通过教育培训来提高职业素养和道德水准,起码现有的很多房地产经纪人的确是需要提高自身职业素养和道德水准,乃至首先需要培养基本的良好行为习惯;否则,很难让社会对房地产经纪人这个行业及其从业人员有尊重之心。

(原载《中国房地产》2015 年 8 月综合版)

房地产经纪行业现状与行业发展

两张统计图所包含的信息

最近,广州市房地产中介协会下属的广房中协房地产发展研究中心因为课题研究的需要,对房地产经纪从业人员现状做了一次调查,调查对象覆盖了广州、深圳、重庆、大连、厦门、昆明、武汉、成都等城市以及海南省的房地产经纪从业人员,共回收有效调查问卷932份。

调查所得的数据十分丰富,笔者从中摘取了两张统计图,做了简单对照分析,就发现了一些很有意思的信息。

第一张图是房地产经纪从业人员的学历构成,如图1所示。

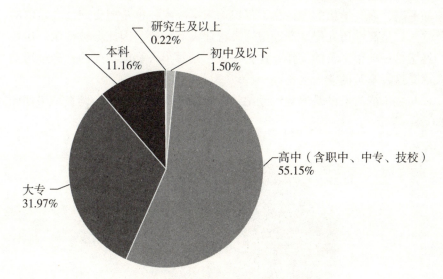

图1 房地产经纪从业人员学历构成[①]

---

① 数据来源:广州市广房中协房地产发展研究中心。

59

在房地产经纪从业人员中，高中同等学力的人士占比最多，达55.15%；其次是大专学历人士，占31.97%；本科学历人士占比11.16%，排在第三；研究生及以上学历人士占比非常少，只有0.22%，还赶不上初中及以下学历人士的1.5%占比。

这反映了这样几个事实：第一，至少在目前，房地产经纪这个行业不需要太高学历；第二，这个行业也吸引不了高学历的人才；第三，高学历的人才也不适应这个行业的工作。

先说第一点，从目前房地产经纪行业的工作内容看，的确没有太多技术含量，对比很多操作数控机床的技工都需要研究生学历，房地产经纪这个行业的确是用不着太高的学历。

近年来，房地产经纪行业的赚钱效应是很明显的，按理说收入是选择职业的重要考虑因素，高收入也不能吸引高学历人才，就是上述第二和第三个信息所折射出来的两个现实：一是说明高学历的人哪怕是有较高的收入也不屑于做这份工作。众所周知，中国的房地产经纪行业在社会上的地位并不高，而高学历的人往往不仅仅追求高收入，也希望受到社会足够的尊重。二是高学历在房地产经纪这个行业没有优势，因此会被淘汰，房地产经纪是一项很辛苦的工作，这种辛苦不是每个人都能承受的，高学历的人承受这种辛苦的能力会更差一些。

与之形成对应的是房地产经纪从业人员的职业满意度，调查结果如图2所示。

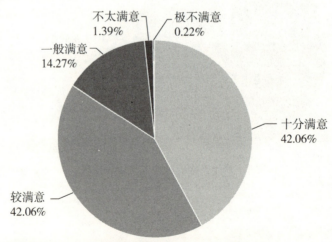

图2 房地产经纪从业人员职业满意度

房地产经纪从业人员对职业发展的满意度非常高。调查统计数据显示，对职业发展十分满意、较满意、一般满意占比分别是42.06%、42.06%和14.27%，总计达到98.39%，只有1.61%的从业人员对职业发展表示不满，这当中不太满意的占1.39%，极不满意的只占0.22%。

这组数据折射出这样两条信息：第一，房地产经纪从业人员对职业的不满会立即体现在行动上。任何行业都会有令从业人员不满的因素，有些行业的从业人员尽管心存不满，但因为种种原因还是会继续留在这个行业，而房地产经纪从业人员对职业的忠诚度其实并不高，一旦对职业有不满就会立即付诸行动——离开这个行业（这一点从同一项调查所得的数据也能看出：从业年限在3年及以下的房地产经纪人员占比达54.51%，从业10年以上的房地产经纪人只占7.4%）。在这种情况下，继续留在这个行业的也就都是对职业满意的人了。第二，有研究表明，文化程度越低的人满足感越强，因为这类人群追求的目标不高，因此也就很容易自我满足。这一点和前面提到的房地产经纪行业从业人员学历水平状况是完全对应的。

这两张图准确反映了房地产经纪行业从业人员的现状，也充分说明了这个行业诸多弊端的源头——从业人员素质不理想。已经有越来越多的业界人士看到了这个问题，并且大声呼吁要解决这个问题。依笔者所见，解决这个问题仅靠行业内部的变革意愿是不行的，主要还得依靠外部环境的改变——当市场需求导致低学历的房地产经纪人无法生存的时候，这个行业的学历水平才会提高，随之才会产生进一步的变革。

（原载《中国房地产》2017年2月综合版）

房地产经纪行业研究

专业精神应成为房地产经纪行业有效供给的核心要素

当前,房地产经纪业正在经历近年来最为寒冷的一个"冬天"。早两个月曾经传出某大型港资房地产经纪代理公司大面积关店和裁员的消息,随后被否认,但后来这个消息还是被坐实了。其实,任何一个正常经营的企业在遇到市场不景气时都不会坐以待毙,收缩战线是再正常不过的企业经营行为。而且,据笔者所知,这些企业一方面裁员,另一方面还在给留下来的核心员工加薪,说明这些企业实际上还在做长期经营的准备。

在2011年12月的本专栏文章里,笔者提到:在市场低迷的时候,从事一手代理的房地产中介公司日子相对好过一些,而从事二手经纪的公司的日子就会更难过一些;但从长远来看,二手经纪的市场份额会越来越大。实际上,在广州,这些年二手成交量已经和一手成交量持平,二手市场份额超过一手已经毫无悬念。而二手和一手业务的本质区别在于:二手业务是可以重复进行的,不像一手业务那样只有一锤子买卖。所以二手经纪业务一定是可以长期经营的,而且其市场份额的上升会从北、上、广、深等一线城市向二三线城市延伸,二手经纪业务的来源从长远看是可以持续的。

也就是说,对房地产经纪行业的需求来源其实并不成问题,即使短期内需求会有所减少,但长远来看需求仍然存在并且还会持续增长。笔者更担心的是我们的行业能否持续提供有效的、能够切实满足市场需求的供给。

或许业内人士会说:"最近房地产经纪行业大规模裁员,这不说明供给已经过剩了吗?"简单从数量上来看,至少在目前,的确如此。但笔者强调的是:房地产经纪行业能否提供满足市场需求的有效供给。就在元旦长假期间,广州的一个大型楼盘在促销活动中发生了两家代理公司员工的冲突事件。这一楼盘引入两家代理公司同时进场代理销售,这两家代理公司都是境外上市的国内知名代理公司,可谓行业翘楚,但却在大量客户蜂拥而至参加楼盘促销活动之际，为了争客而发生冲突，导致公安介入、媒体瞩目。

其实，作为长期身处其中的房地产经纪业内人士，笔者知道这类冲突的发生绝非孤例，一手联合代理的过程中发生过，相邻不同公司的二手店铺之间也发生过。行业竞争是常态，不仅公司之间的竞争是不可避免的，即使在同一间二手店铺内部，主管也会把手下经纪人划分成两个以上的团队，让团队之间竞争。但是，竞争难道是要用拳头来说话吗？如果一个行业内部的竞争要以打斗的方式来进行，这个行业能让客户感到满意吗？这就是笔者所担心的行业有效供给问题之一。

而且，不让行业内部竞争诉诸武力，这还仅仅是一个最低的要求。一个行业，要能够通过为客户提供满意的服务立足，需要做的功课还很多很多。作为一个行业，首先应该培养从业人员的专业精神，从业人员应该敬业。所谓敬业，所谓专业精神，就是要力求使自己所从事的专业受到社会尊重，为此就需要提高自己的专业能力，培养专业素养。

房地产经纪行业不应该成为一个只要有赚钱的愿望就能够从事的简单行业。如果一个从业人员仅仅只是想着要在这个行业掘金，却不具备这个行业所必需的专业精神、专业能力、专业素养，也不愿意或者是经过自身努力也无法具备，那么最好还是不要继续在这个行业从业。这应该成为房地产经纪行业全体从业人员的共识。

专业精神应该成为构成房地产经纪行业有效供给的一个核心要素。

（原载《中国房地产》2012年2月综合版）

专业精神 + 客户体验
——成功经纪公司的不二法门

作为专栏文章，笔者在讨论问题的时候都是就事论事，并不针对具体的公司，所以也一般不会在文章中写出具体的公司名号，为的是在指出该公司问题的时候避免不必要的麻烦，而在褒奖该公司的时候则避免为其做广告的嫌疑，本次的专栏文章依然遵循这个惯例。

传统中介公司从线下往线上发展和互联网平台公司从线上走到线下，这个问题从去年开始笔者已经多次在本专栏讨论。因为形势一直在不断发展，所以也就可以不断地讨论新出现的各种现象。现在可以说两大"门派"的竞争结果已经初露端倪，从一些微细的现象来看，笔者认为前者胜算的可能性还是要大于后者，其原因就在于本文题目所说：专业精神和客户服务精神。

先说专业精神。作为后来者，互联网平台公司进入房地产经纪行业的撒手锏（同时也是所有互联网企业竞争的通用利器）是低价，但很多事实已经说明，在房地产经纪这个特定的服务领域，消费者并不唯低价是从，还是要看经纪公司能否提供专业的服务。笔者曾经一直寄希望新进入的公司能够在专业服务能力上给房地产经纪行业带来革命性的变化，但实际上不但没有，反而由于这些新进入公司往往采用挖人、挖盘源的方式快速切入市场，导致专业精神更加缺失，不光是不能赢得消费者认可，即使在行业内部也被抵制和鄙夷。而反观一些发展势头良好的传统房地产经纪企业，却不断在提高专业服务能力上下功夫。而且，其选择的扩张方式通常是并购，而并购的对象都是优质并且有相当市场占有率的本地公司（市场占有率本身已经说明了公司的质量），所以在并购扩张以后，其专业服务能力一般不会降低，在新公司统一推广本公司的专业服务标准也会很顺利。

再说提升客户体验，说一件小事：笔者前些天在北京，和几位来北京开会的朋友在一个餐馆随意吃晚饭小聚，没想到正赶上突发的暴雨，有两位朋友在从旅店走来餐馆的路上被暴雨困住了，但没多久这两位朋友就冒雨赶到了，原来他们经过一家大型连锁房地产经纪公司的时候，素不相识的公司员工拿出两件一次性雨衣送给他们。第一，这两位朋友不是经纪同行；第二，他们也不是这家公司的客户，甚至不是有看房或者放盘意向的潜在客户，很显然就是路过而已，但公司的员工却主动提供了雨具。我相信这不是公司员工随性所为，一定是公司的制度规定，并且提供了相应的物资准备。润物无声，这样一个小小的善举，其实给这家公司所做的广告真是太大了。而这样的善举，也正是这家公司信奉客户至上、重视客户体验的内在愿景的自然体现，能够这样为客户着想的公司，当然是有前途的。如果这样的公司提出要成为市值超过目前中国最大房地产开发企业的上市公司，也不是不可信的。

（原载《中国房地产》2015年10月综合版）

专业人士的专业精神

看到一篇香港律师会长苏绍聪律师谈律师专业精神的讲话①，很有感触，虽然苏会长是针对律师行业说的，但我觉得对房地产估价师和房地产经纪人也同样适用。

按我所理解苏会长对专业精神的阐释，重点是在律师应该不仅代表委托方的利益，还应该照顾到委托方以外的所有人包括相对方的利益。

这个说法很像企业社会责任的含义，企业社会责任理论也是认为企业不仅应该对股东负责（为股东营利），还应该对各利益相关方（stakeholders）负责，包括员工、客户，以及社会各界。

作为专业人士，难道不应该全心全意为委托方服务吗？当然应该，这是底线的要求。但在为委托方服务的同时，不应该故意损害相对方以及其他相关方的利益，更不应该与委托方合谋作假损害他人利益。这同样是各类专业人士应该恪守的底线。房地产估价要求公平、公正（其他涉及各方利益的专业服务也都同样要求遵守这样的准则），其含义就是不能明知委托方"要求"的估价结果是不公正的，不是按照估价目的所对应的价值内涵所确定的结果，却还要去迎合其要求。笔者曾经当过两届广州市房地产评估专业人员协会会长，所以那时确实有一些朋友为了估价案找我，我也会给估价公司和估价师"打招呼"，但从来都是明确说："我希望你们能够提供最优质的服务，估价结果是你自己负责。"也有不少"打招呼"的朋友后来投诉，说："你们的估价师太死硬，不能通融。"我当然明白这是什么意思，也从来都认为这样的投诉是对我们估价师专业精神的赞扬。当然行业里也会有一些估价公司做出别人做不出的估价结论，他愿意为此负责，那我也不能勉强，但与此同时，包括他自己在内的业界所有合格的估

---

① 讲话可在香港律师会的官网查到，网址是：http://www.fjt2.net/gate/gb/www.hklawsoc.org.hk/pub_c/news/press/20170109.asp。

价师都会明白这是违反专业操守的。

正因为如此，我也认为房地产经纪人应该采用接受买方或者卖方单方委托的方式工作，这时不容易产生利益冲突，可以全力为委托方争取最有利的成交价。这和房地产估价不同，估价首先应该客观反映市场价值，而代表单方的经纪人为委托方争取最大利益是完全合理的。但当经纪人同时代表两方的时候，就很难公平地照顾到双方的利益了。

由于苏会长是在香港律师会年会上讲的这番关于专业精神的话，所以并没有提到专业技能的问题，因为律师会的律师都已具有合格专业技能的了。但在我们目前的房地产估价和经纪领域，很多人还不具备作为专业人士所应具备的基本专业技能，这些人就不在我们的讨论范围之内了。但恰好又是这样一些人，会误导公众，让公众以为他们就是专业人士，以致对整个行业造成误解。因此，在目前的房地产估价和房地产经纪等专业服务领域，我们在提倡专业人士应该具备专业精神的时候，首先还要让每一位专业人士具备合格的专业技能。

（原载《中国房地产》2017年3月综合版）

房地产经纪人,你希望向公众展示什么?

昨天上午,在全国房地产经纪人大会上,出现了台下的房地产经纪人向台上的演讲人呛声和砸矿泉水瓶的场景,如果当时我是演讲人或者主持人,当台下那位经纪人第一次大声发话的时候,我就会请他到台上来面向大家说出他想说的话,而不是在台下打断台上的演讲人。或许当他到了台上把话说完,也就不会扔矿泉水瓶子了。因为我始终认为:能够专程来到北京置身几百人的会堂,这位经纪人不会是一个不讲道理的人,他之所以那么愤怒,肯定是有原因的,让他上来心平气和地说出这些前因后果,并且如果有可能,再让台上的演讲人当众回答他的问题,或许能够更好地沟通,把双方之间的问题解决掉。

上午的事件不光是立即在网上形成热议,也成了下午演讲人的题材,下午的演讲人还把近来发生的经纪人之间的流血事件当作对上午事件的呼应和补充,这位演讲人认为:行业可以竞争,但要思考竞争的边界到底在哪儿?如果老是线上约架、线下打架,行业的结局就是覆灭。

我很赞成这位演讲人的观点,想想看,如果客户看到房地产经纪人在愤怒之下就能挥拳相向乃至打断人的胳膊,客户还敢找这样的经纪人为自己服务吗?再想想看:行外人不会管打架的双方谁是谁非,公众看到的只是房地产经纪人在打架,还有就是经纪人在指责另一方采用不光彩的手段套取房源、截留客户……对内情了解更多的公众可能还会说:这些经纪人不都是一直在房地产经纪行业工作的吗?不过是从一家经纪公司跳槽到了另一家。或许的确是另一家公司把这些经纪人都教坏了,但不管怎样,这些被教坏的房地产经纪人也是这个行业的人啊,如果公众认为房地产经纪行业都是这样一些人,在这个行业里工作的每一个人脸上都不会有光吧?

(原载"分享从不懂房地产开始"公众号,2015年6月6日)

房地产经纪人
——受尊重和自尊

　　始于 2016 年 4 月的房地产中介行业专项整治工作已经持续了一年多，去年 5 月、7 月、9 月，笔者曾连续在本专栏就此发文，重点关注的是这次的专项整治工作能否持续、有始有终。从最近几个月的情况看，不仅专项整治工作一直在有条不紊地进行，而且力度还在不断加大，效果也非常明显。在这个过程中，笔者也听到一些反映，主要来自房地产经纪人。一是说这个整治过程中有一些误伤，或者说存在运动扩大化的问题，对此我不是太在意，因为这样的大规模整治，难免矫枉过正，误伤也是难免。但另一个意见，我倒是颇有同感——业界一些资深房地产经纪人认为缺少对房地产经纪人和房地产经纪行业的尊重。

　　说到这个话题，就不是一句两句能说清楚了。首先，我一直认为：尽管这些年来房地产经纪行业是个赚钱的行业，但社会对这个行业和行业从业人员并不尊重。这也是我经常对房地产经纪人说的话："你们虽然赚了钱，但别人并不尊重你们。我希望这个行业得到社会的尊重，希望你们不仅能够赚到钱，还能够赢得社会的尊重。"我的这个观点也得到越来越多的资深房地产经纪从业人员的认可。不仅如此，让我尤其感动的是，我曾经听到一位房地产经纪行业的政府主管领导说："我们总是对房地产经纪人提要求，要求他们遵守各种行为规范，但我们有没有了解一下他们的诉求？有没有维护他们应有的权利？"

　　所以我认为：一方面，房地产经纪人需要自尊自爱。你自己把赚钱放在首位，为此不惜违背社会道德，又怎能让社会尊重你？另一方面，社会和政府也应该给敬业守法的房地产经纪人多一些尊重和关爱。

　　房地产经纪行业的确有种种弊病，但这个行业能生存至今，在房地产市场发达的城市能做到中介门店多过米铺，说明了这个行业对社会是有贡献的，社会对这个行业也是有充分需求的，甚至是不可或缺的。从这个最基本的认知出发，这个行业也是应该得到社会起码的尊重的。现在常说"正能量"和"负能量"，社会和政府是不是也应该多一些给房地产经纪行业输入正能量，多一些尊重和鼓励，特别是对敬业守法的房地产经纪人，应该及时加以表彰。通过这样的正反馈，来鼓励房地产经纪人"做好人，做好事"。

另外，也要多从房地产经纪行业和公司内部找原因。中国房地产经纪行业的一个突出问题是：人员从业时间短，流动率高。这个问题和行业受尊重程度又是密切关联的。如果既赚不到钱，又得不到社会尊重，那么留在这个行业何益？这种人员流动格局造成的一个后果就是无法形成稳定的职业经纪人团队，自然也就难以形成职业归属感。只有当从业人员有职业归属感和自豪感，他们才会珍惜自己的职业形象，努力去赢得社会的认可和尊重。

所以我始终认为球还是在房地产经纪人脚下，从做好人做好事开始，才能形成我所说的正反馈。

这也正是我一直对房地产经纪人所寄予的期望。

（原载《中国房地产》2017年6月综合版）

房地产经纪行业现状与行业发展

善待房地产经纪人与经纪人的自我救赎

在房地产经纪公司内,房地产经纪人无疑是被善待的,自不待言,不过最近听到的是房地产电商平台公司提出善待房地产经纪人。

其实这个口号并非现在才有,前几年新创的一家房地产电商平台公司走的就是这个路,公司从一开始创立就提出要鼓励经纪人走正道,做好事,相应地也努力在善待经纪人,最有说服力的做法就是他们提出先行垫付佣金,即在联合经纪人做一二手联动的时候,如果开发商未能及时结算佣金,则由平台公司先行垫付给经纪人。但在现有的法律和政策环境及商业环境下,这样的做法似乎有些水土不服,主要体现在先行垫付的佣金迟迟未能从开发商那里拿回来,于是这种"善待"也没能持续下去。

而现在另外的房地产电商平台公司也提出这个口号,并且很真诚地反省:我们一开始的时候眼睛只是盯着供应和最终需求者两方面,即盯着开发商和买房者,却没有给联结供应和需求的房地产经纪人以足够的重视,现在我们意识到了这个问题。

这当然是在回归常识(关于这个常识,笔者在2017年10月本专栏文章《房地产经纪行业——回望与期望》中有详细的讨论),但另一方面,房地产经纪人如何提高自己,却仍然是一个很现实的问题。

早在2013年9月,笔者在本专栏文章《房地产经纪人的自我救赎和政府管制》中就提出了"房地产经纪人的自我救赎"这个命题。前不久,笔者参加一家国际知名房地产经纪连锁品牌企业的年会,在会场外面看到很多年轻的经纪人在抽烟,这原本不是什么大问题,但这些年轻人抽烟时的做派却让人不敢恭维。这次年会有来自该公司总部的总裁参加,规格很高,而这位来自美国的总裁说他见到中国的经纪人同行时最大的感触是这些经纪人太年轻了(与美国的经纪人相比)。这当然是一种"善待"经纪人的说法,不仅如此,这位总裁在年会上演讲的时候说的也都是经纪人的"好话"。但在笔者看来,仅抽烟做派一项,已经把这些年轻经纪人的形象破坏得非常厉害。

在美国，在公共场合抽烟是一件多少有点"不好意思"的事情，所以他们会在门外闷着头很低调地过烟瘾，甚至会下意识地背对着其他人，这其实是一种修养。而我看到的会场外的这些年轻经纪人，或者是烟叼在嘴角，一副踌躇满志的样子，或者是仰着头，畅快地吞云吐雾。更有甚者，会议活动期间，有不少经纪人在会场的洗手间内抽烟（这种情况我多次在大型的经纪人会议活动中遇见过），洗手间内烟雾缭绕，气味难闻。

这种看上去很小的事，反映的却是房地产经纪人的自身素质和文化底蕴。笔者在2017年6月的本专栏还写过一篇《房地产经纪人——受尊重和自尊》，强调了一个很浅显的道理：要想被人尊重，先得要自己尊重自己。而提高自身素养，正是尊重自己的起码要求。

如何提高房地产经纪人的素质？笔者还是觉得把住准入关是一个事半功倍的做法。具体到各家公司，应该是在经纪人入职的时候就不能光看其赚钱的能力，还应该考察其综合素质。

（原载《中国房地产》2018年2月综合版）

房地产经纪人的成长与发展

前两天广州市房地产中介协会举办了一次区域性的业界高峰论坛，在论坛的圆桌论坛环节，笔者作为主持人，和在座的四位嘉宾探讨了房地产经纪人的职业生涯问题。

四位嘉宾中的两位是20世纪90年代开始从事房地产中介服务业的元老，已经有二十多年的从业经历；另两位三十多岁的年轻人则分别在2006年和2007年入行，也有十年以上的从业经历。前两位的职业经历主要是企业高管，后两位都是先在房地产经纪公司打工然后先后创业，并且都已经在一个区域范围内小具规模。

我首先是请两位资深高管跟大家分享一下他们的心路历程：为什么能够一直从事这个行业？他俩的回答各有不同，但有一点相同：都有强烈的专业兴趣。这一点我平常也能感受到，因为我认识他们两位早的有二十多年，晚的也有十几年，在我的记忆里，他们两位总是对自己的工作充满热情乃至是激情，给人不知疲惫的感觉。

我之所以把职业成长作为这次圆桌论坛的话题，是因为在事前向当天参会的代表征求问题的时候，几乎所有提问都是想知道2019年本区域房地产市场的走向，而在当天的高峰论坛前半节，两位资深高管在演讲的时候都已经对这个问题有很全面的说明，因此没有必要在圆桌论坛环节再来谈。并且，从这些提问也可以看出来参会的这些年轻经纪人的关注点就是抓住眼前的机会赚钱，看不出他们对自己的职业生涯有什么长远的规划。所以我在现场决定引导这些年轻人思考一下自己的成长问题，毕竟有这么好的机会：面对两位从业二十多年的资深高管，还有两位从业十几年的成功创业者，从他们四位身上难道不应该展望一下自己的未来吗？

另外，这也是一个机会让我们看看两位年轻的创业者和另两位年长一些的资深高管对经纪人职业生涯的看法有什么不同。果然，这两位创业者相互之间已经有所不同：一位表示自己将把房地产经纪作为终身职业，沿着这条路一直走下去；另一位则表示自己将在45岁退休，去享受生活。

台上四位嘉宾已经展现了至少四种不同的可能性：创业当老板或是做高级专业人士，终生从事本专业或是45岁就退休。我很希望听听台下的年轻经纪人在听了台上嘉宾观点以后的想法，可惜他们没有人能够清晰地表达出自己的想法。

倒是两位年轻嘉宾中的一位，在会后继续找我谈，告诉我他最近在公司做的一项探索：让一些资深的房地产经纪人（不限于自己公司的，也可以是从其他公司离职的）来公司工作，但不给他们提业绩要求，工作时间也是弹性的（只是为了不至于使公司其他员工有太强的差异感，要求这些资深经纪人每天至少来公司上班4个小时）……

我告诉他：这其实正是美国的房地产经纪人的工作状态。美国的房地产经纪人回到公司往往就是处理一些文档工作，与经纪业务相关的工作都是自己独自安排（我国有些业界同行把美国这样的经纪人称为"独立经纪人"，我倒是认为他们只是"独自"工作，并非"独立"于公司之外）。

所以，他在公司里做的这种尝试或许正是房地产经纪人的工作模式发展到成熟阶段后的结果。

对于经纪人个体而言的成长问题，和对于经纪人职业而言的业态发展问题，这就是本月专栏短文提出的两个问题。

（原载《中国房地产》2019年1月综合版）

房地产经纪行业现状与行业发展

房地产经纪行业痼疾如何根除?

所谓"痼疾",自然是指久难治愈的病。这里要谈的房地产经纪行业的痼疾,当然也是众所周知的问题——房地产经纪人的服务问题。并且,这些问题是基于笔者对一家行业标杆公司的长期观察。

笔者一直认为这家公司代表了中国房地产经纪行业的发展方向,并且多次在本专栏文章中推介这家公司,夸赞这家公司是鼓励旗下的经纪人"做好人""做好事"的公司,但最近笔者亲身经历了这家公司经纪人的服务,却深感所谓行业痼疾是连这样一家行业标杆公司也难以避免的。

具体过程就不描述了,只说判断(但这绝对不是主观臆断,而是基于笔者亲身感受所得):第一,经纪人的态度并非全心全意为客户,反倒是和其他很多同行一样,总想着利用信息优势压制客户,更确切一点说,是用一种连蒙带唬的方式逼迫客户;第二,公司服务很不规范,而服务规范也正是这家公司一直自诩优于同行的。

其他问题就先不说了,仅仅以上两个问题,已经是众所周知的房地产经纪行业痼疾了。

笔者就此问题也和房地产经纪行业的资深从业人员探讨过(不过不是和这家公司的负责人,虽然笔者经常会和这家公司的负责人探讨相关问题),得到的回答是:目前房地产经纪行业的客户能够接受的也就是这样的服务。

这话乍听起来会让人觉得匪夷所思:消费者难道心甘情愿地接受这样质量的服务吗?

但反过来想一下:如果不是这样,那么为什么消费者没有用脚投票而一直让这样的服务能够在市场中存在呢?此为其一。其二是为什么没有公司能够用提供更好的服务(当然相应可能需要收取更高的服务费用)来吸引消费者呢?

从经济学角度思考这些问题,仍然是市场均衡的问题。一方面,如果有人提供更好的服务并且收取更高的费用,那么市场无法接受;另一方面,在现在这样的服务价格水平上,又没有人出来提供更好的服务,并且囿于自身素质,现有的房地产经纪从业人员又只能提供这样水平的服务。最终的结果就是,消费者就只能面对这样的服务水平。

其实,这种问题不仅在房地产经纪行业有,其他服务行业同样存在,并且其市场演变所经历的过程比房地产经纪行业更完全。以餐饮服务业为例,现在大家都认为餐饮服务人员的水平在下降,并且是全方位的下降,但大家又都可以理解,以现在的餐饮服务人员工资水平,也只能招到这样的服务员。

中国的房地产经纪行业可以说是一直都是在低水平运行,但餐饮服务的水平至少在广东这样的地方曾经是很高的,而下降则是近年的事,这说明什么呢?当然还是因为整体来说,餐饮服务的工资达不到一个可以提供较高服务水平的均衡,而只能在较低的水平达至均衡,所以消费者也就只好面对比以前较低的服务水平了。

(原载《中国房地产》2018 年 5 月综合版)

房地产经纪行业现状与行业发展

同一件事情的不同看法

我在朋友圈转发了广州市房地产中介协会《关于开展房地产中介侵害群众利益违法违规行为线索征集工作通知》，有位房地产经纪人朋友马上连续留言如下：

怎么老说中介侵害群众，不见说业客跳单不付佣或少付佣侵害中介，中介也是群众而并非高官或人大代表，作为行业协会的代表，您老应该为全行业请命保障一下中介这底层群众。

您老是公众人物，这是代表国家征讨全行业吗？这样的破文章发出来不觉得会令全中介行业抵触和汗颜吗？

以上纯属个人观点，实事求是。

作为行业协会保障业客合法权益没有错，但中介方的利益你们有出台啥政策来保障过吗？

没有这些从业人员，那些吃干饭的达官贵人能6点钟到房管局排号过户？能放下身段上街去叫卖自己的房子？开玩笑……

全国数百万中介从业人员如果都下岗了，他住建部负责养这些人吗？他们住建部和你们行业协会应该多想些办法来保障一下中介行业这些弱势群体才对。

针对这一连串的留言，我也接连留言回复："谢谢发表意见。""谢谢！欢迎常回广州，了解一下广州市房地产中介协会为会员权益做的工作，并帮助协会把工作做得更好。"

看到我这样说，这位经纪人朋友语气有所缓和，他说："文章上面加上这句就暖心了。"

我的确是很高兴看到经纪人直接跟我这样沟通对话的，这样才能了解他们真实的内心想法，即使他们的想法和我很不相同。

我觉得，上述不同看法不仅基于我和他的立场不同（他站在经纪人和经纪公司的立场，我站在协会的立场——我一直认为，协会是不同于政府和企业的第三方，所以立场也是和这两者不完全一样的），而且也在于思考问题的角度和方式不同，也就是说，即使我是和他一样的房地产经纪人，我也会和他有不同的看法。下面就简单分析一下。

大家都知道现在社会对房地产经纪人的看法仍然是负面居多，在这种情况下，作为经纪人，你的任何辩解都是徒劳的，甚至会起到相反的效果。这时首先要做的是增强双方的信任感，否则对方根本不信你的话，你说得再多也是白说。

在这种情况下，让消费者知道可以通过第三方（协会）对房地产经纪人的行为有所约束，他们才会逐步重新建立对这个行业的信心。当然，首先还要让消费者看到自己向协会反映的线索得到重视，并且在此之后行业状况逐步改善。

只有到了那个时候，作为房地产经纪行业的从业人员，才能有底气对消费者说："您不用担心我损害您的利益，有协会代表广大消费者盯着我呢。"

那个时候，这样的辩解才有说服力。

至于说为啥作为行业协会却代表消费者的利益，这个道理很简单：第一，行业协会原本就是作为第三部门站在公平公正立场说话的；第二，只有让消费者相信房地产经纪行业是不会（或至少是不能）侵犯他们的利益的，他们才会放心地委托这个行业为他们提供服务，房地产经纪行业也才能够生存和立足。所以，协会这样做才是从根本上保护行业的利益。

这个逻辑是不是很清晰？如果读者有兴趣，还可以看看本人的另一篇文章《从科斯想到房地产经纪人的自律》。

（原载"分享从不懂房地产开始"公众号，2018年11月22日）

如何防止房地产经纪人冒用其他公司名义？

各地房地产经纪公司跟由某著名网络平台转型的经纪公司之间的激战仍然在继续。今天看到一家经纪公司的经纪人在一个各地经纪人参与的大型微信群公布了两张照片，一张是在该转型公司任职的某位经纪人在其所在公司网站上的端口页面，证明该经纪人是该转型公司的员工，另一张是该经纪人的名片，但名片上却用了另一家公司的名称。

据说这已经是一个普遍现象：因为该转型公司受到各家经纪公司的普遍抵制，无法得到同行在业务上的配合，所以其属下的经纪人往往冒用其他公司的名义。

微信群里的其他经纪人也讨论了这个事情，认为目前的法律无法有效制止这种冒用其他公司名义的行为，因此只有采取非常规手段来解决问题。

所谓非常规手段，无非就是我在上一篇短文（《房地产经纪人，你希望向公众展示什么？》）中反对过的按丛林法则行事。但除此之外，是否还能找到其他行之有效的办法？

首先，从那家转型公司一方来说，我总觉得如果真的如传言所说，一家公司属下的经纪人都不得不冒用其他公司的名义才能开展业务，那这家公司这么做下去也实在是无趣了。所以我非常期待这家公司能够反思一下，找到更好的办法来参与市场竞争。其次，从其他的同行公司来说，其实除了按照丛林法则行事，也还是可以有其他的办法的——比如这样在微信上公布相关信息就是一个很好的解决办法，可以提醒同行拒绝与这些冒用其他公司名义的经纪人合作。类似的做法在广州市房地产中介协会早已实行，广州协会在取得会员共识的情况下，在协会内部建立了失信经纪人名单，接受会员公司对原在其公司任职、后因违反公司规定或有不良职业行为而离职或被公司除名的经纪人的投诉，将失信经纪人列入名单，在会员内部公布；对失信经纪人的举证由提出投诉的公司负责。

相信采用这样的办法同样能够防止经纪人冒用其他公司名义的情况，因为只要将这样的经纪人列入失信名单即可。

这样在会员内部公布名单的做法和向社会公布房地产经纪人被行政处罚有所不同，后者是在经过第三方充分调查取证之后，由协会行业自律委员会讨论并投票决定做出行政处罚建议，报行政主管部门，由后者做出处罚决定，然后协会向社会公布处罚决定。如果能够做到这样，当然能够更好地对各种不良行为进行处罚，从而尽可能杜绝这些不良行为。但这样做的时间成本、人力成本都很高，取证的难度也比较大。而采取由公司举证并承担相应责任，在协会会员内部公开失信经纪人名单的做法，效率会提高很多，也不会影响失信经纪人的社会声誉，只是通过行业一致行动将这样的失信经纪人排斥在行业之外，对行业、对社会都是有利的。

所以，我建议各地的房地产经纪公司和经纪人不妨采用这样协同一致行动的办法来解决问题，这比用丛林法则解决问题显然更好。

（原载"分享从不懂房地产开始"公众号，2015年6月12日）

低价竞争行为的冷静分析

因为某公司采取 0.5% 的低佣金，不仅导致其他经纪公司联合抵制，还导致地方协会发文谴责，认为其低价倾销行为涉嫌违反了《中华人民共和国反不正当竞争法》《中华人民共和国广告法》和行业自律规范，对行业造成恶劣影响，为此协会首先发函给该公司，要求其限期整改、立即撤下相关广告、停止所有涉嫌不正当竞争的行为，在发函没有回应的情况下，协会就该公司拒不配合执行行业自律规范及扰乱房地产经纪行业正常秩序的不良行为通报全行业予以谴责。

同样的情况在笔者所在的广州也有发生。从经济学的基本原理来看这个问题，低于成本的收费肯定是不利于行业发展的，也是不可持续的。除了影响房地产经纪行业的发展，低佣金的另一个直接后果就是可能导致经纪服务质量降低。广州市房地产中介协会的做法是：一方面配合政府主管部门约谈低收费的公司，了解详细情况，向其强调必须明码标价，不可价外收费。另一方面，专门公开发出了一份消费提示，希望"消费者还应谨慎对待中介企业标称的'零佣金'或明显低于业内同行的佣金水平，建议消费者在与中介公司签订《中介服务合同》时，应与中介公司书面明确约定其所提供的各项服务内容、完成标准以及收费金额等，以防止在交易过程中出现中介公司额外收费的情况；同时，消费者应尽量采取分段支付的方式支付中介服务费，防止和降低因中介公司服务不到位而造成的损失。消费者在二手房交易过程中发现中介公司出现价外收费、'货不对板'等欺诈行为时，可及时向我会或相关主管部门咨询与反映"。

这份消费提示的核心在于：希望消费者在低价的情况下能够得到优质的服务，而不是因为价低而导致受到欺诈或者购买到劣质服务。

而对于其他地方协会的谴责文稿，广州市房地产中介协会的法律顾问认为可参照以下规定。

《中华人民共和国反不正当竞争法》第三条规定："各级人民政府应

当采取措施，制止不正当竞争行为，为公平竞争创造良好的环境和条件。""县级以上人民政府工商行政管理部门对不正当竞争行为进行监督检查；法律、行政法规规定由其他部门监督检查的，依照其规定。"

第二十条规定："经营者违反本法规定，给被侵害的经营者造成损害的，应当承担损害赔偿责任，被侵害的经营者的损失难以计算的，赔偿额为侵权人在侵权期间因侵权所获得的利润；并应当承担被侵害的经营者因调查该经营者侵害其合法权益的不正当竞争行为所支付的合理费用。""被侵害的经营者的合法权益受到不正当竞争行为损害的，可以向人民法院提起诉讼。"

从以上规定看，对于不正当竞争行为的处理程序包括行政程序和民事程序两种。

行政程序中的有权处理机构是工商行政管理部门，工商部门有权力也有义务对不正当竞争行为依法进行调查、认定、处理和处罚。广东省工商行政管理局网站中公布的机构职能简介中第六项为："根据授权，承担垄断协议、滥用市场支配地位、滥用行政权力排除限制竞争方面的反垄断执法工作（价格垄断行为除外）。依法组织查处不正当竞争、商业贿赂、走私贩私等经济违法行为。"

民事程序中，人民法院有权受理被侵害的经营者提起的民事赔偿诉讼，依法进行审理、认定和判决。

所以，行业协会可以倡导行业内的有序竞争，也可以提醒消费者不要因为贪便宜而因小失大。但消费者乐于"捡便宜"，这是亘古不变的常态。

（原载《中国房地产》2015年6月综合版）

价格与成本

笔者不是学会计专业出身，所以最早接触到成本这个概念不是通过学习会计原理，而是在学做房地产估价的时候，开始对成本这个概念有了比较深入的了解。

初学房地产估价的人会觉得房地产估价的三大主要方法（比较法、成本法、收益法）中，成本法是最容易理解的，因为相对于"可比实例""价格修正""净收益""资本化率"这些概念来说，"成本"让人觉得看得见、摸得着。但当对房地产估价有了较深的理解，会发现房地产估价的成本法中所说的成本其实和会计里面的成本概念有很大的不同，也不是那么容易准确把握的。所以笔者觉得，通过学习估价，会让我们对成本的概念有更准确和全面的理解，还会让我们在提到成本这个概念的时候更加谨慎。

基本上，成本是基于历史的支出，但"历史的支出"恰恰就是一个比较复杂和需要小心界定的概念。很多支出，如固定资产购置费，是不能一次性进入当期成本的，而必须分期摊销，即计提折旧。而复杂性就体现在"分期"上：折旧期数少，也就是在所谓加速折旧的情况下，摊入每个分期的成本就会加大，考虑了资金的时间价值以后，真实成本就会有所降低。另外，有些关联交易形成的支出，往往是没有按照市场价完成的，这时形成的成本是经不起审计的，而且即使是严格的审计，也不一定能够对这样的关联交易本应形成的客观成本做出准确的界定。

另外，我们知道：各家公司提供同样产品的成本也会是互不相同的，甲公司的成本和乙公司的成本完全可以是不一样的。

由于成本的形成有这么多的不确定性，所以界定销售价格是否低于成本，即所谓倾销行为，是一件很困难的事情。世界贸易组织在涉及国与国之间贸易纠纷的倾销行为调查时，往往要耗费很长的时间。

行文至此，该说到正题了。本专栏在 2015 年 6 月的文章中曾经分析过房地产经纪行业的低价竞争行为,而这个现象有愈演愈烈的势头,采取低价行为的公司受到几乎所有同行公司的反对。笔者认为:在不存在价格联盟的情况下(用价格联盟的形式维持高价是违反法律的行为),如果行业内几乎所有公司都认为某个水平的价格是严重低于成本价的,那么应该可以判定这个低水平的价格的确是低于大家公认的成本价了。

就在本文发稿之时,广州市房地产中介协会召开的2015年理事会上,因为有理事单位按照协会章程规定提出临时动议,终止某公司的理事资格,该动议在理事会投票获得通过。两天之后,网络上即有文章针对此事发表言论,质疑协会是否有资格判定该公司采取了不正当竞争手段。其实广州市房地产中介协会不仅没有判定任何公司采取了不正当竞争手段,还曾经专门请协会的法律顾问就此问题公开发表律师意见,表明协会的态度:不正当竞争只能由工商行政管理部门或者法院依法判定(详见本专栏6月文章《低价竞争行为的冷静分析》)。协会根据理事会成员的表决结果,依照章程终止该公司理事资格,则并无不妥。而协会秉承一贯立场和处事原则,并未以协会名义发表任何文字判定任何公司采取了不正当竞争手段。

笔者始终认为,市场选择是最终的结果,价格是由市场而不是单个公司的成本决定的。时至今日,笔者仍然还是持这个观点。

(原载《中国房地产》2015年11月综合版)

重新出山与二次创业

中国房地产经纪行业在纷纷扰扰中迎来了2016年，时近2015年末的时候，业界传来两个消息：一是近年来已经从公司治理事务中逐步退隐的某大公司元老重新出山；二是另一家大公司的当家人提出二次创业，这两个消息真是有异曲同工之妙，颇能反映房地产经纪行业扑朔迷离的行业态势和竞争格局。

显而易见的是，"重新出山"说明前期隐退之后的公司状况并非尽如人意，而"二次创业"多少也说明需要修正"一次创业"过程中出现的偏差。

不过，"重新出山"也好，"二次创业"也好，能否成功，重要的还是要看公司的经营和发展是否符合行业发展的客观规律，而由于这些大公司本身就影响着行业发展的方向和态势，因此这也意味着是否能使房地产经纪这个行业符合商业经营行为的一般规律、契合社会发展的历史潮流。

虽然在思考行业发展的时候更多地考虑的是一般规律和历史潮流等宏观命题，但在观察行业现状和发展的时候笔者更愿意从一些小事来发现公司的经营行为模式和行业的发展动向。某大公司的高管最近希望担任地方房地产中介协会负责人的笔者大力推荐经纪人去其公司任职，于是引发了一段对话和思考：

问：你们公司的经纪人曾经被其他公司诟病，其他公司的经纪人指责你们的经纪人有窃取盘源和客源的不良竞争行为，并因此发生激烈的肢体冲突。

答：别的公司经纪人也都是这样啊，这个行业就是这样啊。

问：这正是问题所在。其实作为新进入房地产经纪行业的公司，我本来希望你们能够给这个行业带来一些好的行为模式，这样才能使你们公司能够和国内现有的经纪公司有所区分，确立核心竞争优势，为什么你们没有选择这样的发展道路呢？

答：当一家公司面临盈利压力的时候，只能先考虑盈利。

好了，这个逻辑已经很清晰了：当公司被出资人施加压力要求增加盈利的时候，选择了产品提价；当产品提价被客户抵制导致产品销售受阻的时候，选择了转行，从而导致公司和原有的客户产生直接的竞争并被原有的客户进一步群起而攻之；当竞争白热化的时候，选择了一条捷径——采用和竞争对手相同的行为模式，这种行为模式能够赚到快钱，但并不能使这个行业在社会上有良好的口碑，当然也不会使这个行业持续地发展（这也正是从2014年开始的外来资本大举进入从而带来行业变革的原因所在）。

相比之下，"重新出山"的行业元老所领导的公司则有所反思，认为过去公司存在"肥上瘦下"的现象，现在要让收入向一线经纪人倾斜。

不要小看这个看似简单的举措，这很可能正式切中了行业的命脉。

就在2015年12月18日中国房地产估价师和房地产经纪人学会召开的房地产经纪行业座谈会上，有经纪公司再次提到公司经纪人的离职率是80%。一年下来，公司的经纪人会有八成离开。这就是行业的现状：有些经纪人能够赚到快钱，但赚钱的方式很辛苦，于是在赚到钱后就选择离开了这个行业；有些经纪人因为残酷的竞争而赚不到钱，于是也选择离开了这个行业。当然经纪人赚不到钱并不是完全因为公司的分成制度（即所谓"肥上瘦下"，中上层管理人员分配了更多的收入而一线经纪人分配较少），但收入更多向一线经纪人倾斜至少可以部分地纠正这种偏差。

笔者多次用美国同行的情况作比：他们的佣金可以达到成交价的6%甚至更高，而我们的行业曾经由政府限价不得超过1.5%，后来政府放开了限价，市场演化的结果却导致实际上的佣金比例比原来更低。当然不是有钱就能使人变好，但体面的收入的确会使这个行业的从业人员更小心地维护行业的形象和地位，用优质的服务留住自己的客户从而保证自己收入的可持续性，并且合力阻止破坏行业形象的行为。

所以，笔者期待不管是"重新出山"还是"二次创业"，中国房地产经纪行业的从业者们都能回归行业的本质和商业经营的本质：用优质的服务换取合理的收入，保证行业的可持续发展。

（原载《中国房地产》2016年1月综合版）

房地产经纪规范化经营的外部约束

2018年12月,一家曲线上市的著名房地产经纪公司收到证交所的询问函,因为这家上市公司拟定发行股份及支付现金收购另一家近年来在全国范围扩张较快的房地产经纪公司的全部股份,证交所重组问询函要求该上市公司说明拟收购的公司下属2家公司未取得房地产经纪机构备案的原因、备案进展以及预计办理完毕的时间;未办理房地产经纪机构备案对拟收购公司经营稳定性影响,是否存在被相关主管部门处罚的可能性及应对措施;拟收购公司下属2400家门店的房地产经纪机构备案情况,是否存在未完成备案的门店,如是,需补充披露对经营会产生何种影响,是否存在被相关主管部门处罚的可能性及应对措施。

而该上市公司在收购预案披露拟收购公司经营风险时提到:报告期内,拟收购公司曾因经营上的违规行为受到过相关主管部门的处罚。证交所要求该上市公司补充披露拟收购公司及其下属子公司受到行政处罚的具体情况,是否构成重大违法违规;补充披露拟收购公司针对上述行政处罚的整改情况。

这一事件提供了一个很有意义的观察标本:过去房地产经纪公司的经营监管基本上只靠房地产主管部门,而现在因为有些房地产经纪公司成了上市公司,他们的经营就多了一重监管和约束。这对房地产经纪公司的规范化经营是非常有帮助的。

国内还有一家使用美国上市公司品牌的连锁房地产经纪公司,早些年曾经单独在纽交所上市,后来退市了,但仍继续使用美国上市公司品牌在中国经营。这家公司近年来发展也很迅速。因为有曾经上市的历史,又使用的是国际知名的连锁经营品牌,所以这家公司的经营一直也是比较规范的。这说明上市公司的监管(以及国际知名品牌的管控)对房地产经纪公司的规范经营的确是很有帮助的。

再看这几年新出现的以做房地产经纪代理平台业务为主的公司,也在往上市的方向走，他们同样也在调整自己的经营策略和管理模式，更加注重规范经营和管理。

长期以来，我国的房地产经纪公司有相当大的比例都是小型公司（甚至是夫妻档），他们的经营管理很难有规范可言，行业主管部门对于这些公司的管理也是最薄弱的（因为实在是数量太大，又遍布城市各个角落，很多连工商登记都没办，更遑论进行房地产经纪机构备案，所以房地产行业主管部门查处他们的难度很大），而大型连锁经营的房地产经纪企业相对来说是比较容易监管的，这些年的实践证明，这些公司对规范经营、持续经营的愿望也是最强烈的，因此其内部制度比较健全，经营和管理都比较规范。

2014年以来，资本对房地产经纪行业的关注和介入明显增强，本专栏近几年也已经多次讨论过相关的问题。房地产经纪行业以外的资本进入这个行业的确有一个熟悉行业的过程，也的确有些资本因为没能吃透这个行业而铩羽，但总的来说，资本进入对于房地产经纪行业的成熟和规范是能起到正面作用的，特别是短期资本进入以后是要考虑退出的，上市通常是其退出的最常见途径，而要上市就必须在经营管理上规范、透明，合法合规。

（原载《中国房地产》2019年2月综合版）

房地产经纪行业现状与行业发展

房地产经纪企业经营与地域文化

房地产具有很强的地域性,这是由其不可移动的特性所决定的;房地产经纪企业的经营,也同样不能绕开地域文化。

广州就是一个地域特点很明显的地方,从地域文化的角度观察在广州的房地产经纪行业和进入广州经营的房地产经纪公司,也是很有意思的。

首先要说明的是:广州地域特点鲜明,并不等于说广州排外。恰恰相反,笔者32岁才来到广州,从一开始就觉得广州对外来者非常包容。

但很多其他地方的人都认为:广州的房地产市场"水很深",吃不透。最典型的是温州炒房团,炒遍全国,却没在广州弄出啥大动静。有一次温州房地产经纪协会来广州交流,其中不少是经纪公司老板,我问他们这个问题,他们说也来试过,但广州人"不跟"。炒房子总是需要有人接盘的,广州人"不跟",那就找不到接盘的人,也就没法炒了。

早些年有一家势头正旺的北方房地产经纪公司进入广州,一下子就开了很多家门店。报纸上登出了记者采访这家公司广州负责人的对话,记者问他来到广州觉得最大的障碍是什么,他说是听不懂广州话。我据此马上判定:这位负责人太不了解广州了,可能会栽跟头。因为广州话对于外地人来说的确像鸟语(笔者自己倒是一直不觉得广州话难学),但现在的广州人已经普遍都能用普通话交流,不懂广州话绝不会成为什么障碍。在笔者看来,外地公司来广州,最大的障碍是学会广州的商业文化,而广州的商业文化最大的特色是:不去算计竞争对手。后来这家公司果然没多久就垮了(当然,并不只是广州公司垮了,主要还是经营策略失误,这家公司在全国范围内都退出了)。

广州的房地产经纪行业中,从来没有一家公司的市场份额超过10%,很多小公司乃至夫妻店,多年就只有一个小门店,深耕周边市场,日子过得也很滋润。而很多城市都有几乎能够达到垄断地位的公司。

外来的房地产经纪公司进入广州也比较晚,比如现在全国势头最猛的一家连锁经纪公司,关注广州很多年,即使早几年已经在全国大举扩张了,也没有贸然进入广州。

当然这家企业最终还是通过收购广州本土公司进入了广州。收购完成后不久,企业从总部派人过来担任广州公司的总经理。我曾经对这位总经理说了早些年那家北方公司的例子,他和公司总部的负责人都表示一定会融入广州。可是在笔者看来,如果你下决心要融入广州,就已经"不广州"了。这看上去是个悖论。其实笔者想表达的意思是:真正的广州人是不会那么执着的,润物无声,这才是真正的广州人风格。

后来又有机会继续观察这家公司,他们在广州的另外一个子公司的负责人也是从外地调来广州的,典型的北方人性格,豪爽热情。总体来说,与广州人的内敛平静相比,在广州的北方人一般会显得有所不同。当然这种不同并无好坏之分,就和每个人都有不同性格是一样的。不过,和人做生意首先是要满足对方需求的,所以理解尊重对方当然是必要的。不光是己所不欲勿施于人,就算是自己喜欢的,也不等于别人就喜欢。比如我自己喜欢吃鱼,但没有必要一定要让朋友也吃。但大家都知道,北方人往往会很执着地把自己认为好的东西给你分享(比如说酒)。而这种执着往往也就意味着不愿改变自己去适应本地的环境,最终就可能影响到公司在当地的经营。

(原载《中国房地产》2019 年 3 月综合版)

房地产经纪行业现状与行业发展

近距离观察美国房地产经纪人

笔者最近在美国的麻省理工学院学习两个月,借此机会也再次近距离接触了美国的房地产经纪人,并进一步了解了一些情况(这些年来笔者一直关注房地产经纪行业的情况,曾几次访问美国,和各地一些房地产经纪人有较好的私谊,也经常通过他们了解美国房地产经纪行业的情况)。

因为笔者需要在麻省理工学院所在的剑桥市(和波士顿一河之隔,实际上可以说是连为一体的)租房住,所以我到美国之前联系了公寓出租公司,还托朋友找到了一位在波士顿地区从事房地产经纪的华人 Ken 为我提供一些帮助。

到剑桥住下以后,我联系了 Ken,在此前后我们还多次在电话中交谈,从他那里了解或者是核实了一些有关美国房地产经纪人的工作情况。

首先,美国的房地产经纪人基本上是独立工作的,Ken 目前在一家 Century 21 品牌旗下的经纪公司执业,大家知道 Century 21 的经营是采取加盟方式,也就是说其旗下的每一家中介公司都是独立的,归不同的人拥有,只是共用 Century 21 品牌,并且共享其管理和培训体系等。Ken 所在的这一家 Century 21 品牌公司是当地最大的房地产经纪公司,有两个老板(公司出资人),他的业务收入要和公司分成,相应地,公司会帮他处理各种法律事务和纠纷,提供各种后勤支援。Ken 并不需要经常去公司上班,因为他的经营是利用自己的熟人网络,而更多的则是利用 MLS 系统。

所谓 MLS 系统,即共享放盘系统,在本专栏 2010 年 9 月份的文章里面已经介绍过。这次笔者专门请 Ken 演示了一下他作为经纪人是如何管理和查询 MLS 系统的,因为作为一般的客户,只能看到 MLS 系统上的一些基本信息,比如说是看不到有关业主的信息的,而作为经纪人,他是可以查看到更多信息的,比如某个经纪人放在系统上的某个盘源的业主信息。

当然,作为业主委托的经纪人(卖方经纪人)一方是不担心 Ken 知道了业主信息以后会把他的生意抢走的,而只会乐意见到 Ken 帮他一起把这单生意做成。因为之前我们也介绍过,在美国实行的基本上是独权委托,即业主在委托经纪人出售房屋的时候承诺,在委托期限内,只要房屋成交,就要向经纪人支付佣金。另外,美国的行规是房屋买方不需支付佣金,那么 Ken 如果帮这个房屋找到买家,他是不是会担心自己拿不到佣金呢?也不会,在这个盘源信息里面,已经清楚地写了作为买方经纪人可以获得多少比例的佣金。笔者吃惊地发现,这个盘源给出的买方经纪人佣金竟然达到 4%。笔者知道美国的惯例一般是由卖方支付 6% 或者更少一些的佣金,然后由卖方经纪人和买方经纪人分享。现在买方经纪人竟然能够获得 4%,原因何在?Ken 解释说,这个盘是 Fannie Mae(美国最大的抵押证券公司,是由政府担保但非政府拥有的上市公司,但由于此轮金融危机造成的影响已经退市,目前由政府托管)这样的债主放出来的,为了尽快成交,给的佣金比例高于 6%,可能达到 8%(在美国,佣金多少完全是由委托代理双方协商,只是规定经纪人之间不能串通垄断市场和统一佣金比例);而且,卖方经纪人为了促使尽快成交,也愿意分较多的佣金给买方经纪人。因为独权委托的期限通常就是两三个月,所以经纪人要用最快的速度撮合成交。

由于买方不用支付佣金,所以买方会很乐意让经纪人帮助寻找合适的房源,经纪人甚至还很愿意给介绍买家找自己的人分一些佣金,以找到更多的买家。因为在这样的行业规则下,谁能够尽快找到买家,谁就能作为成功的买方经纪人分取到佣金。

作为经纪人,Ken 还能看到这个盘源的价格变动情况。在盘放出来一段时间以后,卖方经纪人会根据市场情况建议业主适当调整售价,如果业主接受,放盘价就会更改,一般人看不到价格变动的历史,而作为 MLS 成员的经纪人就可以看到。

为了帮助经纪人在网上快速搜索到合适的买卖信息,MLS 系统设置了方便快捷的各种查询模式。

作为一般的客户,虽然不能看到那么多的信息,但关于盘源的基本信息也是应有尽有、图文并茂,而且 MLS 系统的界面非常友好,客户只需点击一个按钮,就可以立即把自己希望看房的需求通知到经纪人。因为客户也是需要注册的,客户在注册的时候已经提供了自己的详细联系方式,所以当客户以已经注册的用户名登录系统的时候,系统已经知道了该客户的资料。很快,经纪人就会通过电话、电子邮件等方式联系到客户。

房地产经纪行业现状与行业发展

由此可以知道，MLS 系统对客户也是进行了管理的，这样可以有效地防止客户"飞单"的现象。不仅客户需要实名登记，而且预约等等也是在系统上进行了，系统会记录客户的预约信息，这样客户就很难"飞单"赖账了。

而且，客户可以免费使用 7 天，7 天之后就要收费了，当然收费额很低，不过却要提供信用卡来支付费用，这等于又掌握了客户的信用卡信息。当然，按照美国严格的信息管理法律，MLS 系统运营商绝对不敢滥用这些信用卡信息，可是反过来，客户也不敢有不诚信的行为了。

回到经纪人的佣金等问题。前面说了，卖方经纪人一般会要求业主签订独权委托合同，但我看到在 MLS 系统上提供了几种不同的合同，既有独权委托，也有独家委托（独家委托的区别在于，这时业主可以同时自行寻找买家，如果业主通过自己成交，则不用支付佣金给经纪人），不过没有多家委托的合同。但 Ken 告诉我，多年来形成的惯例使得经纪人都不会同意非独权委托，这样一来，几乎所有的委托出售合同就都是独权委托合同了。

在房屋成交的时候，房款是暂存在经纪人这里的，虽然业主和买方都会委托律师办理交割手续，但律师并不保管和监管房款。由于经纪人都是通过考试具有执业资格的，加上有包括 MLS 系统在内的完善的管理制度，所以不用担心经纪人会卷款潜逃。由于房款由经纪人暂管，所以最后实际上是卖方经纪人直接从房款中留下事先商定的佣金，才把房款交付给业主。在最后办理房款交割过户手续的同时，卖方经纪人也会把相应比例的佣金支付给买方经纪人。

最后说一下经纪人和公司的分成比例，这也是可以谈判的。比如 Ken 刚入行的时候在一家华人老板的经纪公司做，老板说他没有经验，相当于学徒，所以公司要收取他很高比例的佣金，但没过多久，老板发现 Ken 的工作绩效很高，甚至超过一些资深经纪人，就马上主动提出公司的分成比例可以降低。道理很简单，这样的赚钱机器哪个公司都想要，你这里如果不提高其待遇，他马上就可以走人。

（原载《中国房地产》2011 年 2 月综合版）

对房地产经纪人的再认识
——参加 NAR 年会的思考

11月上旬，笔者前往美国奥兰多参加了全美房地产经纪人协会 NAR（National Association of Realtors）的2012年大会。

这个大会给笔者的印象极为震撼：与美国的房地产专业服务行业相比，即使中国房地产专业服务最为发达的北、上、广、深，也还只能算初级甚至起步阶段。

先说一个会前的小故事：参加大会之前，笔者先去了一位多年前结识的房地产经纪人 Mike 那里，他顺便带我一起见了他的一对客户夫妇。Mike 告诉我：这是一个真正的百万富翁（其实作为一个成功的经纪人，Mike 拥有自己的小型经纪公司，位于海湾内的别墅前停着自家的游艇，但在富翁云集的佛罗里达东海岸度假地，Mike 认为自己不算富人），Mike 正向他介绍一座物业，是一座价值300万美元的小型旅馆物业，有良好的投资回报……

暂时按下 Mike 的这单业务不表，先看看 NAR 的大会。且不说这次大会的参会人数之多（4000多人，包括来自美国以外的43个国家的房地产经纪人），也不说大会议题之广和参展商涉及业务之泛，仅从几家大银行争相为大会提供赞助就可以看出房地产经纪行业在美国社会的地位和作用。Wells Fargo、Citi Bank、Bank of America，这几家著名的大型全国性银行是赞助大会的主体。

恰好就在这次去美国之前，笔者看到一则报道——巴菲特进军房产经纪业。沃伦·巴菲特，这名传奇投资者允许伯克希尔旗下的房地产经纪部门 Home Services 与布鲁克菲尔德资产管理公司（Brookfield Asset Management）组建新企业，并使用"伯克希尔·哈撒韦"品牌，以迅速扩大其地产经纪业务规模。

据外电报道，伯克希尔旗下的房地产经纪部门 Home Services，拟从布

房地产经纪行业现状与行业发展

鲁克菲尔德手中买下一个地产代理人网络，然后将该网络划归全新的合资企业。明年，这家新企业将以 Berkshire Hathaway Home Services 的公司名称提供服务。

布鲁克菲尔德拥有的个体房地产代理人接近 5.3 万人，去年这些代理人经手的住宅销售总额高达 720 亿美元，覆盖全美 1700 个地方。而 Home Services 是美国第二大住宅房地产经纪商。在全新的网络合并后，伯克希尔·哈撒韦极有可能坐上美国住宅经纪商龙头老大的位置。

巴菲特出手扩大其房地产经纪公司业务，这并不让人特别惊讶，我关注的是这家布鲁克菲尔德公司。在截至 6 月底的第二财季，布鲁克菲尔德资产管理的销售收入为 47.35 亿美元，同比增长 8%，其中地产收入为 8.3 亿美元；净利润 1.05 亿美元，同比萎缩 87%，该公司目前拥有货币资金 25.39 亿美元。2012 年以来，在纽约上市的布鲁克菲尔德股价累计上涨 23%，跑赢同期标普 500 指数约 11 个百分点。这家公司总部位于加拿大，目前管理着全球 1500 亿美元的资产，涵盖不动产、可再生能源、基础设施等各类资产。这家公司旗下有专门的住宅经纪公司，有专门的写字楼经纪公司。笔者尤其感兴趣的是这家公司名下的 Brookfield Global Relocation Services 公司的业务。Brookfield Global Relocation Services 是 Brookfield Residential Property Services 旗下一家经营公司，是企业与政府调职与派遣管理服务的全方位服务提供商，目前为超过 700 家企业与政府客户提供服务。Brookfield Global Relocation Services 每年在全球管理逾 85000 个调职项目。例如，某个跨国公司的高官要去外国上任，Relocation 就会闻风而至，为其提供驻在国的各种租住物业信息。

回头再来看 Mike 正在做的那单业务，是帮助一个客户寻找一个房地产投资项目，这已经跳出了通常的经纪人概念了，也是一种资产管理行为了。房地产经纪人手里掌握着大量的物业信息，这些物业在投资者眼里就是资产。为客户找到合适的资产，并且在今后继续为客户管理这些资产（通过维护保养使其保值增值，通过协助其经营为客户创造持续稳定的收益，通过转手买卖为客户谋取溢价收益）。

房地产经纪人从事资产管理业务，实际上是房地产经纪业务的深化和延伸。11 月下旬在北京召开中国房地产估价师与房地产经纪人年会，在这次大会的论坛演讲者中，就有几位是以房地产经纪的新业务作为演讲主题的，这说明中国的房地产经纪人也开始看到开拓房地产经纪新业务的方向了。

（原载《中国房地产》2012年12月综合版）

房地产经纪行业现状与行业发展

在房地产经纪行业，我们能改变一点什么？①

我想从一个人说的一句话开始说起，在广州有一个叫作房屋交易监管中心的行政主管部门，曾经叫中介管理所，据我所知，广州是全国所有城市里唯一一个由专门的政府部门来管理房地产中介行业的城市。我已经经历过5位这个部门的主管了，前不久刚换了一个主任，我第一次见他的时候他跟我说："我已经快到退休年龄了，这里可能是我工作的最后一站，我做过好几个部门的领导，我每去一个部门都有这样一个愿望，就是当我离开这个部门的时候，这个部门的人会说这个同志给这里带来了一些改变。"当时这句话给我的印象非常深刻。2010年，我决定做广州市房地产中介协会会长的时候也有这样的想法，就是希望能对这个行业有一点作用，让行业因为我们协会的出现而有所改变。

回顾这几年，我觉得我们行业的确发生了变化，而且是往好的方向在变。住建部从2016年6月开始进行行业整治，到现在差不多一年时间，领导似乎有一点焦急，觉得整治带来的变化不大。但我的看法有点不一样，至少我们举办的房地产经纪年会每次给我的感觉都不一样，我们嘉宾的重量级在增加，而且参会的经纪人同行一年比一年多，这就是一个变化，当然我还是希望我们能够有更多的变化。这些年我跟美国的房地产经纪人交往比较多，他们给我留下了很多记忆，这里我想谈谈美国经纪人给我留下的印象是什么。

首先是有很体面的社会地位，其次是他们有强烈的职业自豪感。在美国，从爷爷到父亲再到儿子都从事房地产经纪工作的情况很多，他们觉得这个行业很好，能够作为传家的职业，这种职业自豪感和体面的社会地位是相辅相成的。目前美国的人数大概是3.3亿人，持牌经纪人有300多万

---

① 该文是作者在2017年全国房地产经纪人大会上的演讲记录稿，由中国房地产估价师与房地产经纪人学会秘书处工作人员整理成文。

人，也就是说，大概100个人里就有一个是持牌经纪人。这么大的群体已经成为美国很重要的政治力量，他们能够和国会议员一起讨论问题。我希望我们的经纪人也能够这样，能够得到别人的尊重，同时也能够自尊。

还有一点很重要的是，他们有很强烈的社会责任感，而且我认为他们之所以能够有这样的社会地位，其实也是和他们的社会责任感密切相关的。每年11月份，全美房地产经纪人协会有一个全国大会，会上要表扬一批经纪人，有各州推选的最佳经纪人，比这个最佳经纪人奖更引人重视的是一个"好邻居奖"，这个奖项全国每年只有5位，他们得到的荣誉不亚于各州推选出来的最佳经纪人。他们得奖的主要原因就是为社区服务。举一个例子，2016年获得好邻居奖的Cindy Barrett，她有一个58岁的邻居，这个邻居当年花3000美元买了一所房子，因为是银行处置的资产，所以很残旧，这个房子一直漏水，房主一直想方设法修补，但还是力不从心，而且他自己的钱也不够，后来是Cindy Barrett帮助她把房子修好。当然，我们可以说，她之所以这么做，一方面是因为她的社会责任，另一方面也是维护客户关系的一种做法。

曾经有一个美国的经纪人跟我说，你们的经纪人是没有客户的。实际上他想说的是我们的经纪人没有一个能够长期合作的客户，而他们的经纪人都有一个长期的客户群，这些人每当需要买房卖房就会找到这位经纪人，这种长期的客户关系正是靠他们为客户提供的各种服务来维持的。所以，我们能否也像他们一样做事情，进而也像他们一样得到更多的社会尊重，这是值得思考的问题。

（原载"分享从不懂房地产开始"公众号，2017年7月11日）

房地产经纪行业现状与行业发展

国际化背景下的房地产经纪人

写这篇小文的时候,我刚在美国芝加哥参加完国际房地产联合会美国分会(FIABCI-USA)的秋季大会暨国际房地产论坛并应邀在论坛上演讲。

参加这次大会和论坛的主要是全美各地的房地产经纪人或者是其他房地产专业人士。我们知道美国的 NAR(National Association of Realtors)是代表以房地产经纪人为主的房地产专业人士的全国性行业组织,大约90%的房地产经纪人都是 NAR 的成员,他们能够从这个拥有120万会员的全美最大行业组织那里获得周到的会员服务,他们为什么还要加入 FIABCI 并且参加其大会和论坛呢?

还是先从 FIABCI 说起。组织这次大会的是 FIABCI 的美国分会(FIABCI-USA),FIABCI 在全世界共有65个国家分会。FIABCI 会员的专业领域涵盖房地产的所有相关专业:开发商、建筑商、估价师、经纪人、金融家、律师、建筑师、会计师、教授学者、政府部门专家等等。涉及方方面面的房地产类型:居住、商业、农业、娱乐、工业等等,但这次从美国各地来参会的几乎全是房地产经纪人,有个别是估价师或律师以及独立专家,但没有开发商。而这些经纪人又几乎全都是做国际性房地产经纪业务的,每人都能说除英语以外的另一种语言,有的还能说两种以上的外语。他们前来参会的一个重要目的就是沟通交流,广泛交友。房地产经纪人本来就是做信息生意的,他们参加这样一个赶集式的大会,可以在短时间内交换最多的信息。除了相互交流,他们也很认真地参加会议的各项活动,听讲座,提高业务水平。

这次会议的主题就是"Find out about today's international real estate investors and how you can benefit"(寻找当今世界的国际房地产投资者并从中得益)。会议分成两段,前一段从14—16日,是 FIABCI 美国分会的秋季商业会议,除了该协会的内部会议以外,针对普通会员以及非会员与会者的教育性活动主要有现场参观房地产项目、领导力课程,以及各种社交活动。

会议的后一段是 17 日的国际房地产论坛,主题是 "*Where in the World is Ben Franklin?*" 这个主题看上去有些令人费解,但对于美国人来说是很容易明了的——100 美元钞票的图案就是美国开国元勋富兰克林（Ben Franklin）的头像,所以 Ben Franklin 这个词在这里就代表了美元或者收益。

17 日这一天的论坛日程排得非常紧凑。上午 9 至 11 点的论坛主题是"财务——钱从哪儿来",有三位分别来自财务公司、资产管理公司的专家发表演讲。11 点 15 分至 12 点 30 分安排了两场同时进行的论坛：一场专讲 EB5 投资移民签证问题（所谓 EB5 投资移民就是在美国就业不景气的地区投资 100 万美元,并且创造 10 个工作机会,可以获得美国移民资格。据介绍,现在每年 40% 以上的 EB5 投资移民额度给了中国大陆）,由移民事务律师主讲。所谓国际房地产经纪业务,很重要的一项就是为新移民服务,所以移民事务律师往往与房地产经纪人有很好的合作关系。另一场的主题是输出房地产服务,两位演讲者一位来自以色列,是一家名为 First American Israeli Real Estate Fund 的执行主席,另一位是美国评估学会 2008 年度会长 Terry Dunkin 先生,他一直是一家评估顾问公司 Grubb & Ellis Landauer Valuation Advisory Services 的董事总经理。

中午的午餐是大家沟通交流的另一个机会,每个参会者都抓住这个机会积极和他人交谈。

下午首先又是两场同时举行的论坛：一场是介绍加拿大和巴西的投资者在美国购房的情况,演讲者分别来自加拿大和巴西；另一场是介绍新经济条件下的社交技巧,演讲者是一位波兰裔美国人,他本人也是一位从事国际房地产业务的经纪人。

最后从下午 4 点至 5 点的论坛主题是"和来自中国的房地产投资者一起工作",除我之外的另一位演讲者是一位退休的资深国际营销顾问 Charles Steilen（中文名史泰伦）,他曾经在香港中文大学任教很长时间,为很多大型跨国公司在中国的营销做过策划和顾问。

我在演讲中除了介绍中国的房地产市场情况以解释为何现在越来越多的中国人到美国买房之外,还重点介绍了中国房地产估价师和房地产经纪人学会的情况,告诉与会的房地产经纪人,联系中国投资者的最好途径就是通过中国房地产业协会来联系中国的房地产经纪人。

通过以上的介绍，我们可以了解：美国的房地产经纪人参加 FIABCI 美国分会组织的这种交流活动可以帮助他们更好地服务来自世界各地需要在美国购房的客户，把他们手上的待售项目推介出去。当然，他们同样可以借助这些信息更好地为需要售房的本地新移民服务。

这些参会的房地产经纪人很多都拥有 FIABCI 颁发的 CIPS 证书（Certified International Property Specialist，注册国际房地产专家，该证书由 FIABCI 颁发），相对别的房地产经纪人而言，注册国际房地产专家的最大优势就在于语言。

相对他们来说，我国的房地产经纪人在语言上会有些障碍，能够直接用英语交流的房地产经纪人目前肯定是不多的，但这实际上也是给我们的房地产经纪人提供了一个机遇：如果能够在语言上有所突破，那么在当今国际化大趋势下就多了一个重要的比较优势。

除了语言优势，美国的房地产经纪人还有一个很重要的优势就是工具上的优势——MLS 系统。他们几乎都会加入 MLS 系统，通过 MLS 系统能够快速方便地撮合成交，并且 MLS 系统所要求的独权委托合约能够确保经纪人获得佣金。在当今网络时代，更重要的是：通过 MLS 系统可以把生意做到遥远的地球另一边。所以，如果我们也能尽早建立这样的系统，就可以在一定程度上弥补语言劣势。实际上，这次我在美国多次被问到中国是否有 MLS 系统、美国的经纪人是否可以在中国的 MLS 上挂牌出售房屋。

国际化带来了更多的机遇，也造就了更多和国际同行交流的机会，通过国际交流可以提高我们自己的业务水平和职业道德，提高行业认同感。在近年来和美国各地的房地产经纪人交往过程中，我发现美国房地产经纪人的学历水平一般也不很高，很多没有大学本科或以上学历，但他们的职业素质和职业道德却很不错，对自己的职业也有很强烈的自豪感和认同感，这一点既是房地产经纪这个行业在美国能够有不错的行业地位的原因，也是其结果。希望我国的房地产经纪人也能和国外同行一样，在社会上赢得更高的行业地位。

（原载《中国房地产》2011 年 11 月综合版）

是对象的痛点还是自身的痛点？

和房地产中介行业一样，房地产估价行业现在也开始受到资本的关注。据说有投资人认为这个行业简直是捧着金饭碗讨饭吃，投资人所言当然不无道理，但事情恐怕也不是那么简单，就好像资本进入房地产经纪行业也不是那么简单一样。

笔者注意到，资本在进入房地产经纪行业之前即已对行业做了详尽的观察和分析，投资人喜欢说的一句话是：已经抓到了房地产经纪行业的"痛点"。为此笔者特地上网查了一下时下流行的"痛点"一词的准确含义，很快就发现含义并不唯一，并且更常见的情况是在分析消费者的"痛点"或者说服务对象的"痛点"，指的是消费体验和预期之间的落差。而投资人在分析房地产经纪行业的时候，所说的"痛点"却更多的是针对这个行业的，或者说是服务者自身的"痛点"。笔者认为：在这种语焉不详的情况下，不妨用"痼疾"或者"短板"来代替"痛点"一词。当然，之所以会把服务对象的痛点和服务者的痛点混为一谈，也是因为这两者之间的关系是很密切的，服务的短板自然会造成服务对象的消费体验落差。

不管是房地产经纪行业还是房地产估价行业，对于本行业的痼疾或是短板，在行业中经营多年的资深业者看得是很清楚的。新进入这些行业的资本对行业的研究也很深入，所以能够自信地说发现了这些行业的"痛点"。但造成这些"痛点"的原因究竟何在？什么才是行业从业人员自己心中的"痛"？这些或许只有长期身处其中的从业人员自己才体会得最深。

所谓甘苦自知，作为行业的从业人员，会知道自己为所从事的事业付出了多少、有多少艰辛，初来乍到者可能并不能体会。也正因为如此，才会有一些业内资深人士坚定地认为外来者不可能颠覆行业。

既然"痛点"一词表述有些模糊，我们不妨把这个词的外延再扩大一点。

三年多以前，发生互联网公司"入侵"房地产经纪公司的传统"领地"之事时,经纪公司最为"痛恨"的是那些以前为经纪公司提供互联网端口服务的公司,或者说这是经纪公司"最痛"之点。之所以如此,可能还是因为过去双方太了解了,双方的依存度也太高了。

最近一家互联网平台公司的老总发了一篇报道,说的是某位优秀的房地产经纪人带领自己的团队创造了骄人的业绩,报道用详尽的事实说明这位资深经纪人是自己端口的忠实用户并且从中获得很大的收益。看标题提到的这位房地产经纪人的名字很眼熟,点开正文一看,果然这位经纪人还是在原来的经纪公司工作,并且他所在的房地产经纪公司正是抵制这家互联网公司最坚定的代表。与其说这是一种反讽,还不如说这是一种正常的选择。在利益面前,商人是不会侈谈原则的,或者说,利益就是最高的原则。

商场如战场,知己知彼的道理是商战高手都明白的,所以笔者一直相信虽然台前刀光剑影、战马嘶鸣、杀声震天,台后的大佬其实心如明镜、处变不惊,甚至正和对手方的大佬觥筹交错。

至于所谓"痛点",更多地成了双方商战时的一种说辞,甚至成了一种宣传战或者心理战的战术。

(原载《中国房地产》2017年11月综合版)

房地产经纪行业研究

开创中国房地产经纪代理行业的新纪元

转眼已经来到 2014 年 12 月，一年又快过完了。即将过去的 2014 年，我认为可以称之为中国房地产经纪代理行业的新元年，这一年在这个行业发生了很多大事件，本专栏从 6 月份开始连续刊文讨论这些事件的进展。房地产经纪公司和房地产网络信息平台公司相争形成的一个新格局是：某些具有足够实力的房地产经纪公司坚决地继续发展其自身已有的信息化网络平台，抛开了原来合作的房地产网络信息平台公司；房地产网络信息平台公司则将自身业务延伸到传统的房地产经纪业务，俗话说就是"落地"了。

这可以看成是两类不同公司相互融合之后在一个全新的平台上开始新一轮的竞争，而且这种融合和竞争导致这两类公司并非简单地模仿对方或者是简单地捆绑原来各自的业务。作为原来的网络信息平台公司，涉足线下时不再是照搬传统的房地产经纪业务模式，而是直接采用了更有发展前途的商业模式，如真实房源、先行赔付等等；而作为原来的传统型房地产经纪公司，当然也不会简单地加上一个网络信息平台，而是要让自己公司的信息平台更好地为自己公司的房地产经纪业务提供支撑。

我们有理由相信，这样的高手过招必然会促进中国房地产经纪代理行业的发展。

2014 年，房地产经纪代理行业还遇到了一个大的变革：8 月 12 日，国务院下发了《关于取消和调整一批行政审批项目等事项的决定》，其中取消的共计 11 项职业资格许可和认定事项中，包括了房地产经纪人的职业资格许可。

不过在笔者看来，取消职业资格许可对行业的冲击还比不上行业洗牌所带来的冲击。

而行业剧烈变革和取消房地产经纪人职业资格许可则共同为房地产经纪行业协会的发展和地位提升带来了新的机遇。所以，如果说我们将迎来一个房地产经纪代理行业的新纪元的话,那么房地产经纪行业协会的发展同样也将进入一个新的发展阶段。

值得引起行业重视的是:国外的房地产经纪连锁企业也瞄准了中国的行业发展机会,正在谋求进入中国。

随着行业的剧变,随着协会的作用和重要性逐步被行业认识,随着国外房地产经纪连锁企业的再次进入(有房地产经纪连锁企业早已进入中国),笔者一直期盼建立的以 MLS 为基本规则和业务平台的房地产经纪行业生态体系也将获得新的发展空间。

所有这些,正是笔者提出"新纪元"这一概念的现实支撑。

(原载《中国房地产》2014 年 12 月综合版)

房地产经纪行业的发展方向渐明

从上月截稿日期（2015年2月20日）至今，短短一个月时间，中国的房地产经纪行业又发生了一系列令人眼花缭乱的变化：一方面，是链家在成都收购伊诚，在上海收购德佑，又在广东收购中联，扩张步伐不断加快；另一方面，是58同城收购安居客，单纯做线上业务的机构也在大肆并购；再一方面，去年被搜房入股的世联转手又入股了Q房网。

所有这一切，其实仍然是在继续2014年开始的房地产经纪行业变局，即资本主导下的房地产经纪行业版图重组和业务重构，随之而来的则是经纪公司内部管理体制和企业治理结构的改变；并且这些积极投身变革的企业并非只是在做表面文章，不仅仅是跑马圈地扩大规模，而是在给房地产经纪行业带来革命性的改变，剑指房地产经纪行业的痼疾——由于虚假信息和向客户强输过量信息以及非标准化的服务给客户带来的劣质体验。

因此，透过令人眼花缭乱的风云变幻其实仍然还是可以看清中国房地产经纪行业正在明朗化的发展方向：一是市场集中度会不断提高。过去除了某些城市（如北京和杭州）相对算是有一家独大的公司以外，其他房地产经纪服务市场相对成熟的城市都没有出现寡头型的房地产经纪企业。而按照目前资本大规模进入的势头，不出两年，一些城市的房地产经纪服务市场就可能出现寡头垄断的局面。二是不断改进客户体验。其实这一点对于房地产经纪行业来说并不算难事，因为过去很多时候这个行业给客户的体验实在不佳，现在所谓提供良好的客户体验不过是在做行业应做之事。

当然，这两个方向又都基于一个共同的基础：互联网特别是移动互联在房地产经纪行业的成熟应用。这也是本专栏一直在强调的本轮房地产经纪行业变革的最大特点。

具体到并购尚未实质性发生的广州市，搜房和Q房只是开始进入市场铺摊子，并未开始大规模并购。链家则可以通过中联在广州已有的门店进入广州市场。总体来说市场还没有出现大的波澜，但看似平静的水面已经是暗流涌动,各家公司正在相互试探和协商,探讨如何面对行业变局。相信历来给人以房地产市场"静水流深"感觉的广州,也必然在2015年发生新的变革。

(原载《中国房地产》2015年4月综合版)

房地产经纪行业的核心竞争力何在？

资本的"长袖"继续在房地产经纪代理行业舞动，直让人眼花缭乱：上个月专栏已经提到58同城收购了安居客；4月14日，移动互联网房产交易平台房多多与专业分类信息网赶集网共同签署战略合作协议，正式达成战略合作伙伴关系。仅仅三天之后，4月17日，58同城与赶集网又正式宣布合并，同时宣布的消息还有腾讯入股了58同城。

资本市场的热闹和喧嚣背后，众多的房地产经纪人并没有太多的激动或者是不安，因为且不说之前的各种资本进入房地产经纪代理行业的并购事件，单说这次"58赶集"的进入，两家公司的创始人在回答记者提问的时候已经表示：一方面，"58赶集"将从"中国最大的分类信息服务网站"转变为"中国最大的房地产交易服务平台"；另一方面，又明确表示这个平台的主要业务会放在新房销售上，包括原来以二手房业务为主的安居客，都会成为新房销售的平台。

这样的战略选择自有其道理：一方面，经济环境的改变导致新房销售越来越困难，而且开发商这些年早已改变了过去靠自己直接投放广告揽客上门的模式，而是通过电商平台联系购房者，然后以销售业绩直接和电商平台结算销售佣金，不再另行支付广告费用。所以电商平台在和房地产开发商合作方面已经是驾轻就熟。另一方面，也是更重要的一点是：新房销售的重点在房屋品质本身，销售人员的服务质量对销售过程的影响相比二手房买卖来说要小很多，也就是说新房销售的核心竞争力首先并不是体现在销售人员的服务质量上。而越来越多的业内人士已经充分认识到经纪人给客户的服务体验在二手房买卖过程中显得至关重要，或者说二手房买卖服务的核心竞争力就体现在经纪人给客户的服务体验上。房地产经纪人怎样才能给客户提供优质的服务体验？当然首先是要能够最大限度地满足客户的需求。二手房买卖双方的需求是什么？当然是房地产经纪人的专业服务。因为对于客户来说，二手房买卖涉及的各种专业知识远比一手房买卖要多，这才是客户在能够通过网络平台非常容易地发布和获取房屋买卖信息的情况下仍然需要房地产经纪人提供专业服务的关键原因。

其实早在2012年2月，笔者在本专栏写过《房地产经纪行业的有效供给和房地产经纪的专业精神》一文，就提出了房地产经纪行业应该把为客户提供满意的服务作为行业的立足之本，进而提出房地产经纪行业的核心竞争力在于崇尚专业精神，通过为客户提供优质的专业服务来改进客户的消费体验，为此需要提高自身的专业能力，培养专业素养和职业道德。

而就在行业变革不断渗入的今天，我们已经很欣喜地看到，不管是大公司还是小公司，越来越多的房地产经纪公司已经充分认识到了专业服务的重要性，并且正在这上面倾注更多的精力和资源。基于此，我们有理由相信：在资本的冲击下、在互联网的大潮中，传统的房地产经纪行业仍然能够找到自己的生存空间。

（原载《中国房地产》2015年5月综合版）

房地产经纪代理行业变革的方向

刚刚过去的 2014 年，中国房地产经纪代理行业经历了一番剧变：上半年开始是行业内部纷争骤起；到了下半年特别是接近年底的时候，行业内开始了主动的变革，行业外的资本也开始不断进入，而行业外资本的进入带来的不仅是资本，更是观念的变革和经营模式的颠覆性改造。

行业内的变革首先由传统的经纪公司向互联网方向转型开始，并且这几家带头转型的公司一方面资金实力雄厚，另一方面酝酿已久，各方面准备已经非常充分，此时出手只是适逢绝佳时机。

接着是更多的经纪公司开始在内部管理体制上主动求变，多数都是选择采用合伙人或者类似的企业治理结构，或者是大幅度提高经纪人佣金分成比例。

再往后就是外来资本强势进入，并且选择注资的都是具有革命性思维模式和经营模式的经纪公司。

其实，行业内公司的变革也好，外来力量助推的变革也好，其所作所为都并非空穴来风，走的依然还是经历了一百多年发展的美国房地产经纪行业已经走过的路，只不过我们的行业过去曾经对美国同行们的做法有些抗拒（而这种抗拒其实很大程度上来自于对美国模式的理解不充分，如我们的经纪公司很担心所谓的独立经纪人模式会消灭经纪公司，但实际上所谓独立经纪人仍然是依托品牌经纪公司存在的），或者是因为路径依赖和惰性——十多年的房地产行业持续景气使得房地产经纪代理行业衣食无忧，不需要主动求变。

另外，我们欣喜地看到，无论是行业内公司的变革还是外来资本推动的变革，都准确地把握了房地产经纪代理行业的本质，并且是在理解行业本质的基础上推动面向未来的发展，用通俗的话说就是在走正道，代表了房地产经纪代理行业变革的方向。具体来说，就是对外充分认识到经纪代理公司的存在价值就是满足客户的需求，而当客户的需求改变或者升级的时候,行业提供的服务也需要相应改变或者升级;对内则充分认识到房地产经纪人是公司最核心的资本,公司必须善待经纪人,承认经纪人是公司的主人(表现在公司治理结构上就是让经纪人成为公司的合伙人或者是更紧密的利益相关人)。更进一步,在有了上述对外和对内两个核心认知的基础上,结合互联网时代的特点,公司的经营模式和经营架构也从传统的门店揽客方式向充分利用网络信息发布和收集的互动模式转变。

2014年开始了中国房地产经纪行业的新元年,2015年我们必然会看到行业变革继续深化,我们在这个专栏开展的讨论也会更加全面和深化。

(原载《中国房地产》2015年1月综合版)

房地产经纪行业
——回望与期望

2014年春天，由房地产经纪人抵制某互联网房地产信息平台开始，引发了一轮行业剧变。这种抵制最终却造成了传统房地产经纪公司与互联网平台的融合，而正因为这种融合，笔者把2014年称为"中国房地产经纪代理行业的新元年"。

时间过去了三年多，最近接连听到好几家带有鲜明的互联网基因的房地产经纪类公司的业务模式都陷入困境，笔者认为，最大的问题在于他们对房地产经纪行业了解得还是不够透彻。可是回想当初，他们都宣称找到了房地产经纪行业的命门，而笔者却一直不愿相信他们说的这句话，并且坚信房地产经纪人和房地产经纪人所提供的服务都是不会被互联网淘汰的，这就是笔者所说的"巨变当中的不变"。

笔者早些天参加了一家大型股份制银行地产金融部召开的闭门研讨会，会议结束的时候这家银行的副行长的讲话给笔者留下了很深印象，他说："听了今天的研讨，我发现专业性真的很重要。"他说的专业性当然是房地产方面的专业性，因为当天演讲的嘉宾都是重量级的房地产专家。

银行能够明白要做房地产金融业务就要充分理解房地产行业并且尊重专业性，那么基于互联网房地产信息平台做房地产经纪业务的公司，为何不能多一点沉下心来了解一下房地产经纪行业的真实生态和运行状况呢？或许在他们看来，房地产经纪这个行业太初级，一眼就能看懂，不仅如此，甚至能够很轻松地颠覆这个行业，替代这个行业的原有模式、淘汰这个行业的现有从业者。

可是三年过去，客观事实给了我们答案，房地产经纪人作为一个群体并没有被淘汰，房地产经纪人所提供的服务也继续有着广阔的市场需求。而事实也说明：某些新进入这个行业的人对这个行业的理解还是不够深入。最近和一些经纪人讨论此问题，他们的看法是：房地产经纪行业是不

房地产经纪行业现状与行业发展

可能离开房地产经纪人的。

过去这三年时间里,本专栏文章已经针对这一轮发生的行业变革情况特别是传统房地产经纪与互联网的融合有过很多的分析和预测,当然更多的是对房地产经纪行业本身特性的讨论。现在回看一下,这些预测基本上都还是准确的,原因也很简单:在行业专家的帮助下,笔者一直在加深对房地产经纪行业的理解。而这种不断加深的理解,也就是笔者所说的"不变之处实际却也在变"。

笔者的理解在加深,房地产经纪行业人员对行业的理解也在加深,这也是笔者这几年来特别是今年以来的突出感受。不管是已经成为巨无霸的大型房地产经纪企业,还是正在发展壮大的小型房地产经纪公司,自身的变革几乎每天都在他们身上发生,作为行业协会的工作人员,笔者一直都鼓励所有能够给行业带来积极变化、能够促进行业向善向上的变革,而这也正越来越成为行业的共识,值得我们所有人期待。

(原载《中国房地产》2017年10月综合版)

房地产经纪和估价行业的共同出路
——房地产综合服务供应商

一年多来，本专栏一直都在关注房地产经纪行业。这一期的专栏想先从房地产估价说起。

房地产估价和房地产经纪都是房地产市场的产物，如果没有房地产市场，没有房地产交易，也不会有对房地产估价和经纪服务的需求。中国在改革开放之后直到明确要建立市场经济制度，首先得到发展的是房地产估价行业，相比之下，房地产经纪行业的发展大约要晚10年左右，以致有些大型房地产顾问公司也是从做估价入行然后再发展到开展房地产经纪业务的。

本专栏最近几个月都在讨论房地产经纪行业在当前市场低迷状况下面临的困境。房地产经纪面临的主要问题是受市场波动影响太大，房地产估价行业虽然也同样受市场波动影响，但在中国，房地产估价行业面临的问题比房地产经纪行业还要更深层次一些。

房地产估价行业在中国所面临的最大问题是缺乏核心竞争力，而这种核心竞争力的缺乏主要来自核心产品与客户需求的错配：估价行业的核心产品是对房地产价值的专业判断，但本应对房地产价值判断有需求的客户（如银行），却并不真正需要这样的专业判断，这导致估价公司为银行做的估价报告往往沦为一种形式，而并非具有决定性的参考价值。不仅如此，由于缺乏核心竞争力，房地产估价行业还成了银行的下游产业，要靠银行的"恩赐"，以至于银行从估价公司以咨询服务费的形式分成已经成了行业惯例。

相比房地产估价成为银行的下游产业而言，房地产经纪行业在市场兴旺的时候往往能成为银行的上游产业，因为房地产经纪能够为银行带来二手房贷业务。房地产经纪能够直接接触到二手房买家，在所谓渠道为王的今天，房地产经纪伸展到城市各个角落的渠道，使这个行业成了银行竞相示好的对象。

当然,这一切都是在房贷供应大于需求的情况下,一旦银根收紧,房贷难求,银行对房地产经纪行业的需求就大幅下降了。所以,在市场低迷的时候,房地产经纪行业和房地产估价行业的日子是同样难过的。

穷则思变,山穷水尽之时,行业才有了寻求变革的动力。颇有意味的是,近来房地产经纪和房地产估价行业的变革之举都是从市场数据入手的。

据笔者所知,最近已有来自全国各地的8家一级房地产估价公司组成了一个联合体,以市场数据为主要经营目标和经营对象,合作的方式是利用各自在当地的优势收集当地的房地产市场数据,然后整合以后提供给银行等客户。

作为掌握第一手市场成交数据的房地产经纪公司,当然在数据收集方面更有得天独厚的优势,因此有些大型房地产经纪公司已经明确提出要把市场数据业务作为一项重要的业务分拆出来,着力经营。

从某种意义上说,房地产估价公司和房地产经纪公司在本质上都属于信息供应商,笔者过去在分析房地产经纪行业的特性时就说过:房地产经纪人的核心产品就是信息,当然这里所说的信息首先是业主和客户的买卖(或者租赁)意愿信息,然后才是市场价格信息。

作为专业的房地产教学和研究者,笔者和其他同行一样,一直困扰于中国房地产数据的缺乏。现在我们需要由估价公司或者经纪公司成立的数据公司来搜集的数据信息,在国外一般都会由政府直接公开发布,而我们的政府信息公开工作还有很长的路要走。

不过,即使是政府的信息公开了,数据分析工作仍然可以成为一项有重要价值的工作。这些公开的数据信息还可以做进一步的挖掘,从中提炼出更专业、更细分、更深入的信息,提供给不同需求的用户。

最后,从数据的综合利用,最终会走向房地产综合服务商,这实际上也是国际大型房地产顾问公司走过的路,在这些公司里,估价、经纪、咨询业务已经被整合在一起。

(原载《中国房地产》2012年3月综合版)

创建房地产"大中介"业务平台

这里用了房地产"大中介"一词,是按照《城市房地产管理法》和以此法为依据的《城市房地产中介服务管理规定》等相关法规的提法:房地产中介服务,是指房地产咨询、房地产价格评估、房地产经纪等活动的总称。

2014年以来,由于原有几家房地产经纪代理的互联网平台和经纪代理公司"结怨",导致一些大型的房地产经纪代理公司更多地依靠自建互联网信息平台,另一些中小型公司则一直希望联合建设这样的信息平台。相对而言,房地产估价行业的平台建设起步还稍早一些,这些平台已经全面整合了房地产估价的全过程管理,能够很好地辅助房地产机构和估价师做好从接受估价委托到现场查勘、估价作业、报告审核,直到估价业务完成的每一项工作。而最新的进展则是有的房地产估价互联网平台开始从估价业务辅助工具拓展为估价业务交易平台,能够联结房地产估价业务的供求双方,帮助需求方便利地找到估价服务的供应方,进而再协助供求双方完成房地产估价服务的交易全过程。然而,迄今为止,笔者还未见到有功能更强大的互联网平台,能够将整个房地产"大中介"业务整合在一起。

暂且不考虑"大中介"业务中的咨询业务,只讨论估价和经纪,这两项业务的联系已经是非常紧密了,特别是如果把服务于银行和二手房买家的按揭服务考虑进去的话(这一块业务有些是传统的房地产经纪机构在做,有些是专门的按揭服务机构或者是置业担保机构在做),它们相互之间的关系就更加紧密。例如,房地产估价业务往往是抵押贷款业务的衍生需求,而二手房经纪业务往往也是从提供二手房价格评估业务切入的(买卖双方首先需要对买卖标的物的价格有基本的了解),这些业务流程原本就是服务价值链的上下游关系,或者是你中有我、我中有你的,如果能够将这些业务整合在一个平台上,那么既可以重塑房地产"大中介"的业务价值链,又可以通过业务流程的整合减少很多无效劳动,提高行业的生产效率。又如，房地产估价需要现场查勘，而二手房交易也需要提供标的物实物状况和环境状况供买家参考，这几项工作完全可以合并为一项工作。而目前房地产估价平台正在做的一项重要工作就是收集市场价格信息，设想一下：当这些海量的真实交易信息不断累积和完善，能够给房地产估价行业提供多大的支持？

所以，不管是从传统房地产估价业务切入的互联网信息平台，还是从传统房地产经纪业务切入的互联网信息平台，如果能够朝着相互融合的房地产"大中介"方向发展，产生的效果将是革命性的。

（原载《中国房地产》2016年2月综合版）

房地产经纪行业研究

链家、高策合并之臆测

房地产经纪代理行业今天的重磅新闻当然是链家和高策合并了。

大家都公认的一点是:未来的房地产销售领域,二手房业务占比会越来越大,但二手房业务的落地难度也比一手房业务大,所以所谓的房地产电商在进入房地产销售领域时首先都是从一手房入手,尽管他们非常明白未来的主战场是在二手房销售领域。

链家和高策是两个非常典型的企业,分别是重点做二手业务和只做一手业务,而这次合并,从表面上看应该是做二手的链家主动兼并了做一手的高策,而且链家之前已经先后三次对高策投资入股,已经是后者的最大股东了。但问题总是有两面,从另一面看,也可以看作是做一手的高策一直在主动向做二手的链家靠拢,这当然是聪明的做法。

所以正如两家公司合并以后发布的新闻所说:"合并后高策团队将共享链家全平台资源,通过链家经纪的二手房客户资源进行新房和二手房的联动。"这才是合并的重点所在。

当然,更重要的信息同样在新闻稿中明确了:两公司合并后将"依托链家网巨大流量资源整合电商渠道,为开发商提供更多客户资源、项目展示通道以及金融服务;通过链家金融对新房购房客户提供资金支持、换房买房的一体化解决方案等增值服务,彻底改变传统新房代理公司单一的销售服务模式,为开发商和购房者创造新的价值。"

从去年一直延续至今的房地产经纪代理行业的大变革,最终的目标应该就体现在这里了——彻底改变房地产的销售服务模式,为开发商、存量房业主和购房者创造新的价值。

(原载"分享从不懂房地产开始"公众号,2015年5月18日)

房地产经纪行业现状与行业发展

房地产专业服务的重要一环
——按揭服务

笔者曾经在本专栏中提出过"房地产综合服务"的概念，那主要是针对房地产估价和房地产经纪这两个分支行业各自发展的方向而言。进一步地，笔者认为用一个更一般化的"房地产专业服务"概念来取代，或者说更准确地表述为与房地产有关的各种专业服务，应该会更恰当一些。

启发笔者提出房地产专业服务概念的是最近广州市房地产中介协会按揭分会的成立。

广州市房地产中介协会按揭分会是2012年8月正式成立的，在借按揭分会成立宣传按揭行业的时候，才发现很多人包括房地产中介业内人士也并不很了解房地产按揭行业，不了解这个行业的业务情况。

广州的按揭服务业是随着二手房银行按揭业务的开展而兴起的。二手房卖出时，如果有抵押贷款未还完，买家是不会愿意按市场价接手的，而银行也不会愿意给抵押贷款尚未还完的二手房继续提供贷款，因为在第一顺位的抵押权没有解除之前，为买方提供抵押贷款的银行得不到抵押物的全值保证（因为买方贷款银行只有在原业主的贷款银行之债权全额清偿以后才能够从抵押物变现中获得清偿，这往往已经不足以清偿买方贷款银行的债权了）。而原业主偿付银行贷款债务又需要资金，往往原业主需要将房屋卖出获得价款之后才能有足够资金清偿其贷款，这就形成一个死结。在这种情况下，按揭服务公司可以为买卖双方提供短期融资服务或担保服务，最开始出现的是后一种情况，而且往往这时的按揭服务公司是和贷款银行有某种渊源的公司，只有这样，银行才会相信按揭公司的担保承诺。

紧随着20世纪末房改末班车的是大量房改房的上市，这进而带动了二手房市场的快速发展，随之而来的是房地产经纪行业的蓬勃兴起，而一些大型的经纪公司也开始建立自己旗下的按揭公司，这些按揭公司不仅承揽二手房交易过程当中的转按揭服务，还开始承接经纪公司撮合成交后的交易过户手续办理业务。这时按揭公司的业务已经发生了变化，变得类似美国从事 Escrow 业务的公司。在美国，Escrow 指的就是交易过户担保的相关手续。

按揭公司业务做大以后，有的还进一步渗透到银行的业务当中，如有些按揭公司会为一些经过筛选的客户提供补充贷款，这些客户可能因为种种原因不能从按揭银行获取足额的贷款，但以经纪公司和按揭公司对客户的了解，认为其具有足够的还款能力，或者按揭公司愿意冒一些风险来获取更高的收益（这就类似美国的次级抵押贷款 sub-prime mortgage 提供者的角色了），按揭公司就会向这类客户提供一部分贷款。还有一种情况是：按揭公司为其客户提供连带担保，保证在客户不能还款时及时无条件地代客户向银行还款，使得银行能够进一步降低贷款风险，以换取银行进一步的利率优惠，但其中的利率差价并不是由贷款客户享有，而是归按揭公司获得。在这种情况下，按揭公司也间接从事了金融业务，分享了金融利润。在按揭公司做大之后，还自然发挥了金融超市的功能：将各家银行的抵押贷款产品集中展示在按揭公司，客户可以通过按揭公司选择合适的银行贷款，能够在最短时间内获得利率最优惠的抵押贷款。可见，随着按揭公司业务的不断演进和深化，其业务也变得更加综合和复杂。

但正因为按揭公司业务的综合性和复杂性，对此类公司的监管目前也成为一个难点：因为其并未获取金融牌照，不属于非银行类金融企业，因此银行业监理部门是不对其进行监管的；又因为其业务大量涉及金融，一些地方的房地产市场监管部门担心对其监管超出自身的监管能力，也不敢轻易将其纳入监管范围。

广州市的房地产按揭服务公司发展比较成熟，有一定规模的专业按揭服务公司有 40 余家，四家大型的房地产经纪公司（中原、满堂红、合富、兴业）各有自己旗下的按揭公司（各自对应的是汇瀚、亿达、保来和亿诚），另外有两家规模比较突出但不依托房地产经纪公司的按揭公司（竞宇和良策），还有其他一些按揭公司如盈联和保益也都有足够的规模。这些公司在广州市房地产中介协会成立时都积极加入了中介协会，但他们也认为按揭业务和经纪代理业务有较大的区别，相比房地产经纪人员，从事按揭服务的人员不仅需要有房地产经纪方面的知识，更需要强调其与按揭业务相关的能力和知识，如房屋交易登记过户的程序、金融业务知识，等等。由这些公司发起，广州市房地产中介协会积极推动，经过将近一年时间的酝酿和筹备,广州市的房地产按揭行业成立了按揭分会。

按揭分会成立之后,在宣传这个行业的时候,笔者认为:应该将房地产估价、经纪、按揭服务等相关行业都纳入房地产专业服务的统一大平台,因为这些专业服务往往具有上下游产业链的特点,相互直接关系密切,业务往来频繁,甚至是你中有我、我中有你。将各种房地产专业服务整合加以宣传,可以更有利于这些行业的发展和规范。

在本文刊发之时,适逢中国房地产估价师与房地产经纪人学会2012年全国年会即将召开,全国各地的同行将在年会上对包括房地产按揭服务在内的房地产专业服务进行交流和讨论,相信会对这个概念的内涵和外延界定得更为清晰。

(原载《中国房地产》2012年10月综合版)

关于上海链家金融事件的几点思考

2月23日，新闻媒体曝出链家集团上海子公司与部分客户存在交易纠纷，致使客户承担巨额资金风险。

本刊的截稿日期一般是上月20日，所以在2月23日看到媒体报道的时候，笔者刚把3月份的专栏文章发给杂志社，没能来得及在专栏中及时评论这个事件。

一方面，月刊的时效性不如报纸；另一方面，恰好是事件经历了一段时间以后尘埃落定，回头再审视事件经过，"远观"和静思能带来另外的收获。

这一事件的细节在事件发生之后的一个星期之内已经基本上由媒体披露得很充分，这里不再赘述，也不拟就细节进行探讨，而希望讨论一些"题外"的话。

一是媒体的关注度。拿这次事件和之前的一些事件做个对比，这次媒体对链家的"攻击火力"非常猛烈。这很容易理解，回顾过往类似的事件，越是大公司、跨地域的公司，媒体越关注；地区性的小公司出了问题最多也就是当地媒体会关注。

二是公众的关注度。媒体关注度当然在一定程度上反映了公众关注度，也会对公众关注度起导向作用，但二者毕竟还是不同。其实从媒体报道也可以看出，公众对这次事件的关注度并不高，道理很简单：公众认为类似事件发生在自己身上乃至自己身边的概率并不大。

三是业界关注度。其实，自2014年以来，链家在全国的扩张给小型经纪公司造成了很大的压力和紧迫感，但小公司对链家的反感程度远不如对另一家著名公司的反感乃至抵制程度。这次上海链家事件发生之后，业内基本上都了解内情：链家在上海收购了一家当地的公司，以这家公司为母体，又持续收购了多家小公司和门店，这样的公司出现问题，本质上和链家的"老底子"队伍出问题还是有所不同的。当然可以说是链家的管控体系还未能在新公司得到全面贯彻执行。而且,这次事件过程中的一些主要行为(为客户提供贷款)已经查明是公司员工的个人行为。不过毫无疑问,员工个人行为也和公司管控不力有关,其涉事员工的职业操守和专业能力都是值得质疑的。

正因为如此,这次事件之后,在业内并未引发同行的同声声讨,反倒是有同行站出来反问:业内人士都该踩上一脚吗?

最后说说链家对这次事件的应对,应该说是颇为得体的,特别是高层,基本的态度就是不辩解,有错就改。在危机发生时,这才是最好的处理方式。而且,这不仅反映了这家公司应对危机的处理手法,还能够从中看出他们的确是希望做一家"好公司"。手法只是表象,深层的公司治理和经营理念才是关键。我们希望链家能够继续坚持走不断提升服务品质和改进客户体验之路,并且带动整个中国房地产经纪行业的良性发展。

(原载《中国房地产》2016年4月综合版)

房地产经纪行业研究

从 FIABCI 看房地产顾问服务的发展空间

FIABCI 是国际房地产联盟（英文名称为 International Real Estate Federation）的法文缩写，FIABCI 有四个理事会（council），分别是 World Council of Brokers（世界经纪人理事会，面向房地产经纪人）、World Council of Developers / Investors（世界开发商和投资商理事会，面向房地产开发商和房地产投资商）、World Council of Experts（世界专家理事会，面向房地产咨询专家）和 World Council of Managers（世界经理理事会，面向物业管理经理）。

作为全球性房地产综合性组织，FIABCI 和联合国、世界银行、国际货币基金组织等有密切的合作。本文主要通过 2017 年 4 月 4 日 FIABCI-USA（国际房地产联盟美国分部）与联合国举办的一个研讨会①的演讲专家（panelists）的专业背景，简要分析房地产咨询服务业的发展空间。

David S. Friedman，来自 Wealth-X 公司，Wealth-X 的服务目标是：与世界范围内不同行业的具有极高声誉的金融机构、奢侈品、非营利组织、高等教育机构合作，建立超高净值（UHNW）人群信息库，服务于以这类人群为目标客户群的机构。David S. Friedman 本人是沙特王室、朱美拉资本（Jumeirah Capital）、科威特金融集团（Kuwait Finance House）、波多黎各政府（Government of Puerto Rico）以及马来西亚主权财富基金（the Malaysian Sovereign Wealth Fund）的顾问。

Richard Koss，是国际货币基金组织旗下全球住房观察机构（Global Housing Watch at the International Monetary Fund）的理事，并担任约翰霍普金斯大学商学院（Carey School of Business at Johns Hopkins University）的兼职教授，还曾经担任过格林斯潘为主席的经济咨询理事会（Council of

---

① 该研讨会是国际房地产联盟与联合国每年的例行系列合作活动的一部分，详见 http://www.fiabci-usa.com/un-luncheon/。

Economic Advisers）的成员。

Gregory Heym，是 Terra 控股公司（Terra Holdings）的执行副总裁和首席经济学家。Terra Holdings 是美国最大的房地产服务公司之一，也是 Brown Harris Stevens 和 Halstead Property 的母公司，Brown Harris Stevens 是"美国最古老的和最大的一家私人银行"（据维基百科），Halstead Property 则是纽约最大和最著名的住宅经纪公司之一。更大的亮点是：Gregory 负责完成曼哈顿、布鲁克林、汉普顿、棕榈滩等地的住宅物业综合数据库建设和市场分析报告，这些报告的发行量达到 25 万份。

再看其他演讲者：

Stacy Garcia，著名设计师。

Eric Spencer，资深建筑师。

Thomas Clancy，一家住宅综合系统供应商的副总裁，他们公司的使命是整合各种居住科技用于高端住宅。

Herbert Lash，路透社记者，在北美和南美各地报道房地产市场和房地产投资策略。

Tim Gifford，世邦魏理仕（CBRE）的拉丁美洲投行业务负责人，擅长复杂的跨境投资咨询服务。

Brahm Cramer，联博资产管理公司（Alliance Bernstein）旗下房地产集团的联席首席投资官（Co-Chief Investment Officer），曾经在高盛公司负责房地产投资业务；20 世纪 90 年代中期，他在巴黎创立了高盛欧洲的并购业务。

Clem Turner，Barst Mukamal & Kleiner LLP 纽约分行的合伙人，这是美国最老的律师事务所之一，主营移民法律事务。Clem Turner 熟悉 EB-5 项目运作。

Mark Roderick，美国著名的众筹业务律师。

还有一些演讲者，不再一一列举。

从这些演讲者的情况可以发现美国房地产咨询服务业的以下几个特点：①房地产咨询服务的对象很广泛，其中又以高端客户和著名机构为首要目标；②房地产咨询服务业务深化程度很高，针对的绝不是简单的房地产买卖或者投资，而是把房地产作为整体资产配置管理的一部分；③房地产咨询业务的涵盖范围广；④房地产咨询业务的参与人员广泛，包括了律师、记者等各类相关人员。

相比之下,我国的房地产咨询业务发育程度还远远赶不上美国,从另一个角度看,这也正说明我国房地产咨询业务的发展还有广阔的空间。

(原载《中国房地产》2017年5月综合版)

美国学者怎样研究房地产经纪行业?

笔者于4月10日至13日参加了美国房地产学会(American Real Estate Society, ARES)在夏威夷岛举行的2013年年会。ARES年会的参会者主要是房地产学者,大部分来自高校,既有美国的,也有欧洲等其他国家的,这次年会还专门开设了几场中文专场,供来自中国的学者宣读和讨论论文(主要是大陆学者,来自中国台湾的学者一般都参加英文的讨论)。

在为期3天的63场小组讨论中(第一天是大会,没有小组讨论),有一场是讨论房地产经纪的,这让我感到很振奋,因为国内目前基本上很少有学者研究房地产经纪行业的实证问题。这场讨论会一共宣读了5篇论文,兹照录如下。

Paper 1: "*Do Specialized Agents Help Their Clients More Than Other Agents? ——The Effect of Agent Specialization in Real Estate Transactions*"(专业化经纪人能比别的经纪人更好地帮助客户吗?——在房地产交易过程中经纪人的专业分工效果)。在我国的房地产经纪行业,专业化经纪人这个概念虽然有,但并不多见。多数经纪人还是有什么业务就做什么业务,并无专业分工的意识。当然在广州这样的房地产经纪业务发展的比较早和比较成熟的城市,早些年就有一些经纪公司专做写字楼租赁业务,还有一些专做豪宅的租赁业务,这就是专业分工。不过这篇论文所研究的四种类型的专业化并非针对物业类型,这四种类型是:一是针对业主的专业化,例如,专做个人业主,或银行,或政府,或公司业主;二是针对不同价格范围的专业化,例如,专做豪宅或者专做便宜住宅;三是专做卖方经纪人;四是专做买方经纪人。文章希望研究专业化的经纪人在物业成交价格上和成交速度上是否比非专业化的经纪人具有优势。研究结果发现专注于不同业主类型的经纪人的确在成交价格上和成交速度上相对非专业化的经纪人具有优势,所以卖房者应该委托专做自己这类业主类型的经纪人。同时,专注于某种价格区间的专业化经纪人和专做卖方代理的经纪人都能够在成交价格和成交速度上胜过非专业化经纪人，但专做买方代理的经纪人并没有这样的优势，所以不建议买方特地找专业化的买方代理经纪人。

Paper 2："*How Many is Too Many?——The Impact of Agent Inventory on Selling Price and Liquidity of Client Properties*"（多少才是太多？——挂牌物业数量对客户委托物业的售价和出货速度的影响）。这篇文章得出了一个比较简单的结论：一个经纪人在 MLS 系统挂出的物业太多的话，对其出货价格和出货速度都会有不利影响。我们会发现这和中国的情况不大一样，在中国，经纪人为了吸引卖房者前来询价，往往会尽量加大自己的盘源数量，甚至用一些虚假盘源来充数。这种区别首先是因为在美国的 MLS 系统是不可能挂出虚假盘源的，所有的盘源都是真实的。而在中国，虚假盘源往往是用来"钓鱼"的，这些盘源往往是"价廉物美"，但实际上根本不存在或者是早已售出。所以不能拿中国的情况简单和文章分析的美国情况对比。这也正说明了中国目前房地产经纪行业的发展还处于不规范、不成熟的阶段，有必要尽早大力推广 MLS 系统，而盘源真实性应该是首先要做到的。

Paper 3："*Observable Agent Effort and Negotiated Residential Real Estate Commissions*"（可观察到的经纪人工作和住宅房地产佣金谈判结果）。这篇文章提到了两个概念：一个是如何让经纪人做出的努力能够被观察到，另一个是虚拟展示技术。在和经纪人讨论"跳单"（即委托人逃避支付佣金）问题时，不论是客户还是一些站在公正立场上说话的经纪人都表示：作为客户，如果觉得经纪人付出的劳动成果根本不值其佣金，就会选择"跳单"。这说明让客户观察到经纪人付出的努力是很重要的。而这篇文章的结论是：虚拟展示技术（即用电脑等工具三维展示物业内外部情况）能够让客户"观察"到经纪人所做的工作，从而让经纪人有可能获得更多的佣金。而文章也提到：虚拟展示技术本身需要投入较多的成本。

Paper 4："*The Effect of Listing Price Strategy on Transaction Selling Prices*"（挂牌价格策略对成交价格的影响）。这篇文章讨论的是一个很小的技巧型问题：业主如何在一个客观的市场价格基础上报价才能够尽快吸引买家的注意力并且在和买家接下来的讨价还价过程中占据主动。

Paper 5："*School Choice and Housing Values: Evidence From Vermont*"（学校选择和住宅价值——佛蒙特州的证据）。这篇文章讨论的是一个常见的问题，也就是我们常说的学位房的价格的问题。但因为美国的佛蒙特州

房地产经纪行业现状与行业发展

的学区规定有所不同：学生可以自愿选择跨学区上学，这样所谓学区房的概念就不大一样了。这篇文章严格说并非研究房地产经纪，而是研究房地产估价问题的。

学术研究离不开数据，在我国目前研究房地产经纪问题遇到的最大障碍也是数据获取比较难，更难以获得全面的数据，这也是笔者在文章开始的时候提到我国目前研究房地产经纪的学术文章比较少的原因。

上述几篇文章的主要数据来源是 MLS 系统，我向几位学者了解他们获取数据是否方便，他们也提到：过去可以比较容易地免费获取 MLS 数据，但现在越来越难了，MLS 数据过去对学者免费，现在也要收费了。当然任何商业模式下，收费都是大势所趋。这也说明：MLS 系统不光是可以规范行业规则（这一点在本专栏过去的文章当中已经多次讨论过），同时也是可以通过数据挖掘获利。

说到数据挖掘，这次在会议上也有专门的数据公司前来参会，他们就是专门销售数据产品的。这些数据产品不光是学者研究的时候需要，业界在分析自身和行业状况的时候也是需要的。我问过这些数据公司，他们的数据来源和数据销售对象其实都是业界的公司，因为每家公司都需要了解全行业的数据。

相比美国具有逾百年历史的房地产经纪行业，我们的行业还太年轻，但年轻也使得我们具有后发优势，我们可以多借鉴美国的经验，少走弯路。当务之急还是应该行动起来。

（原载《中国房地产》2013 年 5 月综合版）

房地产经纪行业合作与行业升级

独权委托
——避免房地产经纪纠纷的最佳委托代理模式

2010年7月23日,《南方都市报》报道了一宗涉及房地产经纪业务的法律纠纷。

2009年3月,罗先生陆续找了包括AB置业公司在内的多家二手房中介公司看了某楼盘的好几套房子。某天,AB置业的陈小姐带罗先生看了三四套某楼盘的房子,罗先生想看看这些房子晚上吵不吵,当天晚上看房子的时候,陈小姐要罗先生给她签个字,说明她带罗先生看过房子了,她好跟公司交差。罗先生当时也没有多想,就在中介服务确认书上签下自己名字。

罗先生最终看中了一套房子,并选择了一家大中介公司购买这套房产。据罗先生介绍,当时AB置业给的价格是120万元,最后经这家大中介公司促成交易的价格是114.2万元。

2010年7月中旬,AB置业起诉罗先生,要求他赔付3.6万元的违约金,主要证据就是罗先生签名的那份中介服务确认书复印件。

中介服务确认书的第二条第三点显示,"基于AB置业提供相关服务,在本确认书签订之日起六个月内,本人保证不会通过第三方与AB置业所介绍之物业业主进行交易,或者直接与业主私下交易……否则,本人须向AB置业公司支付人民币36000元作为违约金"。并且有手写的备注:"因本确认书的内容及履行引起争议的,本人与AB置业均同意,将争议提请本确认书项下介绍物业所在地法院进行诉讼解决。"

罗先生认为AB置业的确认书明显是"霸王条款",按照确认书,"在他们那里看过的房,如果以后买了的话,不是要交3%的中介费,就是要交3%违约金"。这个案件发生争议的实质,根源并不在于作为买方的罗先生和AB置业签订的所谓"霸王条款",而在于:一是业主同时委托了多家中介公司代理其售出物业,二是买方经纪人可以从买方直接获取佣金收入。

试想，如果业主只委托一家中介公司放盘，并且规定：在三个月内只要该物业售出，该中介公司就能获得合同规定的佣金。如果另外有一个规定：要求买方经纪人（即本案例中的 AB 置业，它为业主寻找到了作为买方的罗先生）不得从买方那里获得佣金，只能从卖方经纪人那里分配佣金，那么所有问题就迎刃而解了。这也就是美国、加拿大等国广泛采用的所谓独权代理方式及与之配套的 MLS 系统的规定。

为什么在本文案例中业主要委托多家公司放盘呢？当然是为了让待售房产的信息更广泛地传播，从而更快地找到买家。如果按照上述方式只委托一家中介，是不是就限制了待售房产信息的广泛快速传播呢？

解决这个问题的办法就是 MLS 系统（Multiple Listing Service），按照这个系统的规则规定，业主只能委托一家经纪人放盘，而这家经纪人必须立即将房源公示到 MLS 系统上，使得所有加入了这个系统的经纪人都能看到，而所有经纪人（包括卖方经纪人）都可以去寻找买家，谁先促成买家和卖家达成交易，谁就能作为买方经纪人与卖方经纪人分享业主支付给卖方经纪人的佣金，除此之外买方不必支付佣金。

MLS 的核心是独权代理。我们平时所说的独家代理实际上包含了两种有所区别的代理形式：独家代理和独权代理。在美国，卖方可以选择的代理契约形式主要有独权代理（Exclusive right to sell listing）、独家代理（Exclusive agency listing）与开放性代理（Open listing），开放性代理也是我国目前最常见的代理形式。

在独权代理形式下，卖方赋予特定经纪人在特定时期内（通常为 60 天或者 90 天）寻找买方的专有权。只要房产在独权代理合同所规定的时期内成功售出，卖方就要向接受委托的经纪人支付全部佣金。不管房产最后由谁出售，即便是由卖方自己卖出，与卖方签署了独权代理合同的经纪人都可以获得合同规定的佣金。

在独家代理形式下，虽然卖方同样不得在独家代理合同规定的期限内再委托其他任何经纪人为其寻找买方，但是卖方可以自己寻找买方并自行售出房产。如果最后房产是由卖方成功售出，那么卖方将无须向接受委托的经纪人支付报酬。

在开放性代理服务方式下，卖方可以同时邀请数个经纪人为其代售房产，卖方将向率先成功售出房产的经纪人支付所有事先约定的佣金报酬。

值得注意的是，在开放性代理服务方式下，卖方也可以自己寻找有意向的买方并自行出售房产，如果该房产最后是由卖方自己售出，那么卖方将无须向经纪人支付佣金报酬。

显然，在法律规定齐备的情况下，开放性代理服务方式对经纪人是缺乏吸引力的，甚至连独家代理方式对经纪人的吸引力都不够。

经纪人没有积极性，其实就意味着待售房产很难快速售出。由于大多数经纪人都加入了MLS系统，都会从MLS上获取房源信息并根据自己的情况积极推销这些房源，所以能够在MLS系统上展示的房源可以很快售出。不过，要想让待售房产能够利用MLS系统快速成交，就必须和经纪人签订独权代理合约，这是MLS的核心规则，目的就是为了避免本文开始所提到的纠纷，而且也可以避免目前我国房地产经纪行业所发生的大部分纠纷。

当然，实现这样的系统和规则有很多技术问题，我们将在以后的系列文章中继续讨论。

(原载《中国房地产》2010年9月综合版)

房地产经纪行业研究

独权委托的法律问题

在 2010 年 9 月本专栏文章（《独权委托——避免房地产经纪纠纷的最佳委托代理模式》）以及其他几期的专栏文章中，都曾提到独权委托问题。但据笔者了解，目前在国内涉及独权委托曾经有过好几起法律纠纷，以致一些房地产经纪机构感到对独权委托的法律问题吃不准。

从笔者收集到的几起在媒体上公开报道的独家代理（实质上是独权委托）纠纷的法院判例来看，有的判经纪方胜诉，有的判败诉。其中，最早的是新华网于 2003 年 3 月 12 日的报道。

案例一

2002 年 7 月，上海的尤先生委托中原公司挂牌出售位于南丹东路上的一套房屋，双方签订了房地产出售居间协议，约定交易完成后，佣金为房屋总价的 2.5%，逾期每日滞纳金为佣金的 0.05%。

同年 10 月，经中原公司中介，客户白某表示有意向以 79 万元的价款买下这套房屋。经中介方协调，三方于当月 8 日签订了房地产买卖居间协议；同时，尤先生还和中原公司签署了佣金确认书，确认交易完成之日的佣金为 19750 元，当时还约定第二天就签订房地产买卖合同。但第二天买卖双方尤先生和白某都没有现身，此后一段时间，也没有和中原公司再次联系。中原公司去房地产交易中心查阅后发现该房屋的产权人已经变更为白某，交易早已完成，中介人是西普公司。

中原公司起诉到徐汇区法院，要求判尤先生支付佣金和滞纳金。庭审中，尤先生辩称，为了早日出售房屋，他在操作时引入了"竞争机制"，还委托西普公司代理挂牌。而他和白某就是经西普公司介绍认识的，交易也经西普公司提供中介而完成。为证明自己，他还向法庭提供了 5000 元的中介费收据，以及与之签订的有关协议合同等证据。尽管如此，但法院在审理后认为，尤先生提供的证据并不能否认他与中原公司之间的经纪交易事实，在与中原签订了居间协议后，抛开原中介公司另行交易，其行为显然违背诚信原则，理应承担所有违约责任，应向有约在先的中原物业代理公司支付佣金及滞纳金共2万余元。

再看一个同样发生在上海的案例，有意思的是，媒体在报道这宗发生在2006年的诉讼案件时，提到"由于独家委托协议而引发的官司，并且判决委托方败诉，这在上海尚属首例"。显然，媒体并没有注意到早在三年前已经有了同类案例。

案例二

《上海商报》2006年10月26日报道：2006年4月13日，当时属于21世纪不动产旗下的上海家喜房地产（现已更名为福美来不动产公司）与售房人李先生签订了一份《限时独家销售委托书》。委托书中约定：家喜房地产受托销售李先生持有的位于花木路的一套房屋，售价为280万元，委托期限为2006年4月13日至6月20日。

委托书中明确约定，家喜公司是该房屋唯一的中介服务机构，房东李先生本人或者任何第三方未经家喜公司允许，不得销售该房屋；在委托期内，如果李先生自行撮合成交，或委托其他中介机构或个人成交，均应向家喜公司支付合同约定的佣金，计2.8万元；如果李先生在委托期内有反悔不再出售、另售他人、抬高价格等行为，或拖延时间签订合同导致无法按时与家喜公司介绍的客户成交，均属违约行为，应赔偿家喜公司2.8万元。

该委托书还约定了上海家喜房地产支付给李先生保证金3000元，如到期前未能将房产售出，李先生可以没收这笔保证金。

几经努力，家喜房地产在委托期的最后一天成功找到了买家。但当家喜公司的人员带着买家来找李先生签约时，李先生却以种种理由拒绝缔约。家喜公司经过了解发现，其实李先生在委托期届满前已通过其他中介机构将该房成功出售。于是，家喜公司遂将李先生告上法庭。

李先生表示，自己提前将房屋出售其实并不划算，实际成交房价仅220万元，相比与家喜公司合同中约定的委托价整整少了60万元，完全是因为急于用钱才会违约出售房屋。

浦东新区法院经过审理后认为，上海家喜房地产通过支付保证金取得独家委托销售权，限制了被告自由处分自己财产的权利；而被告李先生签署了《限时独家销售委托书》，同时也收取了原告的保证金，表明其对合同条款有充分的了解，故此委托合同合法有效，双方均应受该合同的约束。李先生在家喜房地产的委托期内另行委托其他中介公司出售系争房屋，属于违约，理应承担相应的违约责任。

在金华市一个类似的案例中，法院同样也是一审判决中介公司胜诉。

案例三

2007年3月23日《金华晚报》报道：2006年1月6日，许女士委托A房产中介公司出售房屋；同年4月24日，郑先生委托A房产中介公司购买房屋，事后没有达成交易，随后于5月4日通过B房产中介公司中介，许女士和郑先生签订了《房屋买卖协议》，许女士支付B房产中介公司中介费1000元，此后双方办理了房屋过户手续。

据许女士说，她的这套房屋并非独家委托A房产中介公司出售，而是委托了五六家房产中介公司，早在委托A房产中介之前，她已委托B房产中介挂牌售房。许女士还说，她与郑先生素不相识，在委托A房产中介售房过程中并未与郑先生谋面；郑先生到B房产中介委托购房，多次看房后，双方才成交。

郑先生则称，他委托A房产中介购房，当晚房产中介公司工作人员陪同郑先生看了房屋，但他未与房主见面，也不知道房主的联系方式；4月5日，他妻子委托B房产中介购房，曾去看过一套房子，事后他才得知与他到A房产中介看的是同一套房屋（即许女士的房子）。郑先生说，他之所以选择在B房产中介成交，是因为第一次看房是B房产中介员工陪去看的，而且B中介承诺能办理铁路公积金贷款。

得知许女士与郑先生房屋买卖成交后，2006年11月28日，A房产中介公司以许女士与郑先生违约，损害其合法权益为由将两人告上了法庭。12月27日，婺城区法院开庭审理了此案。经审理，法院认为，许女士为出售房屋在A房产中介填写《出售委托书（代居间合同）》，郑先生为购买房屋在A房产中介填写《购买委托书（代居间合同）》，应视为A房产中介与许女士、郑先生之间的居间关系成立，A房产中介履行了居间义务；之后，许女士、郑先生未撤销与A房产中介的居间关系，却在其他中介机构成交,造成 A 中介居间成果收益受损,两人对此应承担 A 房产中介受损的收益。不过,法院认为,《出售委托书(代居间合同)》和《购买委托书(代居间合同)》中所列的"加倍支付中介代理费"和"双倍佣金"条款,属加重委托方责任的格式条款,应认定无效。法院判决,许女士和郑先生各支付 A 房产中介居间费 2135 元。

再看一个买方与中介公司发生纠纷的案例。

案例四

上海《每日经济新闻》2007 年 12 月 5 日报道,2006 年 4 月 15 日,杨先生通过上海汉宇物业代理有限公司(下称"汉宇公司")看了位于浦东龙阳路上的一套二手房。过了一星期,杨先生又在原告上海中原物业顾问有限公司(下称"中原公司")处看到了同一套房源,由于对这套房屋比较满意,杨先生就在中原公司业务员的带领下又验看了房屋并签订了一份《房地产求购确认书》。事后,中原公司表示房屋的成交总价为一口价 158 万元,汉宇公司却表示价格可以协商。杨先生比较之后,最终通过汉宇公司与房屋业主马某签订了买卖合同,成交总价为 151 万元。

但不久之后,杨先生就因与中原公司签订的《房地产求购确认书》被告上了法庭。原告中原公司认为,按照双方签订的《房地产求购确认书》:杨先生验看过该房后六个月内,与出卖方达成买卖交易或者利用中原公司提供的信息、机会等条件但未通过中原公司而与第三方达成买卖交易的,杨先生都应按照与出卖方就该房地产买卖达成的实际成交价的 1% 向中原公司支付违约金。现在杨先生私下与房屋业主马某完成了交易,已经严重损害了原告的合法权益。根据合同约定,杨先生应支付违约金 15800 元。杨先生则认为,他并没有与中原公司成立居间合同关系,他也有权根据市场规则选择对自己有利的中介成交,与中原公司所签的购房确认书是"霸王条款"。

浦东新区法院审理后认为,根据《中华人民共和国合同法》的规定,提供格式条款的一方免除自身责任,加重对方责任、排除对方主要权利的,该条款无效。根据《房地产求购确认书》的约定,杨先生被原告中原公司带领看房后,在半年内只能选择原告达成交易,否则即要承担违约责任,这显然侵犯了杨先生的契约自由选择权,加重了杨先生的责任,因此

《房地产求购确认书》上关于违约责任的格式条款无效，中原公司无权依据该条款要求杨先生支付违约金。而且，杨先生之后通过汉宇公司居间中介达成买卖合同的实际成交价低于原告居间中介的房价，从契约自由原则角度出发，杨先生也有权选择对自己有利的中介公司完成交易。中原公司虽然没有促成买卖双方合同，但确实提供了居间服务，杨先生应支付必要的费用。最后，法院依据实际情况和公平合理的法律精神，予以酌定杨先生支付居间服务费 3000 元。判决后，杨先生不服，提起上诉，而中级人民法院做出驳回上诉，维持原判的判决。

从这几个判例来看，独权委托并无法律障碍，只要依法签署了合同，无论委托方是否收取了中介公司的保证金，法院都支持（或部分支持）了中介公司的诉求，并未判决独家委托合同无效。

然而，笔者也找到了法院判决独权委托合同无效的判例。

案例五

2008 年 11 月 10 日，邹女士委托上海吴和派纳房地产经纪有限公司（以下简称"吴和公司"）出售一套房屋，签订了一份《独家销售委托书》。双方约定房屋出售总价为 303 万元，独家委托期内，邹女士不得擅自取消该项委托，如果邹女士违反约定或在委托期内存在任何反悔不再出售等行为，导致公司介绍的买方客户无法按时与其成交，邹女士须按委托出售总价的 1% 支付违约金。

邹女士出具的《独家销售委托书》复印件显示，双方当事人签约时所约定之委托期限至 2008 年 12 月 31 日止。而吴和公司出具的《独家销售委托书》原件中，委托期限至出售完止，但该项书写内容字样与合同其他书写部分内容字样不同，系非同一人所书写。

11 月 13 日，邹女士以手机短信形式告知吴和公司经理其拟解除售房之委托。

吴和公司签约后不久即寻得符合要求的客户，并于 12 月以书面形式告知邹女士，要求邹女士至公司办理相关售房事宜。因邹女士拒绝，吴和公司诉至法院，要求邹女士按约支付违约金 30300 元。

上海市卢湾区法院审理后认为，据吴和公司与邹女士所提供之证据尚无法证明双方在签约时曾对委托期限做出明确约定。至少在邹女士所称之委托期限内，邹女士不得擅自取消委托事项。鉴于邹女士对其解除委托合同之权利已做不可撤销之具体处分，故基于该项特别约定内容，如邹女士在其认可的委托期限内欲解除委托，且该委托期限时段对于《独家销售委托书》而言尚属合理期限，则邹女士须就其不恰当处分权利之违约行为承担违约责任。遂判决：邹女士支付吴和公司违约金30300元。

邹女士不服，上诉至上海市第一中级人民法院。2009年9月24日，上海一中院二审做出了截然不同的判决：撤销原判，改判吴和公司要求邹女士支付违约金30300元之诉讼请求，不予支持。

《独家销售委托书》约定，委托期内，邹女士不得擅自取消该委托。二审法院认为，该条款是由吴和公司一方预先拟定并打印好的格式条款。根据《合同法司法解释（二）》第十条之规定，提供格式条款的一方当事人违反《中华人民共和国合同法》第三十九条第一款的规定，并具有《中华人民共和国合同法》第四十条规定的情形之一的，人民法院应当认定该格式条款无效。《中华人民共和国合同法》第四百一十条规定，委托人或者受托人可以随时解除委托合同。显然，吴和公司提供的格式条款加重了邹女士的责任，排除了其主要权利，吴和公司也未采取合理方式提请邹女士注意免除或者限制其责任的条款，故法院认定该格式条款无效。另从吴和公司向邹女士所发的短信内容分析，吴和公司在11月13日所发的两次短信中均未提及其已收介绍的客户10万元意向金之情况，在11月21日所发的短信中告知邹女士，客户已于11月11日支付了意向金10万元，而12月17日向邹女士所发的签约通知函中又称购买方于11月15日支付了意向金10万元。法院结合上述事实及短信内容，认定吴和公司在邹女士向其提出解除委托协议后，才收取购买方之意向金。吴和公司要求邹女士承担违约责任，无事实依据和法律依据，法院不予支持。

这里需要注意的是：二审法院在判决时引用了《合同法司法解释（二）》，指"最高人民法院关于适用《中华人民共和国合同法》若干问题的解释（二）"，这个司法解释的颁布日期是2009年4月24日，二审法院判决的时间是同年9月24日，即上述司法解释出台之后。

《合同法司法解释（二）》第十条规定：提供格式条款的一方当事人违反《中华人民共和国合同法》第三十九条第一款的规定，并具有《中华人民共和国合同法》第四十条规定的情形之一的，人民法院应当认定该格式条款无效。

而《中华人民共和国合同法》第三十九条第一款规定：采用格式条款订立合同的，提供格式条款的一方应当遵循公平原则确定当事人之间的权利和义务，并采取合理的方式提请对方注意免除或者限制其责任的条款，按照对方的要求，对该条款予以说明。

案例五的二审法院判决时即强调了两点：第一，吴和公司提供的格式条款加重了邹的责任，排除了其主要权利；第二，吴和公司未采取合理方式提请邹注意免除或者限制其责任的条款。正因为如此，法院可以判决吴和公司败诉。

实际上，在案例四的法院判决中已经提到了格式合同的问题，法院正是因为这个原因而没有完全支持中介公司的诉讼请求，只是"依据实际情况和公平合理的法律精神，予以酌定杨先生支付居间服务费3000元"。而案例二中的法院在判决时同样也提到了中介公司的格式合同"限制了被告自由处分自己财产的权利"，但因为被告签署了"限时独家销售委托书"，同时也收取了原告的保证金，表明其对合同条款有充分的了解，故此委托合同合法有效，双方均应受该合同的约束。

也就是说，虽然案例二、四的法院判决均在《合同法司法解释（二）》出台之前，但实际上也是按照这个司法解释的精神和合同法的规定判决的。

由以上正反两方面判例可以看出，独权委托合同能否成立的关键不在于独权委托约定本身，而在于这个约定是否为双方意思的真实表示，如果委托合同是由双方充分协商所签订，或者虽然是由中介公司一方提供了格式合同文本，但有证据证明在合同签订时已经充分提示委托方注意了相关条款，则合同依然有效。

厘清了这个关键的法律问题，独权委托行为才有了合法性。

(原载《中国房地产》2011年5月综合版)

从虚假房源说到独权代理制度变迁的方式

几天前,广州一家著名大报的财经版记者找到我,希望我能谈谈虚假房源的问题。我觉得这是一个很好的选题,就约了这位记者来办公室谈。

这位记者很敬业也很专业,已经做了很多前期准备,包括去中介公司实地调查和亲身体验虚假房源现象,也找了一些中介机构的一线经纪人员了解这个问题,所以我们很快就热烈地讨论起这个问题。

这位记者专门总结了虚假房源的不同情况:有的是把已经卖掉的房源挂出来,有的是虚报房源价格。其目的都一样:为了吸引客户前来询价或者看盘。

这位记者引用一位经纪人的话介绍了虚报房源价格的典型情况。同样的一个房源,一般会放三个价格:一个比市场价低20%左右,一个比市场价低10%左右,一个则和市场价持平,"根据普通人的心理,价格最低的那个会觉得是虚假的,选价格最高的房源又觉得不划算,一般都会选适中的价格进行询问"。

其实做生意的人都知道,欺骗只能得一时之逞,要想持续经营,诚信是必不可少的。而现在这种虚假房源泛滥的现象,已经导致房地产经纪行业的信誉度普遍下降。

笔者借接受采访的机会向这位记者介绍了美国基于独权代理的经纪人房源信息共享系统(MLS)系统,并且告诉记者:目前在广州,已经有中介公司对此进行前期尝试。

这位记者通过调查还提出,现在网上虚假房源过多的原因之一是一些大型存量房信息发布平台采取的是按月固定收取端口费的方式,只有不断发布"新"房源信息才能保持经纪人个人的端口信息处于信息发布平台的"上层"。

造成这样结果的原因,正是因为我们现在的信息发布平台并非美国的MLS形式,不仅绝大部分发布出来的房源信息都不是业主独权委托给经纪人的，而且这个信息发布平台是面向公众的，所以如果在上面发布完全真实的房源和业主信息资料，很难确保发布上去的信息不被同行"撬"走。MLS 系统只对加入了系统的经纪人开放，而房源信息的发布者因为获得了独权委托，所以可以发布房源的真实信息，并不担心别的经纪人"撬单"或者是业主"飞单"。

广州实际上也有公司开始在做这种独权代理的尝试，他们采取的方式是尽量说服业主签署独权代理协议，拿到了独权代理资格以后，就把真实的房源信息发布给别的经纪人。这种方式相当于一个 MLS 系统的雏形，只是这个 MLS 系统上只有一家卖方经纪人，而有很多家买方经纪人。

近十年来，笔者已经在多家刊物和报纸上撰文推广 MLS，也想努力尝试在笔者担任会长的广州房地产中介行业率先推广这种模式，但后来发现目前用强制性制度变迁的方式，通过自上而下的制度供给来推广这种模式还不成熟。但笔者一直鼓励广州的房地产经纪公司积极尝试这种模式或者与之类似的变通方式，希望通过诱致性制度变迁来实现模式和规则的逐步转变。前面提到的那家公司是一个很典型的案例：公司负责人就是在看了笔者过去发表的关于 MLS 的文章而开始尝试实践这种方式的，而当前两天记者在那篇关于虚假房源的文章中介绍了这家公司的实践之后，公司负责人就很快接到了几家投资机构的电话，希望投资这家公司。看来资本的嗅觉就是灵敏，而我们也相信投资人的这种判断是正确的，是可以获得适当的投资回报的。

(原载《中国房地产》2013 年 2 月综合版)

房地产经纪行业合作与行业升级

独家代理行为的分析框架

独家代理问题是本专栏多次讨论过的问题。独家代理是对经纪人而言，其对应的另一方（业主方）是独家委托。另外，还有与之类似的独权委托，按照美国的房地产经纪行业规则，独家委托方（业主）可以在委托合同期内自己售出房屋而不需向受托经纪人支付佣金，而独权委托则只要在合同期内售出房屋就必须支付佣金，即使是业主自己找到买家成功售出也要按合同支付佣金。独权委托能使经纪人的利益得到充分保障，当然相应也会对经纪人有足够的约束，即经纪人必须将独权委托的房屋及时发布在经纪人共享房源发布系统 MLS 上。有关这些概念，笔者在本专栏 2010 年 9 月（《独权委托——避免房地产经纪纠纷的最佳委托代理模式》）、2011 年 5 月（《独权委托的法律问题》）和 2013 年 2 月（《从虚假房源说到独权代理制度变迁的方式》）中已经多次讨论过。

笔者一直认为 MLS（Multiple Listing Service，经纪人共享房源发布系统）及其对应的行业规则应该是房地产经纪行业发展的方向，而与 MLS 密切相关的就是独权委托形式。但因为本文是基于其他同行最近发表的网络文章进行讨论，所以沿用了这位同行讨论时候所用的"独家代理"概念。先来看看这位同行对"独家代理"的定义：所谓"独家代理"，顾名思义，也就是业主在一定的时间内，委托一家中介公司帮助出售或出租房屋。其特点主要有两个：一是排他性，也就是签订了独家代理协议之后，业主不能再与其他中介签订代理协议，也不能私下出售房屋；二是时效性，通常业主为了保证自己的利益，会规定一个代理期限，该委托协议仅在期限内有效。与之对比的是一般代理模式，也就是业主在公开市场放盘，由多家中介公司一起帮业主卖房，先到先得。

该同行把独家代理说得很清楚了。接下来是他对独家代理行为的讨论：如果是签独家代理，基本上是大中介才有可能签得下来，因为业主非常清楚，如果想把房子尽快卖出去，着眼于找到尽可能多的客户的角度，

房地产经纪行业研究

找 N 家中介肯定比找一家划得来,而如果不想被太多人打扰又想房子快点卖出去,折中的办法就是找大中介。

那么经纪人又是如何说服业主签独家代理呢?独家代理房源,中介还可以承诺业主一些"出售保证金",承诺如果在代理期内不能以底价把房子卖出去,业主可以没收"保证金"(如果顺利卖出,则退回给中介)。这笔保证金,根据房源质量和出售价格,从几百块到几千块不等。

接下来是对独家代理"弊端"的分析。以保证金来签订独家房源,表面上看这样做对于业主只有好处:首先,中介为了保障保证金不被没收,以免竹篮打水一场空,肯定会卖力卖房,特别是保证金高的情况下;其次,万一中介卖不出房,业主还能得到保证金的"补偿"。然而,既然是对赌协议,对于业主肯定是有风险的。很多业主没有意识到的是,如果业主选择了这种速销的"对赌协议",很有可能将自己置入一个不利的境地,也就是说为了不"损失"保证金或者获取更高的佣金收入,中介在跟业主商定独家代理底价的时候,有可能会利用信息不对称的优势,尽力压低业主的售价,业主不仅丧失了正常的溢价空间,还会完全失去或部分失去独家代理期间房源的升值收益。而在房价快速上涨的市场上升期,这笔收益有可能是非常可观的。所以,我们才会看到,通常中介建议(引诱)业主签订独家代理协议的时间,往往一开口就是两三个月,甚至有半年的,而不知利害的业主签之后,就有可能后悔莫及。值得注意的是,如果业主在独家代理期间改变主意不卖了,有的中介还会追索违约金(金额视协议条款而定)。所以,很多有经验的业主即使选择了独家代理,也不会愿意给太长的时间。然而愿赌服输,看上去即使业主因为签独家遭受了损失,那也是白纸黑字的事情,外人不好评说。笔者真正持有疑义的是,如此"独家代理",就很有可能将原来处于居间代理角色的中介置于"两头吃"的道德拷问之下,这显然已经脱离了居间代理收佣的合理范畴。特别是在今天政府放开中介费的定价之后,更是给了中介如此操作的可乘之机。

上述对经纪人的"拷问"不能说没有道理,但这个分析框架恰好说明了当前独家代理行为的误区。

分析独家代理行为应该采用这样的逻辑推理过程:首先,为何业主要多家放盘?其目的为了要尽快售出房屋。那么,如何说服业主反其道而行之,只在一家放盘?当然是要能让业主相信,在我这一家放盘的效果会比你在多家放盘更好。而按照上述独家代理的行为模式和分析框架,是用保证金这样的小利来诱惑业主独家委托，辅之以大公司的推广能力，集中人力物力资源在短时间内替业主推广，但还是没有让业主实现通过多家放盘而快速销售的目标。而如果能用MLS的平台把所有公司（无论大小）都组织在一起，在一家放盘就可以达到在多家（甚至是全体经纪人之间）放盘的效果，这才是能够说服业主的最大理由。

所以，和"独家委托"对标的，不应该是"保证金"，而应该是"及时向本地所有经纪人发布信息"。当然，严格来说，这时不应该用"独家委托"来对标，而应该用"独权委托"，只有采用独权委托，经纪人才会放心地将详细的房源信息向全体经纪人发布。

（原载《中国房地产》2016年10月综合版）

中外房地产中介服务网络经营的比较

一、网上房地产经营方兴未艾

近几年网络经济和电子商务的崛起,给传统的房地产业带来了新的变化,网上房地产市场从无到有迅速发展。从中国互联网络信息中心(CNNIC)于2005年1月份公布的《中国互联网络发展状况统计报告》,我们可以大致看出我国网上房地产市场的发展现状。据该报告,到2004年12月31日止,我国的上网用户为9400万人,经常查询房地产信息的占9.4%,这比2002年年底的统计比例增加了一倍多(当时的比例为4.6%),相应的绝对数字(883.6万人)则增加了2.25倍(2002年年底为271.86万人)。这说明网上房地产服务的发展还是比较迅速的。

从1994年中国第一家房地产网站——北京房地产联合网的创立,到搜房网、中城房网、中房网的创建,再到万通筑巢网、我爱我家等一系列特色网站的建立,其中的一些已经在市场竞争中倒闭了,剩下的大多数也是步履维艰。网上房地产市场本身是新经济发展的产物,国内外基本上是在同一时间起跑的,我们不禁要问:国外的网上房地产市场经营得如何?国内外的经营模式又有何差异呢?网上房地产经营状况的差异又和房地产中介服务模式本身的差异有什么关系?本文将通过比较中国、美国和澳大利亚的网上房地产经营,来分析中、美、澳网上房地产经营存在的差异,并由此对各自房地产中介服务模式的差异进行对比分析,为促进我国网上房地产市场的进一步发展以及房地产中介服务模式的改进做一些探讨。

二、从网上房地产经营的差异看房地产中介服务模式的差异

这里笔者选取了中国、美国、澳大利亚一些经营得比较成功或者是比

较有代表性的房地产网站作为比较的对象,其中大部分是专业的门户网站。通过对这些房地产网站的比较,我们可以归纳出目前网上经营的房地产业务主要有以下内容:①房源搜索;②买卖房地产代理;③租赁代理;④房地产估价;⑤房地产专业咨询;⑥与房地产相关的法律服务;⑦保险;⑧房地产贷款;⑨家居装饰;⑩家政服务;⑪土地转让;⑫房地产拍卖;等等。

下面我们将对这些网上经营的房地产业务进行简单的比较分析。

(一) 房源搜索服务比较

基本上每个房地产网站都有自己独立的站内搜索引擎,免费提供给用户搜索感兴趣的房地产。具体的搜索步骤大同小异,通常是按地理位置、用途、户型、价格范围等可复选的条件进行搜索。但搜索过程中提供的配套服务还是有明显的差异性,大致表现如下。

1. 美国房地产网上搜索引擎的配套功能最强大

这主要依赖于其领先的网络技术和成熟的市场体系,集中体现在两个方面:一方面,在搜索房源时,它额外提供一个城市比较功能。首先是收入水平的比较,实际上是比较不同城市的间接效用函数,比如在纽约年收入 50000 美元,相当于旧金山年收入 55393 美元。除此之外还有生活支出指数、学校、平均学位水平、犯罪率、居住交通状况等方面的综合比较。另一方面,在美国利用搜索引擎可以找到各地(甚至还包括加拿大和菲律宾)细分到乡村小镇的详细的市场分析报告,这在其他国家也是不可能做到的。

2. 澳大利亚房地产网上搜索引擎的配套服务特别周全

首先,大多数搜索引擎都备有电子地图,这在美国和中国都很少见。其次,澳大利亚的房地产网站真正地体现了顾客至上的服务理念。比如为了节省顾客宝贵的时间,在搜索引擎旁边有一个专栏"我的房地产"(My Real Estate),用来存放顾客搜索过的比较满意的房地产,这样可以大大地提高顾客浏览的效率。

当然,美国和澳大利亚也有一些共同点,比如房源都遍及全国各地(包括农村);若在现有的房源里没找到合适的房子,系统会提示顾客留下 Email 地址和其他联系方式,等到数据库里有适合顾客要求的房子了,再及时通知顾客。

房地产经纪行业研究

3. 相比较而言，中国房地产网上的搜索服务功能最差

一是可供搜索的房源数量有限，而且地理位置一般仅局限于一个或几个大城市，还没有遍及全国各地。二是搜索中经常出现错误，比如系统提示"URL 地址无法显示"或者是有些关键性的数字出现错误。三是搜索结果只有相关房地产的简单的文字说明，没有图片展示，也没有平面户型图。而在美、澳两国的相关搜索结果里，基本上每一宗房地产都配有平面户型图和实际外观图。国内在这方面做得最好的是"我爱我家"。"我爱我家"模仿国外的经营模式在国内率先推出了部分网上看房和网上订房服务，虽然量少而且还没有将该功能与搜索引擎捆绑在一起，但毕竟是一个很好的尝试。

（二）网络服务反映出的房地产中介模式的差异

（1）在房地产中介模式上，美国的做法是在独权代理的基础上推行房源共享系统（Multiple Listing Service，简称 MLS）。而澳大利亚没有实行房源共享。

（2）从房地产代理人收取房地产代理费的对象来看，在美国，买卖双方的代理费均由卖方出（大约占购买价的 4%～6%），中介商实际上处于卖方代理地位。澳大利亚的情况与美国不太相同。早在 5 年前澳大利亚就已经出现了专门的买方代理人，负责帮买方查找合适的房地产以及和卖方代理人谈判，尽量压低购买价格，为买方争取额外利益。当然，专门的买方代理人要收取买方的佣金，而不是由卖方支付佣金，具体数目可由买方与其代理人商谈。与美、澳相比，中国的代理费的收取是最不合理的。因为买卖双方的交易一般都由同一个中介商来代理，采取双方按交易价的一定百分比（一般约为 0.5%～2.5%，不超过 3%）交纳的原则，这样就根本无法保证买方和卖方的合法利益，尤其是买方的利益得不到保障。为了收取更高的佣金，中介商作为买卖双方的代理人自然倾向于抬高购买价格。由于存在委托—代理问题，一些不法中介甚至故意隐瞒交易价格，非法获取差价。相比之下，国外的代理人制度已经相当完善，每一宗网上交易基本上都是由交易双方自由选择的代理人完成的，行业协会对代理人的监管也相当严格。这在国内是很难做到的，至少目前还没有出现真正的网上交易。

房地产经纪行业合作与行业升级

（三）从房地产网上贷款和支付方式看配套金融服务的差异

1. 美国网上房地产贷款程序

（1）准备贷款文件，包括个人信用报告复印件、税收证明、个人财务状况证明以及所在人力资源部的合同信息。

（2）获得初审批复贷款额，知道大致的贷款数额，以决定购买房地产的价格范围。

（3）比较3～5个不同的贷款机构或抵押贷款经纪人（需要综合考虑利率、贷款年限、预付利息百分比、还款方式等）。

（4）正式申请贷款：完整地填好贷款申请表，然后按要求迅速提交给提供抵押贷款的银行。这里要注意两点：一是要使用无限额的信用卡；二是要确保欲购买的房地产估价合理，不能偏高，否则银行可能会拒绝贷款申请。

（5）由交易过户担保人（escrow officer）或律师最后核查申请。

（6）最后检查贷款条款，签名获得银行确认的支票，然后就可以用该支票账户进行网上支付了。

2. 澳大利亚网上房地产贷款程序

（1）提交如下证件或证明：月工资收入（总收入和净收入），若是自由职业者需提供近两年的应税收入；工资号或工作号；当前雇主的详细情况（地址、电话），若在当前岗位工作未满3年，需提供前一份工作的详情；驾照号码；当前的详细地址，若居住未满3年，需提供以前住址的详情；资产和负债详情，包括银行账户、股票、人寿保险、机动车辆等。

（2）提交后一小时内会收到电子邮件，通知初步的申请结果。

（3）房屋贷款专家在24小时内将打电话给贷款人，进一步了解详情和要求贷款人提交需要的其他文件，并在信用报告代理机构做信用检查。若通过核查，这笔贷款就会记入贷款人的账户，网上购房时就可通过网上银行直接支付。

比较美国和澳大利亚的网上房地产贷款程序，我们发现有这样几个共同点：首先，并不是所有的工作都是通过网络完成的，相反有大量的贷款准备工作需要在网下完成。其次，需要提交的证明材料都非常详细，并且都有信用审查。最后，银行发放的住房抵押贷款是在用户正式购买房地产前就已经发放到个人账户上了。这和我国的房地产"按揭"贷款有本质的区别。由于我国尚未建立完善的个人信用制度，所以和国外的贷款程序恰好相反，在我国必须先签订购房契约、交纳首付款，也就是基本上已经完成了房地产购买过程后，才能获得银行的贷款，而且贷款金额不是记入贷款者的账户，而是直接记入发展商的账户。这种贷款程序使得我国的购房者如果要申请房地产抵押贷款，就绝对不可能实现网上购房。网上购房的一个必要条件是：在购房前，购买者的网上银行账户里已经存有足够的钱。另外，即使购房者真的拥有足够的自有资金，也未必就可以实现网上购房。出于安全考虑，一些银行虽然开通了网上银行业务但同时也规定了日最高消费额，比如招商银行就规定网上银行的日消费额不得超过5000元。这样也会极大地束缚房地产网上交易的发展。

（四）延伸服务及其他方面的比较

1. 咨询、估价、法律服务比较

咨询、估价和相关法律服务是美国、澳大利亚网上房地产经营的辅助性业务，因此通常都是免费的。除非是为企业提供专业的市场调研报告，或者是为客户提供正规的房地产估价报告，其他供顾客参考的建议一般都放在"常见问题解答"（FAQ）栏目里。此外，有些网站还设有免费的专家咨询栏；有些网站也为顾客提供免费的估价业务，顾客可利用电子地图搜索估价对象周边地区的房价，然后用市场比较法得出估价对象的价格。比较之下，国内提供免费咨询和估价业务的非常少见。以搜房网为例，作为最大的华人房地产门户网站，搜房网只提供专业的收费咨询服务；同时，搜房网也开发出了类似国外的电子地图估价程序，但也是收费服务。

房地产相关法律服务做得最周全的是澳大利亚不动产网，该网提供的法律服务不仅包括了房地产法律法规、合同法，而且几乎把所有和房地产有关的法律规范都考虑进来了，甚至还包括离婚时房地产的分割、遗嘱中房地产权属的确认等。

2. 家居装饰、家政服务比较

家居装饰与家政服务也属于网上房地产经营的辅助性业务，国内外的很多网站上提供该项服务，大致有两种经营模式：一种是链接很多相关的专业公司的网页；另一种是不仅链接这些专业公司，而且作为代理人从中规范、监督这些专业公司的操作。前者如中房网，后者如"我爱我家"。相比较而言，后者将是未来房地产附属服务发展趋势的代表。

3. 土地转让、房地产拍卖比较

由于土地所有制上的差异，国外网上土地（包括生地）转让和房地产拍卖都比较常见，国内的网上房地产业务中基本上没有土地转让，拍卖也很少见。虽然搜房网曾成功地举办过网上房地产拍卖，但炒作成分居多，并没有成为其常规业务。而国外的网上房地产拍卖，与网上出售房地产相类似，有指定的卖方代理人，可操作性强，已成为一项常规业务。

三、结论

通过上述比较，我们可以得出以下结论：

（1）一方面，虽然国内外经营的网上房地产业务不完全一样，但大部分主营业务还是一致的。另一方面，由于市场体系、个人信用制度、代理人制度等方面尚不完善，导致中国与美国、澳大利亚在房地产中介经营模式上存在着较大的差异。

（2）网上房地产中介服务的发展方向是房地产门户网站要集商务、信息、专业化代理为一体。首先，房地产网站要建立良好的商务沟通平台，大力发展 B2B、B2C、C2C 等电子商务，以保证网站在短期能盈利，长期能生存下来。其次，必须提供大量的对公众有用的公共信息以吸引公众对网上房地产市场的关注，培养网上房地产市场的潜在顾客，或增强现有顾客对网上业务的忠诚度。比如提供功能强大的搜索引擎、免费房源搜索、免费咨询服务（包括估价和相关法律咨询）等。这是由我国网上房地产市场潜在消费者少的实际情况决定的。国外之所以做得比较成功，主要原因之一是国外的消费者对网上房地产市场的接受程度比国内高。虽然这和网站的短期盈利目标会有一定的冲突，但从长期来看两者是相辅相成的。最后，房地产网站的建立者不管是房地产中介公司（或公司联盟）还是独立的第三方，都应该利用自己在专业上的优势地位真正发挥中介的作用，规范网上房地产市场的发展。这就要求房地产网络服务供给商不仅要对房屋买卖、租赁等核心业务实行代理制，更应该学习国外和国内其他网上商品交易的先进经验，对家居装饰、拍卖等附属业务也采取代理制，从中规范网上交易行为，而不仅仅把网络作为一个单纯的信息交流或交易的平台。

（3）网上房地产中介服务的发展需要更加完善的法律和道德环境。由于网上交易双方通常不能见面，也不能进行一手交钱一手交货的即时交易,因此交易的信用保证体系就显得尤为重要,虽然房地产本身通常不会在网上交易,但即使是房地产信息的网上交易,其价值量也往往大于一般的商品(房地产中介费动辄数以千计),如果没有完善的法律和道德环境做保障,网上房地产中介服务是注定不能真正有大的发展的。

(本文原名《中美澳网上房地产比较》,作者廖俊平、宋良杰,原载《中国房地产》2003年第11期,本次收录时进行了修改补充)

互联网之于房地产经纪

笔者曾经在 2003 年 11 月的《中国房地产》上发表过一篇《中美澳网上房地产市场比较》，彼时，第一轮互联网泡沫刚破灭不久（互联网泡沫的破灭是从 2000 年 3 月 10 日的纳斯达克指数到达 5048.62 的最高点以后开始的），此后，虽然对互联网最初的狂热和盲目崇拜已经过去，但互联网给各种实体经济带来的革命性影响还是已经体现出来并持续发展的。

最近热议的是所谓互联网思维，人们把关注点从互联网本身放在了互联网后面所隐含的思维方式和业务处理方式乃至各个传统行业的整个经营管理模式。国务院发展研究中心金融所的吴庆研究员认为："金融本身的含义就带有互联网的意味，互联网是 20 世纪 80 年代之后创立的新词汇。对金融业来说，其实早就有过这种形式的活动。比如最早的，也是人们所熟知的罗斯柴尔德家族的传说。老罗斯柴尔德有五个儿子，他把五个儿子分别派驻五个不同的国家，而且他们之间保持了密切的通信往来，不停地传递信息，保持了信息领先。这就使得罗斯柴尔德家族比别的金融机构有优势，这个优势其实就是那个时代的'互联网'。"按照这样的逻辑，房地产中介也是很早就开始具有互联网的意味，即使是在真正的互联网还没出现的时候。

在互联网时代，MLS（Multiple Listing Service）已经成为美国等国家房地产中介行业的"标配"（关于 MLS，笔者近年来在本专栏和其他学术刊物上多有论及），但实际上在互联网出现之前，同样原理的房源信息交流就已经广泛用于美国的房地产中介行业（那时就已经称为 MLS 了），当时是用纸质印刷的方式在加入了 MLS 系统的经纪人之间传递房源信息。互联网的出现，方便和加快了信息在经纪人之间的传递。与此同时，也进一步巩固了 MLS 系统的运行规则，因为互联网能够完整准确地记录下经纪人之间的信息交流，并将其作为此后佣金分配等合作结果的证据。

在上一轮的互联网热潮之后，国内房地产中介行业的一些先行者就已经开始在经营中引入互联网,利用互联网作为公司内部信息共享和管理的平台,以及作为对外发布信息的平台,进而推出网络经纪人的概念。

互联网介入房地产中介行业的另一条路径则是以搜房网为代表的房地产信息平台供应商。1999年,搜房网在第一轮互联网热潮中建立,携风投资本杀入房地产营销领域。几年后,搜房网又在后来者安居客的推动下强化原有的二手房集团。而新浪、搜狐、腾讯等门户网站也先后进入。再往后,58同城作为综合生活信息提供商,在房地产中介信息提供上走出了另一条路。

最近,卖手机的互联网公司小米声称要进入房地产开发领域,用互联网的方式开发房地产。与此同时,58同城开始线上线下并举,要直接进入二手房中介服务市场,原来的平台服务商要把平台客户的业务抢到手上了。

互联网之于房地产经纪行业,从开始时的帮手(包括互联网为房地产中介公司提供经营和管理工具,也包括专业的房地产信息平台公司为房地产中介公司提供信息平台服务),到成为房地产经纪行业经营模式变革的一个组成部分,再到对整个房地产经纪行业虎视眈眈的吞并者。不管我们是否情愿,由互联网带来的行业变革正在不可避免地向前推进,向纵深发展。这对仍然处于发育阶段甚至初级阶段的中国房地产中介服务业来说,既是命运所系的挑战,也是后来居上的机遇。

(原载《中国房地产》2014年4月综合版)

房地产经纪行业合作与行业升级

再论房地产经纪与互联网

笔者在2014年4月的本专栏上讨论了房地产经纪与互联网问题，那只是一个开头，或者说只是把热议中的互联网思维和房地产经纪联系到一起，提了一个话头，简要介绍了一下房地产经纪行业和互联网结合的两条主要路径：一条是传统的房地产经纪企业"触网"，一条是房地产信息平台供应商。

就在4月份本专栏文章发表以后，房地产经纪与互联网企业之间又生波折，这倒也符合互联网时代的特点：热点事件迅速发生且迅速传播。

4月24日，成都市房地产经纪协会通过官方网站发表声明，针对近期所谓全民经纪人平台（网站）及电商机构在未征得经纪公司同意的情况下，用金钱等利益诱导其员工私自将客户电话等信息录入其网络平台，或诱导员工直接私下参与新盘销售活动的行为提出抗议，并表示某些"全民经纪人"平台上述行为已违反了《房地产经纪管理办法》的规定，是行业内严重的违法行为。成都市房地产经纪协会要求有关网站立即停止上述行为，而对于私自参与的经纪人或置业顾问，协会将实行一年内行业禁入等处理。

关于成都事件的详细情况，本文暂不做介绍。实际上同类事件不仅发生在成都，而且在北京、天津、广州等许多城市都有发生。

笔者认为，随着互联网的发展，尤其是移动互联网快速进入各行各业和普通百姓的生活，传统行业必须主动融入互联网，这是历史发展的必然，传统的房地产经纪行业也必须走互联网特别是移动互联网的路。所谓的电商机构对房地产经纪行业造成冲击，这已经是不争的事实。对此，笔者的观点是：一方面，进入房地产经纪行业的企业和个人都应该遵守相关的法律法规和房地产经纪行业规则以及职业道德；另一方面，房地产中介行业也必须深入研究移动互联网条件下行业发展和变革的趋势，主动完成新规则的构建，建立全新的行业秩序和行业生态，而不能只是消极地排斥甚至抵制互联网。需要指出的是：所谓"房地产电商"一词，目前在房地产经纪行业内还有不同的定义，这本身就说明房地产经纪行业对互联网行业的认识还不够全面和准确。连对方的定义都弄不明白，还何谈应对？

再者，除了前述房地产经纪行业和互联网结合的两条主要路径，最近又出现了第三条路径：其他行业直接进入互联网房地产销售（或经纪）领域。笔者在4月的专栏已经提到了小米要做房地产开发，而最近又出了个平安好房——保险业巨头中国平安正式涉足房产电商行业，并预言："房地产中介将会是互联网金融下一个消灭的对象。"当然，平安好房此言一出，马上有回应说："房地产中介是唯一的互联网消灭不了的行业。"

"消灭论"和"无法消灭论"当然都有各自的理由，分析这些理由是否符合事实与逻辑，这可以是另外一篇专门文章的内容了。笔者首先还是希望房地产经纪行业能够正视互联网，深入研究互联网时代的营销模式乃至互联网对个体行为模式和思维方式的颠覆，进而主动完成房地产经纪行业的变革。消灭还是不消灭，其实并不重要，因为变革本身在某种意义上也可以说是一种消灭。

（原载《中国房地产》2014年6月综合版）

房地产经纪公司抵制互联网平台公司之分析

笔者在 2014 年 4 月份和 6 月份的本专栏上连续讨论了房地产经纪与互联网问题，尤其是在 6 月份专栏酝酿和写作之时，恰逢几个一二线城市的房地产二手中介公司和房地产互联网平台公司的矛盾开始激化，这在 6 月份的专栏中已经讨论过。而在 6 月份的专栏文章交稿之后（按编辑部要求，每月专栏截稿日是上一个月的 20 日），二手中介公司和互联网平台公司的矛盾又进一步激化。5 月底，杭州九家房地产经纪公司宣布，将他们在某大型房地产互联网平台公司杭州站的所有房源下架，而这九家公司占据了杭州当地市场 80% 以上的二手房房源。其实这算不上是新闻，因为就在两个月之前，包括几家全国性大型房地产经纪公司在内的九家房地产经纪公司就宣布从另一家大型房地产互联网平台公司的北京站和上海站撤下房源，导致这家房地产互联网平台公司北京站的二手房源信息从约 45 万条下降到了 7 万多条，上海站的二手房源信息从 50 多万条下降到了 10 万条，而且这家房地产互联网平台公司在近两年已经不是第一次遭遇这样的抵制了。最新的消息是：6 月 18 日上午，深圳四家最大的房地产经纪公司（包括两家全国范围的连锁大型经纪公司和两家深圳本土份额最大的经纪公司）又联合召开新闻发布会，宣布抵制杭州事件中的同一家大型房地产互联网平台公司。

详细分析这些行为背后的深层原因并且全面讨论房地产互联网平台公司与房地产经纪公司的合作模式问题可能是另一篇更大篇幅文章的主题，本文先对表面上的问题做些简单分析。

从媒体报道来看，这些联手抵制互联网平台公司的房地产经纪公司一致认为：房地产互联网平台公司的产品这些年价格上涨太快。但经济学原理告诉我们：在竞争性市场条件下，价格是由供需双方自主协商决定的。嫌产品价高，可以不用；产品没人用，结果是要么降价，要么关门。所以，买方用不着指责卖方的价格太高，卖方也用不着说自己价格卖低了。

因此，以笔者之见，且不必把上述"抵制"行为看得太严重，这不过就是一个买家和卖家讨价还价的行为。

不过，在这个讨价还价的过程中，原本的买家还宣布要彻底弃用卖家的产品，并且要自己开发同类产品来替代，这就值得再讨论一番了。

几个地方发生的"抵制事件"中，当事的房地产经纪公司都提到要建立自己的互联网平台，进而替代专业的房地产互联网平台。其实，这些公司早就有自己的互联网平台，有些甚至做得非常好，基本上可以算得上公司内部的房源共享系统了。但为什么在这种情况下他们多年来仍然还是在使用专业的房地产互联网平台呢？这里最主要的原因应该是房地产经纪公司自己的网站上只有自家公司的房源信息，不会有别的公司的房源信息；每家经纪公司都不愿意把自己的房源信息放到别的公司的网站上。而客户希望的却是在一个门户网站上浏览到各家公司的房源信息。

笔者多年来一直推介的 MLS 系统其实是可以做到这一点的，并且按照 MLS 的规则，不仅可以解决房源共享，还可做到防止别的公司"撬盘"和客户"飞单"，解决房地产经纪行业的"痼疾"。说到 MLS，笔者想起国内某大型房地产互联网平台公司曾经在美国的一个行业论坛上告诉美国和加拿大同行说自己是中国最大的 MLS 系统。从发布房源信息的功能来说，笔者非常认同这个定位，但没想到有位加拿大房地产经纪人却对此不以为然，会后找到笔者说："他怎么能说他们公司是 MLS 呢？完全不是一回事嘛。"我当时有些吃惊，没想到这位海外的华人对中国的情况这么熟悉。其实的确如此，从 MLS 要求的基本规则来看，中国目前还没有出现 MLS 系统（关于 MLS 系统，笔者在过往的文章中多次介绍过，此处不赘述）。

在 6 月份的专栏文章中，笔者曾经提到房地产经纪行业和互联网结合的第三条路径：其他行业直接进入互联网房地产销售（或经纪）领域。其实，如果真有第三方杀入这个领域，并且能够有办法按照 MLS 的规则来做，那么还真有可能成为颠覆性的力量。

（原载《中国房地产》2014 年 7 月综合版）

房地产经纪公司与互联网平台公司融合之后

从 2014 年 7 月的本专栏文章交稿到现在,短短不到一个月的时间里,房地产经纪公司与房地产互联网平台公司之间发生的事情简直让人眼花缭乱,而最新的结果呢?套用一句说滥了的话就是:猜到了开头,没有猜到结尾。

上期专栏文章截稿日期几天之后,2014 年 6 月 26 日和 27 日,中国房地产估价师与房地产经纪人学会举办了 2014 年房地产经纪年会,这次大会恰逢房地产经纪公司与互联网平台公司之间"热战"之时,参会的中国房地产估价师与房地产经纪人学会的领导自然对此给予了极大的关注,而参会的各家著名房地产经纪公司以及房地产互联网平台公司围绕这个话题的唇枪舌剑,更是让这次大会充满了火药味。

不过,相信绝大多数人都没有想到的是:就在这热火朝天的议论和争论背后,一个对行业发展具有重大意义的事件却已经到了呼之欲出的时候。

7 月 10 日,在业界猜测了两三天之后,一条爆炸性消息终于正式被宣布:一直处于"抵制"漩涡中的著名互联网平台公司宣布与国内排名第一和第四的两家房地产代理公司实行战略合作。所谓战略合作,实际上是以股权为纽带的稳定的长期合作,即前者入股后两家公司。

因为涉事的三家公司都是上市公司,因此实际上早在 7 月 4 日,其中的一家著名房地产代理公司就已经申请临时停牌,随后在 7 月 7 日晚上,这家代理公司的董事长在私人微博写了五个字,这五个字中的三个是其自己公司的名字,另外两个是将要入股的互联网平台公司的名字。但仅这五个字,已经引发了行业和市场的无限猜测。而接下来正式宣布的结果,除了这家代理公司被入股之外,另外一家代理公司也在被入股之列,这就是笔者所说"没有猜到结尾"的事件了。

大家顺理成章地把这次的战略联盟看成是前段时间互联网平台公司被

抵制的结果,更有人直白地把这说成是:"你不让我好过,我就跟着你一起不好过。"或者有人说得更世俗一点:"你恶心我,我也恶心恶心你。"

但其实,笔者个人却认为互联网平台公司走这条路是逻辑的必然,这是商业经营的逻辑,是在这家互联网平台公司不断宣示坚决不做房地产经纪业务的时候,通过观察其各种市场行为就可以推断出来的逻辑。所以,从这个角度上说,并非没有猜到结尾,只是没有把结尾看得那么清晰。

与此同时,一些一直在和互联网平台公司谈判端口费用乃至公开抵制的房地产经纪公司,正在结成联盟,希望通过成立联盟自身的互联网平台公司来取代强势的互联网平台公司。关于这一点,笔者在7月份的本专栏文章中已经有简单的分析评价。相信这个趋势会继续发展,即单纯的房地产互联网平台公司要"落地",而传统的房地产经纪公司会建网(而不仅仅是"触网")。道理很简单:互联网是工具,采用这个工具是任何行业、任何公司的必由之路。这是笔者在过去的专栏文章中不断重复、不断强调的观点。

市场的发展正在朝着笔者一直描绘的目标走。互联网提供了便捷的信息交流和信息公开的渠道,房地产经纪行业的核心产品就是信息,真实的、快捷的信息发布能够降低二手房交易成本,使二手房的交易双方和居间的房地产经纪人都得益;但是,信息产品的特点使得其消费和费用支付需要非常高的诚信度,或者需要第三方的担保,而这又会加大交易成本。互联网平台公司原本是为经纪公司提供信息发布渠道的,而现在不管是经纪公司自己做互联网平台来发布信息,还是原来的信息发布渠道和经纪公司融合,都没能改变国内房地产经纪行业现有的游戏规则,也没能解决上述信息产品消费的核心难题。要解决这个难题,只能是有一个第三方的信息发布平台,这个平台发布的信息具有真实、完整的特点,从这个平台得到的信息不需要再花费成本去验证和补充调查,而平台的主持者和参与这个平台所必须遵守的规则可以确保这些信息的提供者能够获得合理的佣金。唯其如此,才能解决困惑房地产经纪人、二手房买卖双方、政府监管部门多年的问题。房地产互联网平台公司和房地产经纪公司的相互融合提示我们:这样的前景正在逐步展现。

(原载《中国房地产》2014年8月综合版)

房地产经纪行业合作与行业升级

房地产经纪行业剧变将要开始吗?

本专栏前几个月发表的文章一直都在讨论房地产经纪与互联网问题,本月专栏仍将继续这个话题,因为事态仍在持续发展,简直有点让人应接不暇。

2014年7月21日《羊城晚报》上刊载了一篇文章:"上周,房产电商的老对手搜房网与乐居皆有重磅大动作,7月16日,前者斥资10亿元入股国内第一大与第四大房产中介世联行、合富辉煌战略合作;后者联手17城百家经纪公司签署合作协议,一场卖房模式的剧变已然启动。而作为广大消费者,在这场硝烟中或可渔翁得利:虚假房源这个集体的'痛点'有望消除,今后经纪公司提交的网上房源真实度将大大提升。"

《羊城晚报》的这篇文章刚好写于本专栏每月例行截稿日(20日)之后一天。对比一下这篇稿件的观点——"今后经纪公司提交的网上房源真实度将大大提升",和本专栏8月份发表的文章的观点颇为吻合,"真实的、快捷的信息发布能够降低二手房交易成本,使二手房的交易双方和居间的房地产经纪人都得益……要解决这个难题,只能是有一个第三方的信息发布平台,这个平台发布的信息具有真实、完整的特点"。

网站信息发布的真实性一直是存在较大问题的,这源于目前已经形成的房地产经纪的网上经营模式:业主在多家经纪机构放盘,经纪机构(具体是由经纪人操作)在通过互联网平台发布信息的时候,为了使自己代理的盘源信息能够始终处于网站页面的最顶端,就要用看上去很诱人(优质低价)的盘源来吸引浏览者,于是网上的信息往往就是失真的;并且经纪人还需要不断刷新信息,才能保证自己的信息不被其他经纪人的信息排挤到网页的后面去,而刷新信息是要向网站付费的,于是为了让自己发布的信息能够被浏览者看到,经纪人就会在网站平台上展开激烈的竞争,这样的竞争是以每个经纪人都不断向网站付出更多的费用为代价的。这也是导致经纪公司和互联网公司发生争拗的直接原因。

恰好在这样的背景下，8月1日起，成都市存量房交易服务平台在成都中心城区全面正式运行，其目的正是通过具有政府背景的存量房交易服务平台使得二手房交易全过程变得更加公开、透明、规范、诚信。

根据成都市相关管理部门发布的规定，经纪机构首先需要获得业主的正式授权委托，并且在交易服务平台输入房源信息，交易服务平台会自动查询房管局的档案信息库对房源情况进行核实，不是真实的房源或者存在问题的房源都将无法通过该系统对外发布。由于存量房交易服务平台与房管局后台其他系统联网，还能对已核实房源信息进行实时更新，信息将变得双向和透明，有效杜绝了虚假房源、交易中因为房源查封等临时不能交易而引发纠纷等情况。

据笔者对成都这个二手房交易服务平台系统使用情况的初步了解，大型品牌经纪机构都很支持使用这个平台，因为允许业主在多家经纪机构放盘，所以发布在平台上的房源信息会出现报价不同的情况，其直接结果当然就是会让浏览者首先选择报价低的经纪机构进一步查询了解情况。这样的价格差异是否也属于不真实信息，应该如何界定和如何解决这些问题？相信随着平台建设的不断完善和经纪机构及买卖双方等各方参与者对系统接受程度的不断提高，这些问题是可以逐步解决的。

上述两条消息反映的是一个共同的可喜现象：无论是现有的房地产互联网平台还是政府监管部门，都在朝真实房源发布的方向迈进，而这可能正是房地产经纪行业即将发生剧变的一个重要信号。

（原载《中国房地产》2014年9月综合版）

房地产经纪行业合作与行业升级

互联网之于房地产经纪,能改变什么?
不能改变什么?

近两年来,笔者已经多次撰文讨论房地产经纪行业的互联网应用问题,现在首先回顾一下过去的文章,会是件很有意思的事。

在 2014 年 4 月本专栏的《互联网之于房地产经纪》一文中,曾经提到:"卖手机的互联网公司小米声称要进入房地产开发领域,用互联网的方式开发房地产。"两年过去,似乎还没听到小米用互联网方式开发房地产的新进展。

接着,在 2014 年 6 月至 8 月,笔者在本专栏连续写了三篇讨论互联网与房地产经纪的小文:6 月份的《再论房地产经纪与互联网》、7 月份的《房地产经纪公司抵制互联网平台公司之分析》、8 月份的《房地产经纪公司与互联网平台公司融合之后》。回顾这些文章,我们会发现,两年前热热闹闹、轰轰烈烈发生的一些事,后来逐渐销声匿迹,如一些著名公司的相互参股,之后就有公开声明撤销入股行为的。

一轮高潮过后,到了现在,很多房地产经纪从业者,特别是小型房地产经纪公司的从业者越来越有这样的认识:互联网不能改变房地产经纪行业,互联网也不能取代房地产经纪人。

在笔者看来,互联网一定是在改变房地产经纪行业的,并且在改变几乎所有的行业。互联网不能取代房地产经纪人,这一点倒是认可,或者说,互联网能改变一些东西,还有一些东西是无法改变的。

就房地产经纪而言,要讨论互联网能改变什么和不能改变什么,首先需要说明我们讨论的房地产经纪业务究竟是什么。

我们说的房地产经纪业务是居间业务。

在居间业务中,房地产经纪人首先是要搜集和传递信息,其次是要能够撮合买卖双方或租赁双方签订合约。

在搜集和传递信息方面,互联网为房地产经纪人提供的帮助是很显著的，极大地节约了信息搜寻和传递时间，这可以说是互联网对房地产经纪公司最大的改变。当然，有些信息还是要依靠房地产经纪人的人际关系来收集，这一点可以说互联网是不能从根本上改变的。

在撮合成交上，不仅互联网无法取代房地产经纪人，甚至其他的非专业人士也无法取代专业的房地产经纪人。虽然不断有人提出去中介化，希望通过网络平台直接连接交易双方，但笔者的看法是：除非交易双方不需要任何谈判，直接就能够签订合同；否则，只要涉及谈判，房地产经纪人的专业性就能充分体现出来。

这是因为房地产交易过程涉及很多专业知识，交易双方很可能根本就不知道有这些专业知识（更遑论了解或者熟悉这些专业知识），因此，很可能交易双方谈了半天，却连最关键的需要谈判的内容都没提到。在这种情况下，房地产经纪人当然就能大大提高交易双方的谈判效率，在房地产经纪人的专业主持下，可以在较短的时间内既无遗漏又无冗余地提示交易双方需要洽商的事项。仅此一点，就足以提醒我们：房地产经纪人的专业服务是不可或缺的。如果把房地产经纪人的专业服务再从居间业务延伸到后续的代办交易过户、代办抵押贷款等相关服务（这些服务已经成为国内很多房地产经纪公司"附送"的服务，而在美国，这些服务则由另外的专业服务公司来提供），那么房地产经纪人的专业服务就显得更加重要了。

因此，互联网的确可以改变房地产经纪行业，但房地产经纪人至少在可预见的将来是不会因为互联网的出现而被取代的。

（原载《中国房地产》2016年6月综合版）

从"MLS"到"MLS"

MLS 是笔者一直很执着地想要做成的一件事。关注此事是从 2004 年开始的,当时的行业分管领导让笔者研究 MLS,第一篇研究成果是发表在《中国房地产研究》2005 年第 4 期的《关于 MLS 中国化的探讨》,后来笔者又陆续写了不少关于 MLS 的研究论文和各种文章,再后来就不遗余力地在行业内和各级行业主管部门那里推介 MLS,也欣喜地看到越来越多的人对此有了认同。

2012 年,在美国的 NAR(全美房地产经纪人协会)年会上,中国当时最大的房地产互联网信息平台的负责人演讲时称自己的网站是中国最大的 MLS,作为向美国人解释该网站的一种方式,这种说法无可厚非,但当时下面就有美国的经纪人(华人,因此对中国的情况也很熟悉)表示不同意:你们那个怎么能说是 MLS?

的确,那个互联网信息平台在规则上和 MLS 丝毫没有相同之处。但我还是认为,能够提到 MLS 这个概念就很好,概念用错了也不要紧,大家可以进一步去了解正确的概念。

2014 年,由这家互联网平台公司肇始,中国的房地产经纪行业发生了一连串重大变革,几年之间,行业剧烈变动,有的公司快速上位,也有的公司不断在探索。最近,又有一家行业内著名的公司提出要做真正的 MLS。这家公司和前面提到的那家公司都是笔者近年一直跟踪研究的对象,也可谓是房地产互联网信息平台发展的两条路径:前面那家是从互联网走向线下房地产经纪然后又回到了线上专注做平台,后面这家是从线下房地产经纪一步步走到了今天,推出了一个雄心勃勃的互联网平台计划,并且打正招牌要做 MLS。

从 2012 年到 2018 年,时间不算长也不算很短,现在这家公司所提的 MLS 应该说比 6 年前那家公司所说的已经有了本质上的变化。首先,这家公司内部原本实行的合作规则就已经类似 MLS(不仅这家公司如此,很多大型房地产经纪公司内部也都是类似的规则），只是原来的合作局限在公司内部（这也并不构成实施 MLS 的最大障碍，因为真正的 MLS 也是一个封闭的网络平台，只对加入这个平台的经纪人开放，既不对平台外的经纪人开放，更不对社会公众开放），现在把合作范围扩展到了加盟的经纪公司。如果说有一个最大的障碍，那么就是目前尚未实行独权委托，这家公司已经实施了几年的独家委托（或者用该公司的话，叫"速销盘"），在笔者看来是"独吞"（关于独权、独吞这些概念，笔者近年都已经写过不少文章，网上可以很容易查到），和独权委托条件下的 MLS 合作规则是完全不同的两回事。

假如这个独权委托能够普遍推行，并且更进一步地能够实行单边代理制（经纪人只作为买方或者卖方一边的代理人），那么 MLS 的基本规则就齐备了。

最后的问题就是：由这样一家公司来实施 MLS 是否合适？因为在美国，MLS 是由行业协会主导的（通常不是协会直接运营，而是由商业性的公司负责经营，但由行业协会对运营进行控制）。对此笔者倒是持开放心态：如果这样一家公司能够做成一个 MLS 系统，至少在目前的市场条件下应该是值得赞许的。当然，由此可能带来行业垄断问题，这是政府需要从一开始就关注的，并且应该及时加以防范。

（原载《中国房地产》2018 年 7 月综合版）

独家不是独吞

今年以来,经纪人推广独家代理形式的力度有不断加大的趋势,由于独家代理造成的纠纷也时有发生,比较典型的案例往往是业主投诉经纪人未能在协议规定的期限内售出物业,并且认为这是由于经纪人没有大力推广独家代理的物业造成的,甚至有证据表明某些经纪人在协议规定期限快到的时候找虚假买家来"完成"独家代理,由此造成进一步纠纷:业主不认可这样的"成功代理",而经纪人则据此索要佣金。这里的核心问题在于:经纪人拿到独家房源以后应该怎么办?目前中介行业惯常的做法是业主在多家公司放盘,由此也会产生经纪公司之间的纠纷,因为往往无法确认究竟是哪家公司促成了买卖双方的交易。独家放盘可以避免这一难题,由此带来的缺点则是业主销售信息无法在短时间内向市场扩散。由此产生了美国流行的 MLS(共享放盘系统)模式,拿到了独家房源的经纪人必须在规定时间(一般是 24 小时)内将房源信息在 MLS 系统平台公开,所有加入了 MLS 的经纪人可以共享房源信息,并且可以在协助找到买家并最终成交之后分享佣金(美国惯例是佣金由业主一方支付,卖方经纪人要在公示房源信息的时候同时标明能与买方经纪人拆分多少佣金)。由于在美国,通常业主和经纪人签的是比独家代理还要严苛的独权代理协议(在独权代理协议下,只要物业被售出,业主就必须向经纪人支付佣金),在这种情况下,经纪人一方完全不担心业主不付佣金,可以放心大胆地向所有经纪人公开房源信息;业主也不担心经纪人不全力推盘,因为在 MLS 系统公开房源信息已经就是最大范围在推广房源了。而我国目前的独家代理模式是经纪人通过向业主支付一定数额保证金的方式来获取独家代理,而这种独家代理实际上变成了"独力代理",一系列问题和纠纷就由此而生了。

(原载"分享从不懂房地产开始"公众号,2016 年 9 月 7 日)

房地产经纪行业研究

资本的力量和道德的力量

事情是从 2018 年 4 月一家互联网平台找房公司的出现开始的，这家公司提出要做中国的 MLS，没想到引来好多同行的强烈反对，这些反对者不乏中国房地产经纪行业内的巨头，他们和一家也做房源信息发布服务的互联网平台公司一起构成了一个声势浩大的群体，双方各执一词，都能拿得出颇有说服力的理由。笔者已经在 7 月份和 8 月份的本专栏文章中连续讨论了这件事。

事情当然不是打打嘴炮这么简单，最近几个月，这家找房平台已经紧锣密鼓地在全国各地发动攻势，说服各家经纪公司使用这个平台。这时感到紧张的不仅是那些坚定的反对派，很多中小经纪公司显得更紧张，用他们的话说，这次他们感觉比 2014 年春天那次还要紧张。

笔者一方面主动地跟踪观察行业内发生的这件大事（这原本就是笔者长期研究的课题，而且及时准确了解行业动态也是笔者作为行业协会义工的责任所在）；另一方面也被动地卷入这个过程，不少会员公司急急忙忙地前来商议、寻求建议（为会员答疑解惑同样也是协会义工的责任所在），他们想知道究竟是否应该使用这个平台。

经纪公司们之所以这么紧张，是因为这不是一个一般的房源信息发布平台，而是使用这个平台就要遵守严格的规则，这些规则是由平台规定的（这也是反对者的一个重要理由：凭什么由这家公司来制定行业的规则），为了保证这些规则能够不折不扣地实施，平台使用者还需要向平台提交品质保证金。

所以平台的姿态很高：并不是谁来用我的平台都可以的，要有实力（拿得出保证金）、有理想（想把房地产经纪行业做好）、有道德（保证只发布真房源）。

既然这么麻烦，这些经纪公司直接选择不使用这个平台不是就能简单地解决问题吗？毕竟还有那么多行业巨头已经在抵制了呀，为啥要来征询

房地产经纪行业合作与行业升级

笔者的意见呢？

问题是，平台在发动这些公司加入的时候给了他们的一个说辞：如果你不用我这个平台，那些用我平台的公司就会打败你。这些公司对此不能说完全相信，但至少他们觉得这是很有可能的。

不过，即使问到我头上，我也不会给出一个完全肯定或者是否定的答案。因为作为行业协会的代表，我从来不为任何一家公司推介产品，当然同样不会去否定一个产品。不过我从来都会客观地分析评价这些产品和做这些产品或者服务的公司。所以，这次我是这样告诉这些会员公司的：其实这是我做协会工作这么多年来一直想做的事情。我认为这个平台做了两件事：一是做成了一个 MLS（Multiple List Service）的雏形，二是为使用这个平台的经纪人建立了一套行为准则。业内很多人都知道：从研究和推介 MLS 到希望利用协会的力量推动 MLS 的建设，笔者已经为之努力了十几年；而呼吁会员形成良好的职业道德和操守，也是协会从成立以来就一直在做的事。

然而仅凭协会的力量却一直难以做成这些事，但依靠资本的力量，却让人看到了成功的希望。

当然，我也会很客观地告诉这些会员公司各种不确定性。第一，我始终相信资本是逐利的，我当然也相信这家平台公司创始人的道德情怀，但如果资本没有带着道德的基因，是很容易摧毁道德的。第二，这件事遇到的阻力也是空前的，所以当这些会员公司表示希望接触一下、了解一下站在平台对立面的那些公司的想法时，我也同样会帮他们联系安排。之后，当我把做的这些安排告诉平台的创始人时，他很大度地表示：平台所做的一切都是透明的，所以平台的潜在用户当然可以去竞争对手那里听取意见。

（原载《中国房地产》2018 年 9 月综合版）

房地产经纪从业人员及其行业代表性

本期专栏既是上期专栏文章(《资本的力量和道德的力量》)的继续,也是上次专栏讨论事项的延续。

上期专栏提到,自从2018年4月一家互联网平台找房公司出现之后,广州市房地产中介协会有不少会员公司急急忙忙地来找笔者商议、寻求建议——究竟是否应该使用这个平台。为此,笔者除了尽自己所能把自己对此问题的理解详细告诉会员公司的负责人,还帮助他们直接联系平台公司的创始人及其对立面(即坚决反对这家平台公司的那些公司的负责人)。

充满戏剧性的是:就在笔者准备带着这些会员公司的负责人去拜见对立双方的时候,"平台对立面"的代表人忽然宣布从其所在公司离职,并且事情发展速度非常之快,颇为让人眼花缭乱。

接下来,没过多久,我就得知来找我商议的三家会员公司的负责人已经带领他们旗下的门店齐齐加入到了那个找房平台。当然我不能说这两件事之间有必然联系,但事情发生的时序却的确如我上面描述的那样,并且事件发生的时间非常接近。

因为宣布离职的那位是业内知名人士,同时他在宣布辞职时又发布了大量的自媒体信息,并且召开了专门的记者招待会,所以只要是和房地产经纪行业稍有关联的朋友,都会知道并且关注这件事。有些朋友并不太了解当事人,就逮着这个机会又来调侃笔者:你看你们这个行业,水平都这样。

我知道他们想说啥,自从笔者2010年担任广州市房地产中介协会的创会会长以来,一直就有朋友用调侃的方式"贬损"我。所以我只好回击:这位仁兄可不是你们想象的那么水平低下,他是著名高校的高才生(什么样的著名高校?有人说中国高校只有三个姓,一姓清,一姓北,还有一姓为其他——读者应该知道是哪所高校了吧)。

读者不知是否记得本专栏在2017年2月所发表的那篇《两张统计图

所包含的信息》，里面曾经提到的一个信息："在房地产经纪从业人员中，高中同等学力的人士占比最多，达55.15%；其次是大专学历人士，占31.97%；本科学历人士占11.16%，排在第三；研究生及以上学历人士占比非常少，只有0.21%，还赶不上初中及以下学历人士的1.5%占比。"

也就是说，总体来看，房地产经纪行业的从业人员学历都不是很高的。刚才提到的那三位广州会员公司的负责人，早些天来找笔者商议是否加入平台的时候就有一位有点情不自禁地自言自语："难道我们这些低学历的以后都该退出这个行业了吗？"

我当然不会当面回答他这个问题，甚至也不会在这篇文章里面回答这个问题，而且或许永远也不会回答这个问题，但历史发展的进程会给出答案。并且，这个答案并非"是"或者"不是"那么简单。

笔者只愿意做一个观察者和记录者，记录下这些年为这个行业从业人员服务时的所见所闻，观察这个行业不断发生的变化。本文就是对最近亲眼所见的行业动态的如实记录。

（原载《中国房地产》2018年10月综合版）

给朋友的信
——关于建立房地产经纪业务互联网平台

林总：

谢谢您来电介绍您和全国各地的房地产经纪业同行正在做的"××房网"业务，交谈中我已经很明确地表达了我的态度，这里还想多说几句，以便更准确、更完整地把我的想法说出来。因为我觉得这件事对行业很重要，所以我想把写给您的信公开，这样或许能够引起更多同行的兴趣，大家一起来讨论，共同把这件事做得更好。

首先，我要说的是：非常乐见这件事情成功，并且也认为这件事具备了成功的最重要条件，即这是企业自发的行为。

记得2010年广州市房地产中介协会成立不久，协会当中从事房地产按揭服务的会员就提出要成立按揭分会，我当即大力支持，其首要原因就是：这是会员公司自发提出来要成立的。

一群房地产经纪同行志同道合、希望一起做成一件事，这是一个很好的起步，也是我对这件事最感到有信心的地方。

其次，我想说说在我看来，这件事怎样才能成功。

第一，应该真正了解这个互联网平台使用者真实的需求：他们希望在平台上做什么？希望从这个平台得到什么？为了得到这些，他们愿意付出什么？（这里所说的"付出"显然不仅是金钱，做这一行的非常清楚：最宝贵的是信息，真实准确的信息）

第二，应该充分了解过往同类及相似业务的情况，分析他们成功或者失败的经验。我把自己定义为一个观察者，这些年一直都在观察，并且因为我所做的事情横跨房地产估价和房地产经纪两个领域，所以还观察过房地产估价行业类似平台或者联盟的情况，观察得越多，我也就越审慎，这也是我刚才表示我会很有兴趣观察"××房网"筹建过程的原因。

第三，要区分专业和业余，还要充分理解企业、企业联盟以及协会的区别。比如写作是我的业余爱好,决不会奢望挑战专业作家。同样,比如说做风投,也应该由专业的风险投资公司来做;股权和公司架构设计,则应该由专业的法律专家来做。至于企业、企业联盟、协会这几方面的区别和联系,我过去公开发表过一些看法,在这里不再赘述。

想到这些就先写出来,如您所说,我们还可继续深入讨论。

衷心祝愿您和各位合作者成功!相信你们所做的每一次努力都是对房地产经纪行业的贡献。

(原载"分享从不懂房地产开始"公众号,2018年11月15日)

房地产经纪行业管理与行业自律

房地产经纪行业管理与行业自律

对我国房地产经纪人管理体制的一些思考

一、我国房地产经纪人管理体制的建立和现状

为适应2004年7月1日开始实施的《中华人民共和国行政许可法》（以下简称《行政许可法》）的要求，建设部于2004年6月29日颁布《关于改变房地产经纪人执业资格注册管理方式有关问题的通知》，决定将房地产经纪人执业资格注册工作转交中国房地产估价师学会（学会随后更名为中国房地产估价师与房地产经纪人学会，以下简称"学会"）。

这个通知详细具体地规定了学会及地方行业组织在房地产经纪人注册管理等方面的任务，要求：中国房地产估价师学会要通过房地产经纪人执业资格注册工作，将房地产经纪人执业资格注册与房地产经纪行业自律管理结合起来；大力推动房地产经纪行业诚信建设，建立房地产经纪人和房地产经纪机构信用档案；开展房地产经纪机构资信评价，建立房地产交易信息共享系统，促使房地产经纪人和房地产经纪机构为居民提供行为规范、诚实信用、信息准确、高效便捷的服务；制定房地产经纪执业规则，探索房地产经纪损害赔偿和执业风险防范制度。各级房地产行政主管部门要充分发挥房地产经纪行业组织的作用，已经成立房地产经纪行业组织的地区，要按照《行政许可法》等法律法规和有关文件的规定，将房地产经纪人执业资格注册工作转交房地产经纪行业组织，确保房地产经纪人执业资格注册工作平稳过渡。尚未成立房地产经纪行业组织的地区，各级房地产行政主管部门要按照原有方式继续做好房地产经纪人执业资格注册的有关工作，确保房地产经纪人执业资格注册工作的正常进行，并积极组建房地产经纪行业组织，尽快形成政府监管、行业自律和社会监督相结合的房地产经纪行业管理机制。

该通知同时规定：各级房地产行政主管部门要按照国家的有关规定，

加强对房地产经纪行业的监督检查,规范房地产经纪行为,不得因房地产经纪人执业资格注册管理方式的改变,影响房地产经纪人执业资格考试和注册等工作的正常进行,确保房地产经纪人执业资格制度的深入推进。

按照这个文件的规定,房地产估价师与房地产经纪人学会主要负责经纪人的注册管理工作,并以这个工作为依托,通过建立信用档案来推动诚信建设和加强行业自律,以实现对行业的管理。同时,各级房地产行政主管部门仍然要加强对房地产经纪行业的监督检查,规范经纪行为。

从目前各地实际的管理情况看,主要还是分为政府行政管理部门为主和地方行业协会为主两种模式。前一种模式的典型代表则是广州市,广州市住房与城乡建设委员会下属的正处级事业单位——广州市房屋交易监管中心负责管理全市的房地产经纪人和经纪机构。后一种模式以大连、深圳等地为代表,北京市也从 2006 年 5 月 1 日起,将房地产经纪从业人员资格注册工作由北京市建委转交北京房地产中介行业协会。

二、现行房地产经纪人管理体制存在的主要问题

(一)管理体制的先天不足

由于中国房地产估价师与房地产经纪人学会同时担负着房地产估价师和房地产经纪人的管理工作,对学会在这两方面的管理工作进行对比,可以发现:学会在房地产估价行业得到的认可程度明显高于房地产经纪行业。

这其中有历史的原因,因为 1994 年房地产估价师学会成立的时候,就是代表政府主管部门对估价师行业进行管理,自从 2000 年估价机构脱钩改制后,政府主管部门更是逐步将大部分行政管理职能都转移或者委托学会行使,在这种情况下,学会在房地产估价行业的地位就自然而然地建立起来了。

而房地产经纪人职业资格制度建立不久,就赶上了《行政许可法》的实施和注册管理方式的改变。可以说,连政府行政主管部门对这个行业的有效监管模式都尚未建立,就开始过渡到由学会进行注册管理和行业自律。在这种情况下,学会对房地产经纪行业的管理自然就不如对房地产估价行业管理那样驾轻就熟了。

（二）进入体制内的从业人员数量少

房地产经纪行业管理遇到的另一个障碍是目前进入到管理体制内的从业人员只占全部从业人员总数的很少一部分。

到 2005 年年底为止，通过全部房地产经纪人考试的人数共有 27305 人，注册从业的只有 16466 人。但根据 2006 年 10 月 31 日召开的 2006 年全国房地产经纪峰会公布的数字，全国房地产经纪从业人员超过百万人。也就是说，目前的房地产经纪人注册从业人员占全部从业人员的比例还不到百分之二。2006 年，全国房地产经纪峰会组织了全国优秀经纪人评选，原定的名额是 127 人，这已经是一个不大的数字，但最后实际评出的优秀经纪人只有 69 人，有些省市一个都没有，这其中的主要原因就在于全国的注册房地产经纪人数量实在太少。

而由于目前学会对经纪人的管理主要是通过注册管理的方式进行，因此绝大多数没有进入注册管理体制的从业人员，就容易游离在监管体制之外了。

（三）经纪人管理和估价师管理有较大的区别

房地产估价师所从事的房地产估价行业，在多数情况下并非与普通市民的生活直接相关。而房地产经纪人则不同，所从事的业务几乎都是和普通市民的生活息息相关的。也正因为如此，在房地产经纪活动中遇到的各种纠纷也就比房地产估价活动中多得多。这些纠纷需要行业管理部门调处和解决，由于房地产经纪行业与市民相关的经营行为多、遇到的纠纷多，如果行业管理部门不能直接面向市民和行业来及时处理这些问题，必然造成市场的混乱。

三、对房地产经纪人管理体制的建议

针对目前存在的问题，我认为当前加强房地产经纪人管理的当务之急主要是以下三个方面的工作。

（一）尽可能多地将从业人员纳入管理体制

如前所述，目前的注册房地产经纪人数量占全国房地产经纪行业从业人员的总数太少，按照规定，每年只开设一次房地产经纪人执业资格考试，并且从业门槛和考试难度都不低，这也是目前通过考试的人数较少的主要原因。按照目前的房地产经纪人职业资格管理制度，除了房地产经纪人执业资格，还有房地产经纪人协理从业资格。房地产经纪人协理从业资格考试由各省、自治区、直辖市负责，但目前全国开展了协理从业资格考试的地方并不多，这使得本来可以作为房地产经纪人补充的协理的数量也不多。因此，当前首先应该要求各地尽快把协理从业资格考试和管理制度建立起来。

（二）降低管理重心，加强属地管理

前面的分析提到，房地产经纪行业和市民的日常生活息息相关，产生的各种纠纷和问题也比较多，如果管理部门不能相应地降低管理重心，必然无法对行业实施有效的监管。因此，房地产经纪行业的监管应该向下倾斜，加强属地管理，加强市、县一级的管理工作。

（三）探索各种行之有效的管理体制和管理模式

前面提到，目前房地产经纪行业的管理体制和模式主要有地方行政主管部门管理和地方行业协会管理两种。只要各种监管措施得力，这两种管理模式都可以有效地对房地产经纪行业实施监管，因此，建议鼓励各地积极探索适合当地的管理模式，大胆创新。对目前各地一些行之有效的管理模式，建设部行政主管部门应该组织总结和推广。

（原载《中国房地产》2007年第2期）

限制收费还是规范服务

2010年第8期本专栏文章里面讨论了一个热点问题：是不是房地产经纪人为了多收佣金而推高房价。这个问题看来还在继续得到主管部门的重视：8月上旬，有关部门针对一些重点城市又进行了一次关于房地产经纪服务佣金方面的调研活动。我作为广州市房地产中介协会的会长，参与了在广州的调研活动。针对广州的情况，我提出：像广州这样的城市，房地产经纪市场已经足够成熟，竞争非常充分，由此已经形成了均衡的房地产经纪服务收费价格，因此不需要对经纪收费进行管制。调研组组长转而提出了另一个问题：目前对房地产经纪服务的工作内容有没有明确规定？我认为这个问题提得非常好。的确，房地产经纪人应该对经纪服务的内容进行明示，而政府（或者房地产经纪行业组织）也有责任制定房地产经纪服务的标准。

在充分竞争的市场环境下，房地产经纪服务的提供方和需求方可以通过双向选择和谈判确定双方都能够接受的收费水平，但前提必须是要明确该收费所对应的服务内容。而在这一过程中，房地产经纪人因为充分掌握信息（知道自己能够提供哪些服务和应该提供哪些服务），因此有义务充分披露这些信息，也就是前文所说：对服务内容进行明示。

房地产经纪人是利用出卖信息获得相应收入的。但这种被出卖的信息应该是经纪人通过自己的努力、花费了各种搜寻成本而获得的房源和客户信息；而不能靠垄断关于经纪服务内容的信息来骗取与服务不相称的收入（这就和商品经营者不能用表面看上去和正品一样的次品来冒充正品出售一样，商品出售者具有关于该商品质量的信息，而购买者没有，这时出售者应该告知购买者，而不能隐瞒该信息）。

同样是在这次调研活动中，调研组还提出另外一个问题：房地产经纪人是否可以为客户提供菜单式服务，明确标示每项服务的价格，由客户自由选择。

我觉得，这样的方式完全可以，但需要注意两点：第一，这些服务应该是能够拆分的，因为有些服务相互之间具有关联性，只能捆绑在一起提供；第二，要符合客户的习惯并且给客户提供最大的方便。

实际上，根据我多年跟踪研究房地产经纪行业的经验，我认为在广州这样的房地产经纪服务市场发达的地区，不仅房地产经纪服务的收费标准已经达到了市场均衡，而且该收费所对应的房地产经纪服务的内容也已经形成了惯例（当然，规范的市场还不能仅靠"惯例"，而是应该将这些惯例上升为行业服务标准）。让我们回顾一下十几年前房地产经纪市场还不发达时候的情况（现在许多房地产经纪市场不发达的三线甚至部分二线城市可能也还是如此）：那时报纸上有很多业主直接登小广告放盘，这些放盘广告往往都会写上一句："中介免谈。"这说明在那个时候，中介撮合这样一个基本服务都不能为客户所接受（当然也就谈不上为此服务支付费用）。而现在，客户之所以把成交以后的按揭（包括转按揭）、产权交易过户，乃至煤气水电的交割等业务都委托给经纪人代办，毫无疑问也是理性选择的结果。客户相信由经验丰富、熟门熟路的经纪人去代办这些手续，所花费的时间比自己亲自全程办理要少很多，自己去办是费力又不讨好，所以还不如花些费用请经纪人去办。

在这种情况下，政府出于保护客户的角度要求经纪人提供一个菜单式服务和收费，有可能客户并不领情，在实践中仍然会提出要求经纪人提供综合性服务并合并收费。

由此引出另一个问题，这也是在这次的调研过程中由调研组提出的：以房地产成交价格为基数来收取经纪服务费是否合理？是不是以房屋面积为基数来收费更合理一些？换言之，是不是价格越高的房地产撮合成交后收取的佣金就要越高？难道买卖一套高价的房地产所提供的经纪服务成本要比低价房地产的经纪服务成本更高吗？

我对这个问题的看法是：第一，既然在房地产经纪服务市场已经形成了充分竞争，那么具体的收费就由供需双方协商确定，这种协商既包括了收费比例的协商，当然也包括收费基数的协商，以房地产价格还是以房地产面积作为基数都是可以的，只要双方协商一致就可以了。第二，我们不能武断地认为高价房地产的经纪服务成本一定不比低价房地产高，原因在于两个方面。一方面，高价房地产的供需圈可能会比低价房地产要小，也就是说，经纪人在为高价房地产寻找买家（或者卖家）的时候有可能要花费更多的搜寻成本；另一方面，高价房地产的委托人的时间机会成本可能会高于低价房地产的委托人，所以在耗费同样时间的情况下，前者会倾向付出更多的费用来购买时间（实际上购买经纪服务的本质也就是购买时间），所以高价房地产委托人可能并不介意支付较高的经纪服务费。

　　本文所说的几点，归结起来就是：在房地产经纪服务市场充分发育的情况下，市场已经形成了经纪收费的均衡价格，政府完全可以不用对经纪收费价格进行管制，但政府或者行业协会应该对相应的房地产经纪服务内容加以规范。

（原载《中国房地产》2010年第10期）

房地产经纪行业研究

论房地产经纪行业的监管

本专栏从 2010 年 8 月份开始，分别讨论了房地产经纪行为和经纪人的一些实际问题，包括：房地产经纪人是否必然推高房价、房地产经纪业务的独家委托问题、是否应该限制经纪收费、如何规范经纪服务行为、房地产经纪行为的本质，等等，所有这些讨论，都是为了探讨我国房地产经纪行业的"正道"，即经纪人和经纪行业应该以什么样的模式发展，应该施行怎样的行业规则，以及市场的维护者应该如何引导经纪人和经纪行业朝这样的方向发展。

本期文章重点讨论市场的维护者应该如何引导经纪人和经纪行业，或者说如何对房地产经纪行业实施监管，重点在于对监管思路和原则的探讨。

我们经常会提到德治和法治这两种监管的思路，在房地产经纪行业的监管上，同样应该是德治和法治兼备。

先说德治，德治的主要方式是教化，即通过道德教育提高人的道德水平，从而自觉地约束自己的行为。而德治的施行往往需要长期的文化积淀，特别是需要以信仰为基础，因为没有信仰的人往往是"无所畏惧"的。缺乏起码的敬畏之心，必然胆大妄为。在这种情况下，即使对其苦口婆心地教育，往往也收效甚微。也就是说，德治需要以监管对象自身具有一定的道德水准为前提。

从我国房地产经纪人的现行职业环境所造成的职业特点来看，作为房地产经纪人往往需要具有非常强的进取精神（在这里，进取是一个中性词，或者说，当进取心过强的时候，可能就会做出违反职业道德乃至违法的事情），因为房地产属于高额大宗商品，成交往往是不连续的，在这种情况下，损失一单业务就意味着可能丧失了一个月的收入，而且目前的房地产经纪人的业务规则往往规定只有很低的底薪甚至完全没有，当一个人的全部生活都在两只手上（或者一张嘴上）的时候，如果缺乏道德约束，又没有严格监管,铤而走险是顺理成章的事。

在这种情况下,法治就显得必不可少了。

法治的方式又可以区分为准入限制和行为监管两类。我国于 2004 年 7 月 1 日开始实施的《行政许可法》,对设立市场准入的行政许可行为做了比较严格的规定,笔者认为,这是对长期以来我国政府对市场行为干预过多的一种矫正,无疑是正确的。但我们也应该认识到,即使在发达的市场经济国家,市场准入在许多行业里面也是存在的,比如在很多国家,酒类是不能随便在一般商店出售的,卖酒必须有专门的执照。而房地产经纪人的执业资格,在很多国家(地区)也都是实行准入制的。比如美国,每个州都设置了专门的经纪人执照,必须获得本州的执照才能在本州执业;我国香港地区也有专门的地产代理监管局,负责发放和管理经纪人牌照。本专栏后面几期将集中介绍其他国家(地区)的房地产经纪人管理制度。

但在中国大陆,为适应《行政许可法》的要求,建设部于 2004 年 6 月 29 日颁布了《关于改变房地产经纪人执业资格注册管理方式有关问题的通知》,决定将房地产经纪人执业资格注册工作转交中国房地产估价师学会(随后更名为中国房地产估价师与房地产经纪人学会,以下简称"学会"),这实际上表明在国家层面上已经放弃了房地产经纪人的准入制度,或者说经纪人执业已经不需要经过行政许可。

当然,这个通知也详细具体地规定了学会及地方行业组织在房地产经纪人注册管理等方面的任务,即:中国房地产估价师学会要通过房地产经纪人执业资格注册工作,将房地产经纪人执业资格注册与房地产经纪行业自律管理结合起来;大力推动房地产经纪行业诚信建设,建立房地产经纪人和房地产经纪机构信用档案;开展房地产经纪机构资信评价,建立房地产交易信息共享系统,促使房地产经纪人和房地产经纪机构为居民提供行为规范、诚实信用、信息准确、高效便捷的服务;制定房地产经纪执业规则,探索房地产经纪损害赔偿和执业风险防范制度。

该通知还规定:各级房地产行政主管部门要充分发挥房地产经纪行业组织的作用,已经成立房地产经纪行业组织的地区,要按照《行政许可法》等法律法规和有关文件的规定,将房地产经纪人执业资格注册工作转交房地产经纪行业组织,确保房地产经纪人执业资格注册工作平稳过渡。尚未成立房地产经纪行业组织的地区,各级房地产行政主管部门要按照原有方式继续做好房地产经纪人执业资格注册的有关工作,确保房地产经纪人执业资格注册工作的正常进行，并积极组建房地产经纪行业组织，尽快形成政府监管、行业自律和社会监督相结合的房地产经纪行业管理机制。

前面说过，市场准入管理只是监管的手段之一，监管的另一重要手段是对市场行为的监管，这也是《行政许可法》的另一个核心要旨，即政府要加强对市场违法行为的查处。针对房地产经纪行业的监管，《关于改变房地产经纪人执业资格注册管理方式有关问题的通知》同时规定：各级房地产行政主管部门要按照国家的有关规定，加强对房地产经纪行业的监督检查，规范房地产经纪行为，不得因房地产经纪人执业资格注册管理方式的改变，影响房地产经纪人执业资格考试和注册等工作的正常进行，确保房地产经纪人执业资格制度的深入推进。

按照这个文件的规定，房地产估价师与房地产经纪人学会主要负责经纪人的注册管理工作，并以这个工作为依托，通过建立信用档案，来推动诚信建设和加强行业自律，以实现对行业的管理。同时，各级房地产行政主管部门仍然要加强对房地产经纪行业的监督检查，规范经纪行为。

然而在具体操作上，在北京、上海、广州、深圳这样的发达城市，房地产经纪行业的从业人员以数万计，政府实际上很难对每个从业人员的行为实施全面的监管。所以考虑到房地产经纪人的行业特点，还是应该恢复对这个行业的执业资格准入制度。同时，考虑到近年来推行全国房地产经纪人执业资格考试的情况（从 2002 年开始，每年开设全国房地产经纪人执业资格考试，至今为止，通过考试的不到 3.5 万人，其中注册执业的只有 2.2 万多人；而仅广州一地，经过培训考试具有广州市中介服务资格的人员就达 5 万多人，其中持有效执业证上岗的有 3.3 万人），笔者建议在制度建设上中央和地方并重，即准许地方在保证监管力度的前提下，颁发本地的房地产经纪人执业资格。

（原载《中国房地产》2011 年 1 月综合版）

《房地产经纪管理办法》与信息公开

《房地产经纪管理办法》（以下简称《办法》）经过几年的酝酿，几易其稿，终于在2011年春节之前由三部委联合发布，并将于2011年4月1日起施行。

综观这部部门规章，可见其强调最多的是信息公开，包括经纪机构应当向政府管理部门披露的信息和向委托人披露的信息，以及向一般公众披露的信息，也包括委托人应该披露的信息，还包括政府部门应该为信息公开提供的条件，同时还规定了政府部门之间的信息共享。

《办法》的第十一、十二、十三条强调了经纪机构要向建设（房地产）主管部门备案，而政府部门要将主要的备案信息向社会公布。

第十五条规定了经纪机构应该向社会公众公开的一般信息，并且特别强调这些信息"应当在其经营场所醒目位置"公示。

《办法》对经纪机构应当向委托人公示的信息规定得尤为详细。

《办法》首先对房地产经纪服务合同的必备内容进行了规定（第十六条），并特别对相关服务内容的明示进行了规定，即第十七条："房地产经纪机构提供代办贷款、代办房地产登记等其他服务的，应当向委托人说明服务内容、收费标准等情况，经委托人同意后，另行签订合同。"

笔者认为对于房地产经纪机构来说，这两条规定具有非常重大的积极意义，因为这一方面表明"代办贷款、代办房地产登记等其他服务"是不包括在通常意义上的房地产经纪服务内的（第十六条实际上表明"提供房地产信息、实地看房、代拟合同等"属于通常意义上的房地产经纪服务，或者说属于第三条所规定的房地产经纪服务行为），另一方面使得房地产经纪机构提供"代办贷款、代办房地产登记等其他服务"有了法律依据，并且可以依法另行收取费用，当然，前提是要"向委托人说明服务内容、收费标准等情况，经委托人同意后，另行签订合同"。

《办法》尤其强调明码标价，第十八条不仅要求经纪机构明示收费标准,还要求将这些收费标准所对应的服务项目和服务内容一并明示,并强调要"在经营场所醒目位置标明"。

《办法》还在第十八条进一步明确要求:"一项服务可以分解为多个项目和标准的,应当明确标示每一个项目和标准,不得混合标价、捆绑标价。"通俗地讲,这些都是在告诉经纪机构:你们可以针对不同的服务收取合理的费用,但应该让委托人明明白白地知道自己所花的钱能够购买什么样的服务,而不能笼统地向委托人收钱却在提供服务上短斤少两。

为了堵住经纪机构坑蒙拐骗的一切可能漏洞,《办法》在第十八条中再次强调:"房地产经纪机构不得收取任何未予标明的费用;不得利用虚假或者使人误解的标价内容和标价方式进行价格欺诈。"

《办法》强调了明码标价,但并未对具体的收费标准进行限制性规定。这可以理解为关于收费的标准还是依照《国家计委建设部关于房地产中介服务收费的通知》的规定,也可以理解为政府对房地产经纪服务收费标准将不再做硬性规定。笔者更愿意将其理解为后者,理由是在上述1995年的《通知》中,首先将房地产经纪收费定义为居间代理所收取的佣金,然后规定了计收标准是成交价格总额的0.5%~2.5%(实行独家代理的可适当提高,不超过3%),而这次在《办法》中则明确规定了经纪机构可以在居间代理之外另行提供"代办贷款、代办房地产登记等其他服务"并收取相应的费用。实际上,目前房地产经纪机构普遍是在现行的佣金标准范围内附加了代办贷款、代办房地产登记等其他服务。现在按照《办法》的精神,即使维持《通知》所规定的2.5%佣金上限规定不变(我们更希望的是按照市场经济的原则,在已经充分竞争的房地产经纪行业实行供需双方自由定价),也可以在收费总额上有所突破了。只要将原来包括在一般经纪服务范围内的"代办贷款、代办房地产登记等其他服务"剥离出来并加以明示,征得委托人同意并另行签订书面合同,即可在佣金之外另外收取其他服务费用。

针对现实中常见的现象,《办法》在第十九条专门规定:"两家或者两家以上房地产经纪机构合作开展同一宗房地产经纪业务的,只能按照一宗业务收取佣金,不得向委托人增加收费。"

除了规定房地产经纪服务合同的基本内容以外,《办法》第二十一条还要求"房地产经纪机构签订房地产经纪服务合同前,应当向委托人说明房地产经纪服务合同和房屋买卖合同或者房屋租赁合同的相关内容,并书面告知下列事项：（一）是否与委托房屋有利害关系；（二）应当由委托人协助的事宜、提供的资料；（三）委托房屋的市场参考价格；（四）房屋交易的一般程序及可能存在的风险；（五）房屋交易涉及的税费；（六）经纪服务的内容及完成标准；（七）经纪服务收费标准和支付时间；（八）其他需要告知的事项。"

不过笔者认为，以上书面告知内容的一部分（第二、六、七项等）其实应该写进服务合同，而不仅是"书面告知"。

第二十一条还有一款："房地产经纪机构根据交易当事人需要提供房地产经纪服务以外的其他服务的，应当事先经当事人书面同意并告知服务内容及收费标准。"这可以理解为再次强调了第十七条的相关规定，但笔者觉得这样显得有些重复了。

《办法》第二十二条和二十三条规定了委托人应该披露的信息。

《办法》第二十四条规定房地产经纪机构应当在银行开设专门的客户交易结算资金专用存款账户划转客户的交易资金，但只简单地规定"交易资金的划转应当经过房地产交易资金支付方和房地产经纪机构的签字和盖章"，也就是说该专用存款账户由支付方和经纪机构共同管控，这可以保证支付方的利益，但对于售房者来说，能否稳妥地收到交易资金就只能依靠经纪机构的帮助以及支付方的自觉，因此给人的感觉是对售房者的保护不够。

存量房交易资金的监管一直是近年来的热点问题，但如何既有效地监管交易资金又不给交易双方以及经纪机构带来太多不便以致影响交易效率，则一直是一个不容易解决的矛盾。《办法》在这方面的规定比较笼统，也是情有可原的。

《办法》第二十五条规定的禁止行为中，前四种行为也都是直接涉及信息披露的。

《办法》第二十六条规定的业务记录制度和经纪服务合同保存期期限规定，同样也是对信息披露的限制性要求。

《办法》第二十七条提到了"房地产经纪房源、客源信息共享系统"，这实际上就是国外流行的 MLS 系统（Multiple Listing Service），该系统的核心就是经纪人要及时披露房源信息，同时规定首先披露这些信息的经纪人的权益受到保护，房源成交后会确保其佣金收入。MLS 系统既保证了信息的充分共享，又保护了信息的知识产权，因此极大地提高了撮合成交的效率，可以从根本上改变房地产经纪的行业规则和行业生态，应该是这个行业今后发展的方向，这次通过立法的方式确认了这个方向，是非常有意义的。

《办法》第四章的各条规定主要是对政府部门在信息披露、信息共享和信息系统建设方面提出的要求。

总的来说，作为中国第一部专门针对房地产经纪行业的正式法规，也是目前等级最高的同类法规，《办法》虽然还只是提出了一些原则性的规定，尚需要操作性的细则相配合，但《办法》围绕信息的合理披露和共享来提出要求，可以说切中了目前中国房地产经纪行业的最大弊端，因为现在房地产经纪行业最为人所诟病的就是利用信息不对称的优势不正当得利，比如：提供虚假房源信息诱使客户上门或者争夺同行的客源，不明示经纪服务内容和收费标准从而多收佣金，隐瞒业主报价或者买方出价从而获取差价收入，私下买卖房源和客户信息或者是用不正当手段获取同行的房源和客户信息，等等。而这些问题在《办法》中均有针对性地做出了规定。

近年来，住房和城乡建设部、国家发展和改革委员会（以下简称"国家发改委"）针对房地产经纪行业开展过多次调研，广泛听取了行业的声音，从《办法》的最终文本来看，房地产经纪行业所反映的很多呼声在条文中得到体现。相信以《办法》的颁布和实施为标志，中国的房地产经纪行业将迎来一个快速稳定、健康发展的良好局面。

（原载《中国房地产》2011年3月综合版）

房地产经纪行业管理与行业自律

房地产经纪行业管理需要制度安排

2011年第一期的本专栏文章谈到了房地产经纪行业的监管问题，最近在广州发生的一系列事件说明：房地产经纪行业管理需要有效的制度安排。

广州的新闻媒体在2011年4月连续报道了房地产经纪行业的一些行为。

先是报道了经纪人帮助购房者规避限购政策。2010年10月广州出台商品住房限购政策。政策规定，常住广州的外地户籍家庭，须提供一年以上纳税证明或社保证明，才有资格购买一套商品住房。但有房地产经纪人协助外地购房者去地税局补缴个人所得税从而获得一年以上的纳税证明，规避限购政策。广州市房屋交易监管部门表示这属于违规行为，正在对相关公司和经纪人进行查处（当然，当事人辩解说他们帮助买房者获得的是税务局开具的真实纳税证明，买房者也是真金白银补缴了所得税的）。

随后又系列报道了经纪人一些常见的"招数"，由于是系列报道，并仿照三十六计将其命名为"三十六招"，因此在社会上引起较大的反响。

广州市房屋交易监管中心（原广州市房地产中介管理所，是广州市国土房管局属下专管房地产中介市场的机构）和广州市房地产中介协会很重视这些报道，立即组织全体会员单位召开了紧急会议，要求行业内部进行整改。

管理部门出台的这些必要的管理措施，应该也是会有一定成效的。但从经济学的角度思考这些问题，我觉得更重要的是要通过有效的制度安排来避免这些现象的发生，通过制度安排来让市场的参与者为了自身的利益而必须遵守法律和规则。

在此之前，本专栏曾经介绍过MLS系统和独权委托，实际上这就是一种对参与市场的各方都有好处的有效制度安排：在MLS系统加上独权委托的制度安排下，业主可以不必费力劳神去多家放盘（多家放盘的结果往往是要应付多家中介无休无止的询问）；经纪人可以不必担心自己收不到佣金；买家也可以通过 MLS 系统用最快的速度找到最合适的房子。

当然，独权委托和 MLS 系统虽然是一项好的制度安排，但真正实施起来还是会遇到一些障碍，这种障碍主要来自市场参与者的路径依赖。大家已经习惯了现在的这种中介模式：业主多方放盘，经纪人各显神通去寻找买家（当然在这个过程中就免不了出一些媒体所报道的"招数"）。

制度经济学告诉我们，制度变迁的过程不仅需要诱致性制度变迁，也需要强制性制度变迁。一项对各方都有利的制度，由于通常所说的"囚徒困境"①，各方博弈的结果就是这项制度不能被引入，这时仅靠诱致性制度变迁就不能完成制度变迁的过程，而必须引入强制性制度变迁。在此情况下，正是行业协会可以发挥作用的时候。行业协会应该先行搭建制度平台，建立 MLS 系统、制定独权委托的相关制度并加以宣传，积极协调各会员单位，让大家走出"囚徒困境"中互不信任的困境，代之以相互信任。

我觉得，行业乱象恰好给我们提供了实施"良法"的有利时机，政府部门和行业协会应该抓住这个契机，促使房地产经纪行业发生本质改变，走上一个新台阶。

（原载《中国房地产》2011 年 6 月综合版）

---

① 囚徒困境的经典表述是警方逮捕甲、乙两名嫌疑犯，但没有足够证据指控二人入罪，于是警方分开囚禁嫌疑犯，分别和二人见面，并向双方提供以下相同的选择：若一人认罪并作证检控对方，而对方保持沉默，此人将即时获释，沉默者将判监 10 年；若二人都保持沉默，则二人同样判监 1 年；若二人都互相检举，则二人同样判监 8 年。在两人不能通气的情况下，一般都会选择互相检举，这样实际上得到一个最坏的结果。

政府监管市场还是参与市场？

本文首先要提的是进入 2013 年以来北京出现的所谓"公办中介"之争议。从最近笔者远在广州通过媒体披露的信息了解到的情况看，这件事情的真实情形还不太清晰：房地产中介企业普遍认为政府这是从裁判员变成了运动员，但政府主管部门认为"公办中介"这个"简称"并不准确，其实这项试点并不是说政府要真的做中介，尽管这的确意味着政府在试图介入一部分原本已经属于市场的领域。

北京所谓的"公办中介"起源于 2011 年 7 月在北京海淀区试行的二手房交易新平台，二手房交易均必须通过这个新平台进行。北京市住房和城乡建设委员会（以下简称"北京市住建委"）表示，做这个平台的目的是"通过为当事人提供房源核验、房源发布、网上签约、资金监管等各项服务，提高存量房买卖房源信息的真实有效性和确保交易资金安全"。

为了从源头上解决中介市场虚假信息的问题，新平台增加了房源核验和信息发布的功能。

这个新平台上线之后，海淀区的所有中介放出的房源，都必须拿到北京市住建委进行房源核验，而后才能发布在北京建设网、首都之窗等五大信息发布平台上；而所有通过中介达成的二手房交易，资金往来必须经过新平台的监管。

新平台还赋予了房源核验另一个功能，就是核验生成唯一编号后，该房产的状况、价格、联系方式等就自动出现在五大信息发布网站上，供买房者挑选。没有编号的房源，原则上不允许中介公司对外广告。

相比北京其他区县，海淀区实行的网签之前的房源核验极大提高了交易的安全性，再也没发生到过户时才发现法院冻结等问题的案例。

但对于这样的做法，中介公司也是各有不同的看法，有些认为这样做披露了客户的商业秘密，有些则认为这样提前核验房源真实性对大家都有利。

撇开一些枝节问题不谈，笔者认为：北京海淀区已经试行了两年多的这个交易平台的最核心特征是保证了在其所发布的房源信息的真实性和唯一性。房源真实性问题是笔者在本专栏曾经多次讨论过的问题，就在上个月的专栏还专门讨论了这个问题。其实房源应该是真实的，就和我们每天吃的粮食必须是真实的一样，本是天经地义的事。虚假房源的发布者也并非想把这种虚假的房源销售出去（那是不可能的事情），而只是希望通过虚假房源来吸引买家的注意力，但这样的结果的确是扰乱了市场，白白消耗了买家的精力。

政府通过这样的方式杜绝虚假房源，越来越多的中介公司也在用自己的方式尽量避免出现虚假房源，因为越来越多的中介公司认识到只有诚信才能持续经营。

不过，现在争议最大的还不仅是所谓"公办中介"的问题，而是这个"公办中介"由谁来办。

2012年5月，北京市出台了一个文件，鼓励政府成立国有房屋租赁经营机构。一家国营性质的"北京房地产交易市场有限公司"随之宣告成立，背后的股东是北京市房地产交易所、北京市保障房建设投资中心以及北京财政局主管的北京产权交易所。

这家公司计划要做的事情，同样也是信息发布、房源核验、网上交易、资金监管。"跟海淀试点有所不同，我们希望把二手房交易服务这件事情从政府平台转到企业平台上来"，股东之一的北京市房地产交易所所长臧美华坦陈，"只是，建委尚未放手"。

当然，对于这家国营性质的平台，北京市住建委的意见也很明确：这个"平台"是企业性质的，参与市场平等竞争，不具备行政职能，也不可能去监管市场。

这种做法显然引起的争议会更多，但这或许正是往MLS方向迈出的重要一步，因为MLS实际上就是由企业运营的一个独家委托房源的信息发布和交易平台，只不过在美国运营MLS的企业往往是和地方房地产中介协会关系密切，而与地方政府监管部门并无任何瓜葛。

房地产中介行业唯有变革才能继续不断前行，这已是行内共识，因此，我们应该支持所有对行业发展有利的变革。

（原载《中国房地产》2013年3月综合版）

再论房地产经纪行业的监管

在构思本文时，笔者查阅了 2011 年 1 月份本专栏的文章，在那篇题为《论房地产经纪行业的监管》的文章中，笔者认为房地产经纪行业监管应该"德治"和"法治"并重，着重分析了房地产经纪行业的职业资格准入制度对于依法治理房地产经纪行业的重要性，并建议在制度建设上中央和地方并重，即准许地方在保证监管力度的前提下，颁发本地的房地产经纪人执业资格。

转眼两年过去了，最近住建部在群众路线教育实践中把房地产经纪行业作为群众反映最集中、最强烈的突出问题加以治理，要求在较短时间内使行业现状有较大的改观。配合这个活动，2013 年 12 月 17 日，中国房地产估价师与房地产经纪人学会连同 35 家知名房地产经纪机构，发起了房地产经纪行业诚信经营倡议活动，这些机构向全国房地产经纪行业发出倡议，郑重做出六项承诺：房源信息真实可信、公开服务收费标准、保护客户个人信息、依法依规承接业务、及时受理投诉纠纷、规范经营服务场所。明确提出不发布虚假房源信息，不吃差价，不泄漏委托人的个人信息，不为交易受限的房屋提供经纪服务，不承接"群租"业务，不强制代办贷款、代办登记和担保，不沿街占道经营；还号召有条件的经纪机构结合自身特点，推出"先行赔付"等便民利民措施。

倡议中承诺不做的事，虽然现在有很多房地产经纪机构已经是做到了这样的承诺，但这些也的确正是目前房地产经纪行业存在的较为普遍的问题。我一直认为：依靠倡议书这样的"德治"和部分行业有识之士的自觉行为固然很重要，但同样重要的还是要有相应的"法治"基础。

上述倡议活动一结束，中国房地产估价师与房地产经济人学会（以下简称"中房学"）新任会长就开始了连续密集的行业调研，并在调研过程中听取行业意见和建议，酝酿了一些政策建议，其中一项就是借鉴国际成熟经验，尽快建立房地产经纪行业的全员持证从业制度，并且希望通过相应的政府制度保证和技术手段来确保制度的实施,具体的建议是一个环环相扣的委托代理和交易流程。

一是建议房地产交易管理部门建立交易管理信息系统并接受公众的合法查询。

二是只有持证经纪人和经纪机构方可接受居间或代理委托并收取佣金。所有持证经纪人和经纪机构须在交易管理系统登记。

三是对业主委托的房地产经纪人出售的房屋,由业主和受托经纪人共同到房地产交易管理部门进行房屋产权核验和登记,对待出售的房屋赋予唯一性编码(以下简称"委托编码"),与此编码对应的信息包括房屋产权的相关信息及受托经纪机构和人员信息。

四是接受了业主委托的经纪人必须在24小时内向管理系统内的全部经纪人全面公布该房屋的委托信息,不得隐瞒和拖延。

五是经纪人发布房源信息需公示委托编码,否则视为虚假房源。

六是交易资金汇入指定账户,并对应委托编码。

七是交易网签、纳税与权属登记时均需提交委托编码,保证合同有效性。

八是具备委托编码的房屋业主在办理该房屋交易登记时需提交其与初始委托的经纪人签署的具结书,同时在管理系统中核销委托编码,最终完成交易。

这里关键的一条在于:只有持证的房地产经纪人才能收取佣金。在美国,每个州都有这样的法律规定,各州都有专门的政府机构(如房地产委员会,Real Estate Commission)负责组织考试和发放房地产经纪人执照,只有持照经纪人方可有权收取佣金。这些年,很多美国的房地产经纪人希望和中国的房地产经纪人合作开展业务,由中国的房地产经纪人介绍客户去美国买房。这种合作过程遇到的一个法律障碍就是中国的房地产经纪人不能和美国房地产经纪人分享佣金,因为前者没有美国当地的经纪人牌照,获取佣金是非法的。虽然最终美国的房地产经纪人可以用支付信息费(Referrals)的方式给中国合作方酬劳,但一般这种信息费只有佣金收入的25%,而如果按照通常的佣金分配方式,作为买方经纪人的中国合作方可以分到50%。由此已经可以看出美国的法律对持有经纪人牌照和收取佣金之间的法律关系规定得多么严格。

上述管理模式正是借鉴了美国的成功经验,并结合了中国的具体法律环境和政府管理规定。按照这样的管理模式，从经纪人接受委托到最终收取佣金的每一步都有完整的记录，可以对全部过程加以管理，并且从程序上杜绝虚假房源以及交易过程中的不诚信行为，维护各方权益，保证交易资金安全，消除各种纠纷隐患。

  当然，要求全员持证执业遇到一个现实问题就是目前考取了全国房地产经纪人执业资格证书的从业人员还非常少，应对这个现实问题的一个办法就是在一定时间内承认地方依法发出的房地产经纪人员从业资格证（或类似资格证书）可以作为执业证书使用。例如，在广州，根据广州市人民代表大会常务委员会批准于2003年1月1日开始实施的《广州市房地产中介服务管理条例》，广州市国土资源和房屋管理局一直在颁发房地产中介人员从业资格证书和执业证，并依照该条例对持证人员进行各种审核管理乃至处罚，这样的管理保证了广州市房地产经纪行业的相对规范，也为实施全国统一的房地产经纪人员持证经营制度奠定了基础。

（原载《中国房地产》2014年2月综合版）

准入管制还是行为监管

2014年2月15日,中央政府网站发布了国发〔2014〕5号文,国务院决定再取消和下放64项行政审批项目,这其中包括了保险公估从业人员资格核准和保险从业人员资格核准这两项人员从业资格的准入管制。从这个趋势看,职业资格的准入管制正在持续不断地放松。在这种大环境下,笔者一再呼吁建立房地产经纪人持证上岗的制度显得颇为不合时宜,但作为一种探讨,或者说作为一种不同意见,还是不妨提出来供行内人士探讨。

我们知道:放宽行业准入并不等于放弃行业监管。可以认为:行业准入和行业监管分别对应了企业招收员工时的各种考查和员工入职后的各种纪律约束及绩效考核。作为私人部门的企业,可以采用类似行业准入的办法设置门槛,招收符合自己企业要求的员工;但作为公共部门的政府则要从全社会公平的目的出发,尽量减少行业准入的设置。企业除了采用入职测试和评估的方式选择员工,还会对员工入职后的表现加以约束和考核;政府尽管在尽可能地减少行业准入设置,但对执业行为的监管则是一点也不能含糊的。正因为如此,一方面政府依照《行政许可法》的要求谨慎地设置行政许可;另一方面也会依照《中华人民共和国行政强制法》(以下简称《行政强制法》)的要求对不符合法律规定的职业行为采取强制措施,这两者是相互补充,不可或缺的。

其实,许可也好,强制也好,都属于强制,只是一个是在事前强制——不允许做相关的任何事情;一个是在事后强制——做了不对的事情要接受强制处分。笔者认为:在行业从业人员素质普遍不如人意的情况下,如果采用事后强制的方式,耗费的监管人力会是海量的,可能的不良从业行为给社会带来的负面影响也会非常巨大。因此,事前的强制,适当的行业准入还是很有必要的。

政府采取行业准入的宽严程度还同企业对员工的管治意愿和能力有

关。政府的管制和监管是为了不使从业人员危害社会和损害客户利益，如果企业能够管制好自己的员工，那么也同样能够达到这些目的。事实上，一些有品牌的房地产中介企业也在加大对员工管治的力度，从员工招聘标准到员工行为规范都有很高的要求，这当然就相应减少了政府监管的工作量。

而且，企业对员工的入职筛选和对工作行为的约束同样也是互补的，如果在员工入职时能够提高标准，并辅以高水平的入职培训，以后在工作中对员工的管理就会相应轻松很多。

结合上个月专栏的文章，笔者认为：德治和法治、事前强制（准入许可）和事后强制（从业监管）、政府管治和企业管治对于房地产经纪行业的管理都是不可或缺的。

（原载《中国房地产》2014年3月综合版）

制度变迁过程中的政府、企业和协会

关于房地产经纪行业管理过程中政府和协会的作用问题，笔者已经在本专栏多篇文章中讨论过。最近广东省十一届政协召开第三次大会，在和省领导面对面的专题座谈时，笔者又提出了政府作为制度供给者角色的问题。

座谈会的主题是"大力发展先进制造业和现代服务业，促进产业转型升级"，笔者认为：现代服务业不仅意味着技术和工具的现代化，技术和工具的现代化所带来的生产力的革命性变化需要有生产关系乃至上层建筑的变革和发展相配套，因此现代服务业的发展离不开相应的社会治理方式的改变。以我们这个传统的服务行业——房地产经纪行业为例，这个行业的生产方式一直较为传统。2014年以来，互联网和大资本的介入使这个行业正快速升级到现代服务业。但也许我们没有意识到：互联网不仅仅是作为房地产经纪人的帮手，而且房地产经纪行业在互联网条件下会形成相互协同的大生产模式，这和过去个体门店的小作坊生产模式是截然不同的。借助互联网，经纪人之间可以更方便地协同工作，而协同工作需要建立更好的信任和信用机制，但这种机制的建成仅靠行业内部协商需要漫长的时间，因此更进一步的制度变迁需要政府的制度供给乃至相应的基础设施建设（例如，由政府主导建立房地产经纪人合作的互联网平台）。而这两方面又是相辅相成的：统一的、权威的互联网平台有利于经纪人直接的合作机制和互信的建立。

上面所说的依靠行业内部协商建立合作机制和互联网平台，属于诱致性制度变迁，即由市场主题自发地推动制度变迁。诱致性制度变迁的动力来源于利益驱动，好处是制度变迁的过程会比较平缓，阻力小；不好之处是变迁进展缓慢，或者由于路径依赖而降低效率，而且缓慢的制度变迁过程虽然给了市场主体适应的时间，但同时也可能会在适应期间出现搭便车、外部效应以及寻租等现象，而不利于制度变迁的持续进行。例如，

MLS 一类房源信息共享平台的建立需要有独权委托制度作为保障，经纪人一般对独权委托的制度安排都很赞成，但也都认为必须是所有经纪人一致实行独权委托才能有效，否则坚持独权委托者的客户就会大幅减少。

在这种情况下，强制性制度变迁就显得很有必要，也就是笔者所说的政府主导的制度建设和平台建设。

由此又引出政府和协会的关系问题，有人可能会问：现在政府简政放权，很多事务性工作都交给了协会，协会为什么不可以来建立这种平台、制定相应的制度呢？

这仍然还是诱致性制度变迁和强制性制度变迁的问题：协会是行业自律组织，并无强制性权力，所以协会只能在会员协商一致的情况下行事，这是个典型的诱致性制度变迁过程。强制性制度变迁是只有政府才能够实施的。

（原载《中国房地产》2015 年 3 月综合版）

期待专项整治的效果

2016年的"3·15",恰逢两会期间,在住建部领衔的新闻发布会上,陆克华副部长就记者提出的"房地产中介通过发布虚假房源信息,加价卖房,牟取暴利等不法手段坑害消费者"问题详细阐述了住建部的意见:"房地产中介机构提供的中介服务是房地产市场一个组成部分,我们国家目前大概有6万多家房地产中介机构,这些机构对促进房地产交易发挥了积极作用。但是,也确实存在一些不良的房地产中介机构,甚至违法违规的中介机构,通过各种方式谋取不正当利益,坑害消费者权益。为此,我部已经决定今年要开展一次专项的规范和整顿……通过专项整治,不仅仅是打击违法违规的中介机构、从业人员,更要提高房地产中介服务的整体质量和服务水平。"

时间过去了一个月,这项整顿工作已经在全国各地铺开,各地的政府主管部门都出台了文件,具体整治措施正是按照陆副部长在记者会上披露的内容:

一是规范中介机构房源信息的发布。

二是全面推进房地产转让合同的网签。

三是切实加强房地产交易资金的监管,防止中介机构侵占、挪用房地产交易人的交易资金,保证资金安全。

四是强化对房地产中介机构的备案管理。

五是加强中介从业人员的管理,提高从业人员的素质。

六是完善信用信息系统,建立中介机构从业人员的信用档案制度。

七是各级房地产主管部门要加大日常的监督检查力度。

在目前房地产中介从业人员取消了准入门槛、不需要职业资格准入的情况下,如何对房地产中介行业加强监管,对主管部门来说确实是一个挑战。在笔者看来,治本之策还是要对从业人员资质加强监管。在成熟的市场经济国家,如美国,房地产中介从业人员是需要参加由州政府统一举行的资格培训和考试，取得牌照之后才可从业的。美国也有行业自律，但行业自律是在政府牌照监管的基础上开展的，行业自律的要求比政府监管更高。全美有 300 万持牌经纪人，而加入房地产经纪协会的会员人数是 100 万，这 100 万会员有更高的道德要求和职业素养，这些是通过协会的道德规范约束和职业继续教育培训来实现的。所以，可以认为行业自律的基础是政府监管。有了政府部门实施的人员资质管理，对中介从业人员的监管才有了抓手。也只有管住了从业人员，才能进一步管好中介机构和整合整个中介行业。

我们希望，经过这次专项整治，收到的成效能像陆副部长在记者会上所说："通过各级房地产管理部门的努力、相关部门的配合，包括中介机构、从业人员的自律，以及广大消费者、舆论的监督，中国的房地产中介行业会走上一个规范有序发展的轨道。"

（原载《中国房地产》2016 年 5 月综合版）

政府有为，乱象可治

2016年8月16日，住房城乡建设部、国家发展改革委、工业和信息化部、人民银行、税务总局、工商总局、银监会七部门联合召开新闻通气会，共同解读了七部门联合印发的《关于加强房地产中介管理促进行业健康发展的意见》（以下简称《意见》）。

今年以来，住建部已经通过多种方式发出声音，强调要开展专项整治，打击违法违规的中介机构、从业人员，提高房地产中介服务的整体质量和服务水平（见5月份本专栏《期待专项整治的效果》）。几个月来，的确看到了地方政府有一些整治的动作，但对整个行业的触动似乎尚不明显。这次七部委联合发文，让我们看到了政府大力治乱的决心，也看到了即将采取的治乱手段，相信这些措施是能够真正发挥作用的。

在七部委于2016年7月29日联合发出的《意见》中，除了在"规范中介服务行为"部分对房地产中介机构和中介从业人员提出了具体的要求以外，还对政府部门的行为提出了要求，这正是《意见》的关键所在。

首先在文件接收单位上，明确了物价局、通信管理局等单位（和发文的七部委对口的其他下属单位当然是要收文并照办的）。而在《意见》的第二和第三部分，涉及的都是对政府部门的具体要求。

《意见》的第二部分"完善行业管理制度"，全部是对政府主管部门的具体要求：

"（七）提供便捷的房源核验服务。市、县房地产主管部门要对房屋产权人、备案的中介机构提供房源核验服务，发放房源核验二维码，并实时更新产权状况。积极推行房地产中介服务合同网签和统一编号管理制度。房地产中介服务合同编号应当与房源核验二维码关联，确保真实房源、真实委托。中介机构应当在发布的房源信息中明确标识房源核验二维码。

"（八）全面推行交易合同网签制度。市、县房地产主管部门应当按照《国务院办公厅关于促进房地产市场平稳健康发展的通知》要求，全面推进存量房交易合同网签系统建设。备案的中介机构可进行存量房交易合同网上签约。已建立存量房交易合同网签系统的市、县，要进一步完善系统，实现行政区域的全覆盖和交易产权档案的数字化；尚未建立系统的，要按规定完成系统建设并投入使用。住房城乡建设部将开展存量房交易合同网签系统建设和使用情况的专项督查。

"（九）健全交易资金监管制度。市、县房地产主管部门要建立健全存量房交易资金监管制度。中介机构及其从业人员不得通过监管账户以外的账户代收代付交易资金，不得侵占、挪用交易资金。已建立存量房交易资金监管制度的市、县，要对制度执行情况进行评估，不断优化监管方式；尚未建立存量房交易资金监管制度的，要在2016年12月31日前出台监管办法，明确监管制度并组织实施。省级住房城乡建设部门要对所辖市、县交易资金监管制度落实情况进行督促检查，并于2016年12月31日前将落实情况报住房城乡建设部。

"（十）建立房屋成交价格和租金定期发布制度。市、县房地产主管部门要会同价格主管部门加强房屋成交价格和租金的监测分析工作，指导房屋交易机构、价格监测机构等建立分区域房屋成交价格和租金定期发布制度，合理引导市场预期。"

上述要求，有些是地方政府主管部门已经在做的（但也不是全国各地所有的地方政府主管部门都已经做了），有些是几乎从未做过的，例如，"市、县房地产主管部门要对房屋产权人、备案的中介机构提供房源核验服务，发放房源核验二维码，并实时更新产权状况"。政府若能主动做好这些工作，监管到位也就指日可待了。

《意见》的第三部分"加强中介市场监管"，则既是对政府部门提出的要求，也是对中介机构和中介从业人员提出的严格要求：

"（十一）严格落实中介机构备案制度。中介机构及其分支机构应当按规定到房地产主管部门备案。通过互联网提供房地产中介服务的机构，应当到机构所在地省级通信主管部门办理网站备案，并到服务覆盖地的市、县房地产主管部门备案。房地产、通信、工商行政主管部门要建立联动机制，定期交换中介机构工商登记和备案信息，并在政府网站等媒体上公示备案、未备案的中介机构名单，提醒群众防范交易风险，审慎选择中介机构。

"（十二）积极推行从业人员实名服务制度。中介机构备案时，要提供本机构所有从事经纪业务的人员信息。市、县房地产主管部门要对中介从业人员实名登记。中介从业人员服务时应当佩戴标明姓名、机构名称、国家职业资格等信息的工作牌。各地房地产主管部门要积极落实房地产经纪专业人员职业资格制度，鼓励中介从业人员参加职业资格考试、接受继续教育和培训，不断提升职业能力和服务水平。

"（十三）加强行业信用管理。市、县房地产主管部门要会同价格、通信、金融、税务、工商行政等主管部门加快建设房地产中介行业信用管理平台，定期交换中介机构及从业人员的诚信记录，及时将中介机构及从业人员的基本情况、良好行为以及不良行为记入信用管理平台，并向社会公示。有关部门要不断完善诚信典型"红名单"制度和严重失信主体"黑名单"制度，建立健全守信联合激励和失信联合惩戒制度。对诚实守信的中介机构和从业人员，在办理房源核验、合同网签、代办贷款等业务时，可根据实际情况实施"绿色通道"等便利服务措施；在日常检查、专项检查中优化检查频次；在选择中介机构运营管理政府投资的公租房时，优先考虑诚信中介机构。对违法违规的中介机构和从业人员，有关部门要在依法依规对失信行为做出处理和评价的基础上，通过信息共享，对严重失信行为采取联合惩戒措施，将严重失信主体列为重点监管对象，限制其从事各类房地产中介服务。有关部门对中介机构做出的违法违规决定和'黑名单'情况，要通过企业信用信息公示系统依法公示。对严重失信中介机构及其法定代表人、主要负责人和对失信行为负有直接责任的从业人员等，要联合实施市场和行业禁入措施。逐步建立全国房地产中介行业信用管理平台，并纳入全国社会信用体系。

"（十四）强化行业自律管理。充分发挥行业协会作用，建立健全地方行业协会组织。行业协会要建立健全行规行约、职业道德准则、争议处理规则，推行行业质量检查，公开检查和处分的信息，增强行业协会在行业自律、监督、协调、服务等方面的功能。各级行业协会要积极开展行业诚信服务承诺活动，督促房地产中介从业人员遵守职业道德准则，保护消费者权益，及时向主管部门提出行业发展的意见和建议。

"（十五）建立多部门联动机制。省级房地产、价格、通信、金融、税务、工商行政等主管部门要加强对市、县工作的监督和指导，建立联动监管机制。市、县房地产主管部门负责房地产中介行业管理和组织协调，

房地产经纪行业管理与行业自律

加强中介机构和从业人员管理;价格主管部门负责中介价格行为监管,充分发挥12358价格监管平台作用,及时处理投诉举报,依法查处价格违法行为;通信主管部门负责房地产中介网站管理,依法处置违法违规房地产中介网站;工商行政主管部门负责中介机构工商登记,依法查处未办理营业执照从事中介业务的机构;金融、税务等监管部门按照职责分工,配合做好房地产中介行业管理工作。

"(十六)强化行业监督检查。市、县房地产主管部门要加强房地产中介行业管理队伍建设,会同有关部门建立健全日常巡查、投诉受理等制度,大力推广随机抽查监管,建立"双随机"抽查机制,开展联合抽查。对存在违法违规行为的中介机构和从业人员,应当责令限期改正,依法给予罚款等行政处罚,记入信用档案;对违法违规的中介机构,应按规定取消其网上签约资格。对严重侵害群众权益、扰乱市场秩序的中介机构,工商行政主管部门要依法将其清出市场。"

我们尤其关注的是"市、县房地产主管部门要会同价格、通信、金融、税务、工商行政等主管部门加快建设房地产中介行业信用管理平台,定期交换中介机构及从业人员的诚信记录,及时将中介机构及从业人员的基本情况、良好行为以及不良行为记入信用管理平台,并向社会公示",以及"建立多部门联动机制。省级房地产、价格、通信、金融、税务、工商行政等主管部门要加强对市、县工作的监督和指导,建立联动监管机制"。

有些看似危害不大的不良行为,但却给房地产中介行业带来很坏的社会影响,如中介从业人员乱打骚扰电话的问题一直是行业痼疾,如果政府通信主管部门能够下力气配合整治,就能从小处开始让房地产中介行业向良性发展。

《意见》对行业协会也提出了非常具体的要求:"行业协会要建立健全行规行约、职业道德准则、争议处理规则,推行行业质量检查,公开检查和处分的信息,增强行业协会在行业自律、监督、协调、服务等方面的功能。各级行业协会要积极开展行业诚信服务承诺活动,督促房地产中介从业人员遵守职业道德准则,保护消费者权益,及时向主管部门提出行业发展的意见和建议。"这些具体的要求给行业协会提供了具体的工作方向。

行业协会由行业从业机构和从业人员之间约定而来,政府所具有的行政权力行业协会是依法不能行使的,笔者曾经对行业协会的工作提出了八个字的定位:"协助、配合",这四个字是协会面对政府所为;"引导、倡议",这四个字是面对会员所为。说到底,只有在政府依法作为的前提下,行业协会才有可能发挥作用。所以,本次七部委联合发布《意见》,强力作为,实乃行业从业者和行业协会从业者都拊掌称快之事。

(原载《中国房地产》2016 年 9 月综合版)

治乱需要政府作为
——《关于加强房地产中介管理促进行业健康发展的意见》解读之一

2016年7月29日，住建部、国家发改委、工业和信息化部（以下简称"工信部"）、中国人民银行、国家税务总局、国家工商行政管理总局（以下简称"国家工商总局"）、中国银行业监督管理委员会（以下简称"银监会"）七部门联合印发《关于加强房地产中介管理促进行业健康发展的意见》（以下简称《意见》），这个《意见》的内涵十分丰富，笔者试图做出一些自己的解读。

过去的有关文件多数是对监管对象的行为进行约束，这次的《意见》当然也把这个作为重点，但除此之外，《意见》用了很大篇幅提出了对政府行为的要求。《意见》分三部分，共十六条，其中第二部分"完善行业管理制度"共四条，全部是对政府主管部门的具体要求；第三部分"加强中介市场监管"共六条，则既是对政府部门提出的要求，也是对中介机构和中介从业人员提出的严格要求。其中，第十三、十五、十六条完全是对政府部门的要求；第十一、十二条既是对政府部门的要求，也是对中介机构和中介从业人员的要求；第十四条则是对行业协会的要求。也就是说，总共十六条，有七条完全是对政府部门提出要求，两条是同时对政府和监管对象提出要求，算下来可以说有一半的内容是针对政府部门的。

房地产中介行业的乱象一直存在，人所共知。而治乱当然应该依法由政府部门出面，《意见》正是体现了这个基本道理。

（原载"分享从不懂房地产开始"公众号，2016年8月17日）

房地产经纪行业研究

糖要真给,棒子要真打
——《关于加强房地产中介管理促进行业健康发展的意见》解读之二

昨天提到,《关于加强房地产中介管理促进行业健康发展的意见》(以下简称《意见》)最大的亮点是对政府主管部门提出了很多工作要求。曾经听领导说过这次专项整治的一个基本思路:做得好的要给糖吃,做得不好的要棒打。这个思路体现在《意见》中,首先是反复强调了"备案的中介机构",也就是要求中介机构首先要在主管部门备案,备案是"听话的"起码要求,"不听话的孩子"是没糖吃的。《意见》要求"在政府网站等媒体上公示备案、未备案的中介机构名单,提醒群众防范交易风险,审慎选择中介机构",这是强调不备案的机构可能带来交易风险,也就是在棒打了。

《意见》要求:"有关部门要不断完善诚信典型'红名单'制度和严重失信主体'黑名单'制度,建立健全守信联合激励和失信联合惩戒制度。"

"红名单"和"黑名单"构成了"糖"和"棒子"的基本框架。

《意见》进一步提出了详细的办法:"对诚实守信的中介机构和从业人员,在办理房源核验、合同网签、代办贷款等业务时,可根据实际情况实施'绿色通道'等便利服务措施;在日常检查、专项检查中优化检查频次;在选择中介机构运营管理政府投资的公租房时,优先考虑诚信中介机构。对违法违规的中介机构和从业人员,有关部门要在依法依规对失信行为做出处理和评价的基础上,通过信息共享,对严重失信行为采取联合惩戒措施,将严重失信主体列为重点监管对象,限制其从事各类房地产中介服务。有关部门对中介机构做出的违法违规决定和'黑名单'情况,要通过企业信用信息公示系统依法公示。对严重失信中介机构及其法定代表人、主要负责人和对失信行为负有直接责任的从业人员等,要联合实施市场和行业禁入措施。"

如此具体的奖惩措施,在房地产中介行业行政管理的历史上还是第一次。

(原载"分享从不懂房地产开始"公众号,2016年8月18日)

房地产经纪行业研究

一主六辅的监管体系
——《关于加强房地产中介管理促进行业健康发展的意见》解读之三

住建部是房地产市场管理的政府主管部门,《关于加强房地产中介管理促进行业健康发展的意见》(以下简称《意见》)由住建部牵头(从文号"建房〔2016〕168号"即可看出),协同国家发改委、工信部、中国人民银行、国家税务总局、国家工商总局、银监会共同发出。早些年房地产调控政策频出的时候,住建部曾经多次会同多部门联合发文调控房地产市场,而针对房地产中介市场管理的联合发文,应该还是第一次。

作为主管部门,各级住建部门在房地产中介市场管理上的主导作用是无可替代的,甚至可以预料:其他六家发文部门的地方下属部门是不会主动发起房地产中介市场监管行动的,具体监管行动的发起者必然还是地方各级住建部门。

具体到其他六家政府部门的监管职能,中介服务合同管理属于工商部门监管范围,房源信息和互联网应用发布属于工信部监管范围,中介服务价格行为属于发改委物价局监管范围,中介机构与金融机构业务合作属于中国人民银行和银监会的监管范围,涉税服务属于税局监管范围。这些部门是否会出台具体的监管政策,是行业所关注的。

(原载"分享从不懂房地产开始"公众号,2016年8月19日)

"坏孩子"是怎样炼成的
——《关于加强房地产中介管理促进行业健康发展的意见》解读之四

《关于加强房地产中介管理促进行业健康发展的意见》(以下简称《意见》)列出了房地产中介机构和从业人员不得实施的行为,也就是所谓的不良行为,包括以下六类:一是中介机构不得为不符合交易条件的保障性住房和禁止交易的房屋提供中介服务。二是中介机构不得发布未经产权人书面委托的房源信息,不得隐瞒抵押等影响房屋交易的信息。三是中介机构不得实施违反《中华人民共和国价格法》《中华人民共和国反垄断法》规定的价格违法行为。四是中介机构不得强迫委托人选择其指定的金融机构,不得将金融服务与其他服务捆绑,不得提供或与其他机构合作提供首付贷等违法违规的金融产品和服务,不得向金融机构收取或变相收取返佣等费用。这里同时还对金融机构提出了禁止性要求:金融机构不得与未在房地产主管部门备案的中介机构合作提供金融服务。五是中介机构和从业人员不得诱导、唆使、协助交易当事人签订"阴阳合同",低报成交价格;不得帮助或唆使交易当事人伪造虚假证明,骗取税收优惠;不得倒卖纳税预约号码。六是中介机构及其从业人员不得通过监管账户以外的账户代收代付交易资金,不得侵占、挪用交易资金。

不过,作为部门规章,《意见》没有给出针对上述不良行为的具体罚则。

(原载"分享从不懂房地产开始"公众号,2016年8月22日)

怎样成为"好孩子"
——《关于加强房地产中介管理促进行业健康发展的意见》解读之五

昨天列举了《关于加强房地产中介管理促进行业健康发展的意见》（以下简称《意见》）对中介机构和人员的禁止性规定，相比过去发的规范性文件，这次的《意见》对禁止性要求和强制性要求的规定都要更多和更具体。《意见》中针对中介机构和人员的强制性要求包括以下内容。

中介机构在接受业务委托时，应当与委托人签订书面房地产中介服务合同并归档备查，房地产中介服务合同中应当约定进行房源信息核验的内容。

中介机构对外发布房源信息前，应当核对房屋产权信息和委托人身份证明等材料，经委托人同意后到房地产主管部门进行房源信息核验，并编制房屋状况说明书。房屋状况说明书要标明房源信息核验情况、房地产中介服务合同编号、房屋坐落、面积、产权状况、挂牌价格、物业服务费、房屋图片等，以及其他应当说明的重要事项。

中介机构发布的房源信息应当内容真实、全面、准确，在门店、网站等不同渠道发布的同一房源信息应当一致。房地产中介从业人员应当实名在网站等渠道上发布房源信息。对已出售或出租的房屋，促成交易的中介机构要在房屋买卖或租赁合同签订之日起2个工作日内，将房源信息从门店、网站等发布渠道上撤除；对委托人已取消委托的房屋，中介机构要在2个工作日内将房源信息从各类渠道上撤除。

中介机构应当在发布的房源信息中明确标识房源核验二维码。

房地产中介服务收费由当事人依据服务内容、服务成本、服务质量和市场供求状况协商确定。中介机构应当严格遵守《中华人民共和国价格法》《关于商品和服务实行明码标价的规定》《商品房销售明码标价规定》等法律法规，在经营场所醒目位置标识全部服务项目、服务内容、计费方式和收费标准,各项服务均须单独标价。提供代办产权过户、贷款等服务的,应当由委托人自愿选择,并在房地产中介服务合同中约定。

中介机构提供住房贷款代办服务的,应当由委托人自主选择金融机构,并提供当地的贷款条件、最低首付比例和利率等房地产信贷政策,供委托人参考。

中介机构和从业人员在协助房地产交易当事人办理纳税申报等涉税事项时,应当如实告知税收规定和优惠政策,协助交易当事人依法诚信纳税。从业人员在办理涉税业务时,应当主动出示标明姓名、机构名称、国家职业资格等信息的工作牌。

中介机构及其分支机构应当按规定到房地产主管部门备案。通过互联网提供房地产中介服务的机构,应当到机构所在地省级通信主管部门办理网站备案,并到服务覆盖地的市、县房地产主管部门备案。

中介机构备案时,要提供本机构所有从事经纪业务的人员信息。中介从业人员服务时应当佩戴标明姓名、机构名称、国家职业资格等信息的工作牌。

另外,《意见》还鼓励中介从业人员参加职业资格考试、接受继续教育和培训,不断提升职业能力和服务水平。

(原载"分享从不懂房地产开始"公众号,2016年8月23日)

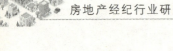

房地产经纪行业研究

低于成本竞争也该管
——《关于加强房地产中介管理促进行业健康发展的意见》解读之六

房地产中介服务的佣金标准曾经是政府管控的，不过在2014年，国家发改委和住建部联合以"发改价格〔2014〕1289号文"发布了《关于放开房地产咨询收费和下放房地产经纪收费管理的通知》，取消了佣金标准的上限规定。而《关于加强房地产中介管理促进行业健康发展的意见》（以下简称《意见》），一方面要求规范中介服务价格行为，另一方面明文重申了"房地产中介服务收费由当事人依据服务内容、服务成本、服务质量和市场供求状况协商确定。"

同时，《意见》还强调要依法明码标价和清晰标价："中介机构应当严格遵守《中华人民共和国价格法》《关于商品和服务实行明码标价的规定》《商品房销售明码标价规定》等法律法规，在经营场所醒目位置标识全部服务项目、服务内容、计费方式和收费标准，各项服务均须单独标价。提供代办产权过户、贷款等服务的，应当由委托人自愿选择，并在房地产中介服务合同中约定。中介机构不得实施违反《中华人民共和国价格法》《中华人民共和国反垄断法》规定的价格违法行为。"

这些要求在过往的规章如《房地产经纪管理办法》中也有明文规定。

除此之外，依笔者之见，在价格行为方面，还应该引用《反不正当竞争法》，禁止中介机构以低于成本的价格提供中介服务。在现实中，低价竞争往往伴随着偷工减料甚至损害消费者利益的行为。

（原载"分享从不懂房地产开始"公众号，2016年8月24日）

违法违规行为的成本和收益

国庆节假日期间,住建部公布了45家违法违规房地产开发企业和中介机构名单,名单中不乏一些知名房地产中介机构。据了解,这些名单来自各地住建部门逐级上报,实际上是各地住建部门今年以来查处的机构。

笔者所在的城市也有两家中介机构"上榜"。从笔者所在的城市来看,这样的查处工作是常态化的,因为有本地人大立法通过的《房地产中介服务管理条例》,可以依据该条例规定对违规机构给以罚款等处罚,过去还可以对违规人员处以吊销执业资格的处罚。但随着执业资格制度的取消,针对人员执业资格类型的处罚已经不存在了,在这种情况下,政府部门对房地产中介违规行为的查处就更加显得没有抓手。正因为这样,所以现在对违规行为的处罚已经显得并不那么有力度。针对这次出台的名单,有媒体公开呼吁:"对此,有关部门绝不能止于公布'黑名单',还应当依法让不法企业、机构及其责任人付出应有代价。"这说到了问题的关键:如果不能让违规机构和人员为此付出足够的代价,使得违法违规付出的成本远高于因此获得的收益,则处罚是不能起到相应惩戒作用的。

2016年6月,在住建部的见证下,中国房地产估价师与房地产经纪人学会召集全国9家房地产中介机构签署《房地产中介诚信服务承诺》,笔者随即撰文(见7月的本专栏),引述公众的各种疑虑,希望这样的承诺能够落在实处。但现实的情况是:这次查处的中介机构中就有当时签署承诺书的公司。

这次住建部大张旗鼓地公布了被查处的违法违规公司的名单,可以看作是对上述承诺活动的监督和落实。在此之前,2016年8月,住建部等七部门出台的《关于加强房地产中介管理促进行业健康发展的意见》也重申,要加强房地产中介管理,促进行业健康发展。笔者曾经撰文(见9月的本专栏)指出:这次发文的亮点是对政府部门的监管行为提出了明确的要求。而公布"名单",说明政府正在落实该意见所提出的监管要求。

不过从现实情况看，即使被查处和被公布在"名单"里，这些机构的经营也并没有受到明显影响，甚至很多消费者也并不知道哪些机构是被查处的。所以，仅仅公布名单仍然还是不够的，必须让违法违规的企业和从业人员为此付出沉重代价乃至退出市场，通俗地说，就是要让这些违法违规的企业和人员做不了生意、赚不到钱，反过来才能让依法依规经营的企业和从业人员有良好的经营环境，能够靠诚信经营和优质服务获得体面的收入和社会的尊重。久而久之，房地产中介市场的良好秩序和行为规范才能形成。

借用权威媒体的话说："'黑名单'公布，不是结束，而是开始。"

(原载《中国房地产》2016年11月综合版)

房地产经纪行业的两种制度变迁

岁末年初，通常是回顾和展望的时候。现在虽然已是三月，但因为今年过年晚，所以一般还是认为现在才是今年刚开始。

最近房地产经纪行业最受关注的消息莫过于一家当初以不设门店并且提出要颠覆传统房地产经纪行业甚至要"干掉经纪人"的互联网经纪企业陷入了困境。这既是新闻又不算新闻，笔者早在2017年10月份本专栏的《房地产经纪行业——回望与期望》谈到了这个问题。

如果说这两年的互联网经纪像是一阵暴雨，来得快去得也快，那么最近显得润物无声的倒是房地产经纪行业内自身的新变化。

一是一家大型房地产经纪特许经营企业最近一段时间在全国许多城市加紧扩张，这家企业在20世纪90年代就曾经进入过广州，后来退出了，现在又在准备重新进入。二是很多区域性的小型房地产中介企业在走联合的路，其联合的形式之一就是由其中一家公司牵头组成联盟，对标的也是那些老牌的连锁企业。这两个动向的共同实质都是中国的房地产经纪行业在走向规模化经营。

再有，已经形成了规模化的另一家行业领先企业却在消弭大规模扩张带来的种种问题。例如，整体收购本地公司以后，原公司的经营团队不能适应母公司多年形成的经营管理风格，以至于母公司不得不空降负责人到本地公司谋求彻底改造之；又如，这家公司同样也采取了特许加盟的经营模式，但加盟店也在经营管理上给母公司造成许多困扰。

因此可以预计的是：房地产经纪行业的规模化经营是必然的发展方向，但在走向规模化的同时也要考虑如何解决行业长期存在的痼疾：老板重经营轻社会责任，经纪人素质整体不高。

关于经纪人的素质问题，笔者就在上个月的专栏文章《善待房地产经纪人与经纪人的自我救赎》中已经有所讨论；关于房地产经纪企业社会责任问题，笔者在2012年6月刊专栏文章《从美国亚裔房地产协会看房地产中介的社会责任》和 2016 年 12 月刊专栏文章《企业伦理与社会责任》中也讨论过，以后还可以专文再次讨论我国房地产经纪企业社会责任普遍缺失的原因和对策。这里只想先写出结论：缺失社会责任的企业是无法长久的。

前面用"润物无声"来形容房地产经纪行业发生的逐步走向规模化的进程，这种逐步推进的过程属于自下而上的诱致性制度变迁，这样的制度变迁在走向上会有比较大的不确定性，时间也会很长。从 2016 年开始的这一轮对房地产经纪行业的整顿属于强制性制度变迁的过程，其走向是由政府明确设定的，但变迁完成的进度取决于政府的决心和力度。从目前情况来看，已经有很多积极的成果，但也有一些长期形成的制度障碍有待依靠政府力量来进一步突破。

（原载《中国房地产》2018 年 3 月综合版）

论房地产经纪行业协会

要谈行业协会,首先还是要从政府谈起。我们为什么需要政府?可以说,如果是在自给自足的原始社会,政府是没有必要存在的,因为既然是自给自足,个人都不必和他人发生关系,不会出现人和人之间的矛盾冲突,也就不需要政府来调处。当社会生产出现了富余,从而出现了商品交换,伴随着商品交换而有了私人产权的概念,这时才开始产生了对政府的需要。

由于在市场经济条件下存在的外部性问题,或者说出于提供公共产品的需要,政府就在私人部门之外出现了。也就是说:政府的作用是管理公共事务或者说提供公共产品。

那么行业协会是起什么作用的呢?可以说,在某种意义上,行业协会所起的作用和政府是一样的,即提供公共产品。既然如此,行业协会和政府又有什么区别呢?首先,政府是为全社会服务的,所以要着眼于全社会的管理和为全社会提供公共产品,而行业协会则是为特定行业服务的,着眼于为特定的行业提供公共产品。其次,政府的管理具有强制性,而行业协会的管理权则更多来自于行业协会成员的共同约定。当然,政府的权力其实也是来自社会成员的共同约定,只不过因为社会成员众多,所以不可能就每一个细小的问题都达成共同的约定,只能是原则性的约定,所以政府在相当程度上具有根据这些原则约定自由裁量的权力或者说强制权,而行业协会则只能在形成了共同约定的问题上发挥强制作用,并且这种强制作用还缺少法律的强力支撑。

为什么有了政府对全社会的管理,还需要行业协会的管理呢?社会学当中有这样一个形象的比喻,政府的管理是一种轴心式的,就好像下面的图1所示,而依靠社会组织进行的管理则是网格式的,好像下面的图2所示。

在轴心式的社会管理体系中,一旦轴心被破坏,即政府缺失,则整个

图1

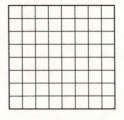

图2

社会都将散架；而在网格式的社会管理体系中，其中某个节点被破坏，比如某个行业管理机构缺失，并不会导致整个网格散架。

这个形象的比喻是通过假设管理部门缺失来说明问题的，这实际上也在某种意义上说明了我们应该怎样来理解行业协会的作用：或许只有在失去它的时候，我们才会更加感受到它的重要性。

事实上，以广州为例，从20世纪90年代开始出现房地产经纪机构。在20年的时间内，并无房地产经纪行业协会存在，而广州市房地产经纪行业的发展却一直很顺利，当然，我们可以把这归功于广州有一个强有力的政府部门在管理房地产经纪行业。广州从1994年开始就在市国土房管局内成立了房地产经纪管理所，后来改称房地产中介管理所，2009年又更名为房屋交易监管中心，但管理房地产经纪行业的职能一直没有变。

在这种情况下，是否需要有一个房地产经纪的行业协会？实际上行业内就此问题也一直在思考。笔者因为所从事的教学和研究与这个行业有密切的联系，所以一直在关注广州市房地产经纪行业的情况。早在2000年的时候，国土房管局就主持各大房地产经纪公司讨论过成立行业协会的问题，笔者还记得当时在会上表达自己的一个观点："你们（指各经纪公司）如果觉得有必要成立这个协会就成立，觉得没必要就不要成立，那这个协会成立了也会和没成立一样。"最后协会果然没有成立，我觉得这件事非常能够体现广州的市民社会特征——广州市政府部门往往很重视民意，而不是强制推行自己的想法。

时间又过去了十年，在这十年间，笔者一直和广州的房地产经纪行业有密切的联系，也会不时与业界探讨协会的必要性，包括具体地讨论协会能够做些什么事情。最后还是由于政府（房屋交易监管中心）的积极推动，协会终于在2010年5月正式成立。虽然协会的成立是在政府的积极推动下成立的，但在业界看来也是顺理成章、水到渠成的事情，大家都认为协会确有必有成立了:各公司认为行业存在的一些乱象需要有行业协会来出面纠正,行业发展至今亟须提高行业地位也需要有协会来协调,政府主管部门则认为需要行业协会来协助自己管理越来越庞大的房地产经纪行业的各种事务性工作。

作为协会的首任会长,笔者也在继续着多年来一直所进行的思考:房地产经纪行业协会究竟应该做些什么事情?

第一,行业协会应该是为行业服务的,而不是成为行业的一分子。也就是说,房地产经纪行业协会不应该从事房地产经纪业务(实际上,在过去和现在,确有很多行业协会利用自己的特殊地位成立公司来从事本行业的业务)。不成为行业一分子的另一层含义是:协会应该是一个独立的存在,是有别于行业内各家公司和政府管理部门的独立存在,或者说是独立的第三方。非此,协会也就失去了存在的价值。也正因为如此,行业协会被称为私营部门和政府部门以外的"第三部门"。

第二,行业协会应该做行业成员想做而不能靠自身力量完成的事情。例如,制定行业标准,收集全市范围的市场信息并反馈给行业成员,协调各公司之间的人员合理流动,防止成员间的恶性竞争,等等。

第三,行业协会应该站在这样的一个高度来和政府部门保持一致:行业协会和政府部门一样,都是为了维持社会的秩序而存在的,都是为了给社会提供公共产品。

如前所述,行业协会并不具有政府那样的法定管理权力,其权力来源于行业成员的协商一致,所以行业协会对行业的管理更多的是通过服务的形式来实现的,并且必须是行业成员自愿希望的。

除了考虑协会应该做什么,笔者还认为:行业协会应该让行业因为自己的存在而有所不同,否则它同样也失去了存在的价值。当然,这并不意味着协会要"没事找事",为了让行业出现"不同"而去做对行业无益(但可能对协会自身有益)的事情。

制度经济学将制度变迁分为诱致性制度变迁和强制性制度变迁,行业内自下而上会不断产生诱致性制度变迁,但强制性制度变迁则需要外部的力量。协会就应该成为良性的强制性制度变迁的外部力量,具体来说,协会应该积极地推动行业形成更先进、更完备的行业规则,从而使得行业的发展能够跃上一个新的台阶。

当然,这样的想法并不是能够天然地被协会的全体成员接受,协会在成立之初也的确遇到了一些困难或者说困惑，这时笔者很想说的就是前面提到的那句话：可能当大家失去协会的时候，才会又体会到协会对行业的作用。

(原载《中国房地产》2011年7月综合版)

论行业自律
——以房地产经纪为例

之前在本专栏已经分别论述过房地产经纪行业的政府监管和行业协会的作用问题，本文将延续这个主题，展开论述一下行业协会应该如何组织行业开展行业自律的问题。

笔者在 2011 年 1 月刊和 7 月刊的本专栏文章都谈道：行业协会不同于政府，没有对行业实施监管的权力，而只能组织行业的自律。

所谓自律，就是自我约束，其前提是自愿，这也是笔者在前面的多篇文章中反复强调的。从行业协会的成立开始，关于行业协会的一切都应该以协会成员的自愿为前提。从这个意义上讲，协会在行业自律管理方面的作用是被动的：必须被动等待协会成员自愿把一定的管束权授予协会。另外，协会也可以并且应该发挥积极的主动作用。

实施行业自律需要有相应的机制，需要制定相应的规则，这些就是协会发挥主动作用的地方。协会应该积极组织制定先进的行业规则，建立完善的行业自律机制，把协会建设成实施行业自律的平台。同时，既然协会引入和制定的行业规则是代表行业发展方向的先进制度产品，那么在开始实施的时候就可能遭遇各方的阻力，这时协会应该动员各方力量（特别是发挥政府在推动实施强制性制度变迁过程中的作用），积极引导和教育行业及社会公众（也包括对政府的宣导），推进规则的实施。这样的主动作用同样是其他任何一方都不可替代的。

当然，协会在行业自律管理上的主动作用更多地还体现在经常性的自律管理过程中。制定了规则就需要有实施规则的主体，协会成员自愿向协会让渡了自律的权力，还需要协会按照规则来公平公正地行使这些权力。也就是说，协会在被动接受了自律权力的让渡之后，在制定自律规则和实施自律规则的过程中就完全具有积极主动开展工作的条件了。

行业自律过程中重要的另一方是协会的成员。行业自律的关键是协会成员愿意自我约束并且愿意把监督其自我约束的权力授予协会。与政府对行业的强制性监管相比，行业自律的约束能力似乎要弱一些。但正因为行业自律是一种自觉自愿的行为，因此实施起来阻力反而会更小，或者说从理论上讲愿意自律者应该是完全没有抵触的。所以与强制性监管相比，行业自律的成本应该更小一些。

从人的本性来说，行业成员为什么愿意自律，当然也是从自身利益的考虑出发的。因为自律规则一旦在全行业实施，站在每个成员的角度看，这些规则除了约束自己，也是在约束其他成员。而自律规则所约束的，都是对行业根本利益和长远利益有损害的行为，每个行业成员个体在实施这些行为的时候，可能对其自身是有好处的，但会对行业整体造成伤害。

最后说到行业自律所涉及的公众一方。行业自律的目的是维护全行业的根本利益，由于房地产经纪行业是为公众提供服务的，这个行业能生存和发展，一定是因为它对社会公众是有益的，所以行业的根本利益应该也是和社会公众的利益一致的。但在整体和长期利益一致的情况下，也可能会出现个体及短期利益受到影响的情况。举例来说，独权委托是一种对委托方和被委托方都最为有利的规则，但这种规则在实施过程中可能会让委托方觉得不习惯，这就像人在探索一条从未走过的新路时会对前路有一种恐惧感，而受委托一方也会觉得迁就委托方的意愿在短期是最有利的选择。因此行业协会在实施类似的行业自律规则时是面临考验的。

当然，还有一种可能是行业的共同约定会从根本上损害公众的利益（如形成价格同盟），这是市场经济的法律所禁止的，这样的共同约定也并不是我们所讨论的行业自律。

由于中国长期缺少公民自治的传统和实践（行业自律属于公民自治行为之一类），自治的法律框架也还几乎没有，因此房地产经纪的行业自律仍处于探索的过程中，需要全行业的积极努力和全社会的共同支持。

（原载《中国房地产》2011年10月综合版）

房地产经纪人、行业自律和社会管理

完成这篇文章的时候,笔者刚于昨天(6月18日)抵达美国德克萨斯州的奥斯汀。专程从芝加哥赶到奥斯汀的全美房地产经纪人协会(NAR)国际业务部负责人 Jefferey Hornberger 先生和 NAR 中国业务联络员 Adrian Arriaga 先生在机场接了笔者,就马不停蹄地开始了工作晚餐。

到餐厅刚坐下,笔者就开门见山,把我们目前最关心的问题提出来向他们两位请教:怎样才能让行业协会吸引从业人员加入协会?协会应该为会员提供哪些服务?美国的协会是怎样做的?

笔者曾经在本栏目连续发表两篇文章讨论行业协会和自律问题(2011年7月的《论房地产经纪行业协会》、10月的《论行业自律——以房地产经纪为例》),而今年以来,行业自律问题更是变得紧迫甚至"时髦"起来。2011年8月21日,中共中央办公厅、国务院办公厅发文,决定将原"中央社会治安综合治理委员会"更名为"中央社会管理综合治理委员会",随后各地陆续建立了社会工作委员会,对社会管理倾注了前所未有的关注。而作为加强社会管理工作的一个重要方面,发挥行业组织在行业自律中的作用也被提到了前所未有的高度。近两个月来,笔者在广东连续参加了两次高规格的社会管理工作座谈会,亲身感受到了这种变化。作为地方房地产经纪行业组织的负责人,笔者深感新形势下责任重大和任务具有挑战性。

近年来,广州市房地产中介协会已经从相关政府管理部门承接了多项事务性工作,相关政府管理部门和民政部门都对广州市房地产中介协会的工作给予了高度评价。另外,作为成立仅仅两年的新协会,广州市房地产中介协会在工作中也遇到了一些困惑和困难,最为典型的就是目前正被物价部门关注的捆绑收取会费问题。

笔者对行业协会的工作一直有两点基本的看法:一是自愿原则。会员加入协会应该是自愿的。二是服务原则。协会应该立足为会员提供服务,通过服务来吸引会员加入协会。这两项原则实际上是相辅相成的,既然是自愿,当然就要靠优质的服务来实现。

但这两项原则在实践中却遇到了困难:首先是需要让从业人员了解协会,他们才会加入协会,这需要协会进行有针对性的宣传,这项工作是需要资金投入的;其次,为会员提供服务也是需要经费支持的。但在会员人数不够的情况下,这两项活动都是受到经费限制的。这些困难并非广州市房地产经纪人协会所独有的,各个行业协会可以说都会遇到同样的困境。最后的解决结果通常就是行业协会不得不借助政府的力量强制从业者入会,不如此,行业协会则可能会沦为可有可无的境地,最后甚至自生自灭,或者就靠开展各种营利活动来维持协会运作,这就完全违背了行业协会的基本原则(不能营利)。

广州市房地产中介协会最后找到的解决办法是:利用经纪人执业资格证年审时需要提供继续教育学时证明作为抓手,协会通过为会员提供免费的继续教育来吸引从业人员入会。这本是一举两得之事:通过免费继续教育可以提高全行业的执业道德水平和执业技能水平,而免费继续教育本来也是协会应该为会员提供的服务之一,通过协会为会员提供继续教育,也使得从业人员有了一个和协会"亲密接触"的机会,可以了解协会的服务,进而产生加入协会的意愿。

笔者认为,即使协会在这样做的时候违背了物价管理的某些规定,从鼓励行业协会积极参与社会管理的目的出发,也应该允许这样的探索,保持必要的容忍。并且,政府在行使管理职能的时候,也应该考虑到被管理对象的主观意愿和出发点。

正因为遇到了这样的困境,笔者这次到了美国德克萨斯州的首府奥斯汀之后,首先关注的就是当地的协会是怎样吸引会员的,是怎样为会员提供服务的,又是怎样实行行业自律的。

到达奥斯汀的第二天,即6月19日,笔者先后到德州房地产经纪人协会(Texas Association of Realtors)和德州房地产委员会(Texas Real Estate Commission)访问座谈,从中得到一些启发。

政府对房地产经纪行业的监管其实是不可或缺的,政府不能因为没有精力管而把相关的管理职能交给社会,而应该是把社会能够自我管理的事情交给社会。德州房地产委员会是一个政府机构,负责房地产经纪人执业资格证的发放和不良经纪行为的查处。反观我国,由于房地产经纪人执业资格建立之初就赶上 2003 年《行政许可法》的实施，于是房地产经纪人的执业资格准入制度就被撤销了。而在美国，每个州都建立了房地产经纪人执业资格制度，都是由政府部门负责考试和发放房地产经纪人执业资格证，而且一旦接到投诉，不管投诉是来自消费者还是来自房地产经纪人同行，委员会都会立案查处并做出相应的处罚决定，按严厉程度不同，处罚分为发出规劝信直到吊销牌照等各个等级。

那么在这种情况下，房地产经纪人协会又能起到什么作用呢？我的总结是：政府负责房地产经纪人违法行为的查处，而行业协会则负责从职业道德和职业技能的角度提高房地产经纪人的能力。因为经纪人的很多行为并不触犯法律，但会违反职业道德（遵守法律是行为的最低要求，而遵守职业道德则可以说是行为的最高要求）。除此之外，行业协会做得更多的就是为会员提供服务。

实际上，德州 20 万持牌经纪人，但只有 10 万持牌经纪人是经纪人协会的会员，并能够使用 Realtor 这一专用名称。也就是说，成为会员是自愿的。另外，会员或者说 Realtor 这一称号在社会上具有崇高的地位，这来源于经纪人协会多年来对 Realtor 这一品牌的精心维护，这种维护的主要方式就是努力提高会员的职业道德和职业技能，包括制定并且要求会员遵守行为准则，为会员提供持续的教育课程，等等。这样使得 Realtor 成为被全社会认可和信任的一个品牌，广大经纪人就会积极入会以获取 Realtor 这一称号。

简单分析一下，这背后的逻辑是：第一，房地产经纪人可以成为收入可观的一群人。第二，为了维护他们的社会地位和经济地位，他们愿意拿出一点钱来交给协会做各种维护行业的职业水准的事情。第三，政府对行业的准入制度把关，一方面防止了对这个行业的过度准入（即太多人持有牌照），间接维持了行业的平均收入；另一方面除了使得经纪人不敢违法，还使得经纪人需要向协会寻求服务，如要求协会为其提供各种法律咨询和援助服务（在德州房地产经纪人协会，就有两个法律小组，共有 5 名专职律师，为会员提供法律支援服务）。

德州房地产经纪人协会和政府主管部门在行业管理中各自发挥的作用，值得我们在当前加强社会管理、政府职能向行业协会转移的过程中借鉴。

（原载《中国房地产》2012 年 7 月综合版）

房地产经纪人的自我救赎和政府管制

2013年8月3日早上,笔者在腾讯新闻看到一个微型调查,调查的题目是《你觉得房租不断上涨的最主要原因是什么?》。答案有四个选项:①外来人口不断涌入;②房产中介推波助澜;③租赁市场供给不足;④其他。

作为研究房地产经济学的学者,多年来都在思考这个问题,自然有自己的观点,我认为这个问题的答案是货币供应过量,所以选了"其他"。随后看到了调查结果,到我参与调查为止,共有3779人参与调查,上述四个答案对应的选择比例如下:①外来人口不断涌入占29%;②房产中介推波助澜占34%;③租赁市场供给不足占15%;④其他占22%。

看到这个调查结果,我的第一反应是感到意外。经济学常识告诉我:市场价格是由供求状况决定的。上述四个答案中,"外来人口不断涌入"代表需求增加,"租赁市场供给不足"代表供应短缺,这两个因素都会导致租金价格上升。货币供应过量会造成总体物价水平上升,自然也会导致房租上涨,我个人认为这是近期房价上涨最主要的原因,其对房租上涨的推动作用超过了外来人口不断涌入和租赁市场供给不足这两个因素。我一直不认为作为市场中介的房地产经纪人能有那么大的本事推高市场租金,这个观点在上一期专栏和两年前的专栏都反复论证过。

那么,为什么公众的观点却把房产中介推波助澜当作房租不断上涨的主要原因呢?不管是从这个最新的调查所反映出来的情况看,还是从笔者过去多篇文章当中所反映出来的情况看,房地产经纪人在社会公众心目中已经在一定程度上被妖魔化了。

公众的这种看法显然已经影响了政府的决策。6月13日,住建部、工商总局发出《关于集中开展房地产中介市场专项治理的通知》,列举了房地产中介机构和经纪人员的10项违法违规行为,要求展开集中专项治理。值得注意的是,这10项违法违规行为并不包括推波助澜造成房租不断上涨。的确,其中有一项"采取内部认购或雇人排队制造销售旺盛的虚假氛围"的行为有帮助房地产开发商推高新房售价的嫌疑,但并非推高房租。我们知道,房租反映的是实实在在的居住需求所对应的承受能力,而新房售价则往往会受到投资行为的影响,还是有所不同的。另外还有一项"低价收进高价租出赚取差价的行为"和推高房租有一些关联。

不过,房地产中介是否推波助澜造成房租不断上涨以及住建部、工商总局的专项治理是否针对房地产中介推波助澜的行为并不是本文讨论的重点,引起作者兴趣的是另外一条新闻。

7月9日的《第一财经日报》刊发了这样一条报道,标题是《房产经纪何以不怕房管局只怕中介协会》,这个标题吸引了我的注意。报道提到:有房地产经纪人直言,房产中介并不惧怕房管局或工商局,目前真正对其具有"威慑力"的是房地产中介协会。"房管局主要查业主和客户,工商局管理公司的运营,中介协会才会管到我们。"上述经纪人表示,经纪人需持有"房地产中介从业人员资格证"方可从事这一行业,房地产中介协会若发现经纪人的违规行为有权取消其资格证。

这里所说的经纪人是一位广州的经纪人,这位经纪人寥寥数语中包含的信息非常丰富,这正是本文想要重点讨论的。

首先,这位经纪人的话或者是记者的记录有一点不准确。在广州,房地产经纪人执业需要有"房地产中介从业人员执业证书"而不仅是"房地产中介从业人员资格证书",但要取得"执业证书",必须首先通过考试取得"资格证书",再被一家有资格的房地产经纪公司聘用,才能申请获得"房地产中介从业人员执业证书"。

其次,颁发"房地产中介从业人员执业证书"是房地产行政管理部门的职能,作为行业自律组织的房地产中介协会是无权颁发该证书的,同样也无权吊销房地产经纪人的执业资格证。

另外,这位经纪人的话又不无道理,因为广州市房地产中介协会承接了房地产行政主管部门委托的八项事务性工作,其中第六项就是"协助办理房地产中介从业人员资格证、执业证的资料核对、缮证工作,以及执业证变更注册、暂停和重新执业、执业证年检等的资料核对工作",这样一来,经纪人就从原来的直接面对房地产行政管理部门变成了面对中介协会,他们不知道中介协会只是做了上述事务性工作,实质性的审批工作还是由政府部门来做的。

抛开这些误解不谈，这位房地产经纪人的话从本质上说还是正确的：第一，在广州市从事房地产经纪活动需要持证；第二，房地产经纪人如果出现违规行为，将会被吊销执业资格证，从而失去从事房地产经纪活动的资格。正因为如此，所以那位广州的房地产经纪人才会害怕被吊销执业证。

回到本文开头的那个微型调查，我们可以用事实和道理说明并非房地产经纪人推波助澜导致房租升高，但房地产经纪人在社会公众心目中形象不佳也的确是事实。要想改变这种形象，只能靠房地产经纪人的良好执业行为，而住建部和工商总局的专项治理实际上是在挽救房地产经纪人，挽救其持续恶化的公众形象。在房地产经纪人缺乏自我约束的情况下，由政府主管部门采用执业资格许可制度和与之配套的不良行为惩戒以及执照吊销措施，可以有效地约束房地产经纪人的行为。

当然，一个行业的健康发展，最终还是要靠从事该行业的每个从业人员的良好行为，已经被妖魔化的房地产经纪人，迫切需要自我救赎，政府的管制只能治标，难以治本。

（原载《中国房地产》2013年9月综合版）

房地产经纪行业管理与行业自律

从科斯想到房地产经纪人的自律

9月2日,交易成本理论的创始人、诺贝尔经济学奖得主、罗纳德·科斯(Ronald Coase)在芝加哥的一家医院安详离去,享年103岁。联想到在上个月本专栏刚讨论过房地产经纪人的自我救赎话题,不由得想结合科斯的理论再对房地产经纪人自律问题做一番探讨。

前两天有一位广州当地排名前三的大型房地产经纪公司的高管来访,在笔者(广州市房地产中介协会会长)办公室谈起一个困惑:我们加入协会的公司要受会员自律公约的约束,不入会的反而不用受约束,我们这不是花钱找麻烦吗?

这样的问题其实不是第一次有会员向笔者提出,不过这次我没有直接回答,而是讲了一个前几天刚刚发生的故事。

广州市房地产中介协会在成立三年之后开始申请4A级社会团体,前几天民间组织管理局组织认证专家到协会实地考察,在听取了协会的汇报之后,认证专家说:"你们协会先后出台了《广州市房地产中介行业执业规范》《广州市房地产中介行业信用评价管理办法》《广州市房地产中介行业不良行为管理办法》等多项行业自律管理制度,并结合我市二手房交易市场实际情况,推出了《二手房买卖重点事项告知书》《看楼协议书》等指引性文件,还通过举办房地产中介行业、房地产按揭服务行业自律签约大会、组织全体会员单位共同开展'诚信Logo标贴'等活动,在会员中倡导诚信经营、守法自律。这样市民就会信任协会会员,将协会会员与非会员加以区分。"

当时这番话对笔者的触动很大,因为自从广州市房地产中介协会成立以来,一直把为会员提供优质服务作为协会工作的中心,而事实上组织会员加强行业自律也是协会向会员提供的一种服务,自律和服务在这一点上得到了完美的结合。

我把这个故事说给这位经纪公司的高管听,并且借用这个故事来回答他的疑问，虽然看上去他还是未能完全被这个故事说服，但他还是表示看到了未来发展的方向。

其实我还经常给房地产中介行业的朋友讲全美房地产经纪人协会的故事：全美有超过300万名持牌房地产经纪人，但并非全部经纪人都是全美房地产经纪人协会的会员。全美房地产经纪人协会（NAR）成立于1908年，距今已有一百多年历史，NAR的会员具有一个专门的称呼 Realtor，这是一个完全生造出来的英文词，专指NAR会员（NAR的全称即National-al Association of Realtors），并且是一个注册商标，所以通常他们会郑重地写作"Realtors®"，后面加圈的R表示这个名称是经过注册的。如果用刚才那位经纪公司高管的话说，成为NAR的会员也是典型的"花钱找麻烦"——会员当然要交纳会费，同时还要参加继续教育，要遵守NAR的职业道德规范。但作为NAR的会员，却可以在社会上享有很高的声望，公众都知道NAR会员能够提供优质的房地产经纪服务。而且只有NAR会员才能加入各级MLS系统（关于MLS，详见笔者近年来在《中国房地产》杂志发表的若干篇相关文章），加入这个系统就能用最快的速度帮助客户找到买家（卖家）。

现在回到科斯，回到经济学上。交易成本理论认为：信息成本是交易成本的核心。在房地产中介市场上，"协会会员"这个"符号"就是一个明显的信息，它可以帮助用户节约搜寻优秀房地产经纪人的成本。交易成本理论还告诉我们：交易成本包括签约成本和履约成本。由于协会倡导会员诚信经营、明码实价，因此达成协议就不需要讨价还价，达成协议以后也不用担心经纪人不认真履行协议，不必因为经纪人不履约而通过各种途径追偿和强制履约，这些都能够大大节约交易成本。

当公众有了这样的共识：房地产中介协会的会员能够为客户节约交易成本并提供优质服务，那么长此以往，就会出现优胜劣汰的结果，作为协会会员的房地产经纪人就能获得更多的中介业务。反过来，这又能促使更多的经纪人通过加入协会、遵守协会的行业自律准则和道德规范来树立自身良好形象。这也正是协会存在的目的、价值和意义。

（原载《中国房地产》2013年10月综合版）

关于房地产经纪人信用评价
——兼论房地产经纪企业社会责任

最近一家房地产经纪互联网平台公司来找广州市房地产中介协会，因为他们想对平台上的房地产经纪人进行信用评价，听说广州市房地产中介协会已经在做房地产经纪人信用评价，希望寻求合作。

他们基本的态度是希望采用协会的评价体系和评价方法。

笔者告诉他们，协会在设计评价体系和评价方法的时候有一个基本的理念：对房地产经纪人进行评价的主体应该是经纪人的服务对象或者说客户，也就是买卖（或者租赁）双方，既不是政府，也不是协会。当然，信用评价的结果也是提供给房地产经纪服务的潜在客户使用的。正因为这样，所以一方面需要参与评价的客户足够多，另一方面需要使用这些评价结果的人足够多。而这两者又是相辅相成的：评价结果没人看，评价的人就没有积极性；评价不够多，也就无法从评价结果中得出有用的信息。

基于这样的理念，我们希望评价是真实的。所以我问他们："你们每天有多少评价结果？"回答是8000多。我再追问："这些评价是基于真实的服务关系形成的吗？"回答是不能保证。而广州市房地产中介协会早在2011年也就是协会成立第二年就在协会网站上开通了经纪服务质量评价功能，而这种评价是需要评价者提供真实的身份证明和经纪服务合同的，以此保证评价者已经真实地接受了评价对象（房地产经纪人）提供的服务。

在更进一步洽谈时，我表示：因为希望有足够的真实评价和希望评价结果有足够的浏览量，所以最好能够有更多的房地产经纪互联网平台一起来做这套评价标准（当然结果也是大家一起来用），可他们认为别的公司可能不会参与，因为一般互联网平台公司都是要"讨好"经纪人的。

这听起来可能有些奇怪：没错，给互联网平台公司付费的是房地产经纪人，他们需要购买平台端口用于发布房源信息。但这些信息也需要有买房者浏览才行啊，为何互联网平台不去考虑如何吸引买房者呢？

这其实恰好是互联网平台的痼疾：发布在平台的房源信息很多都是不真实的，购房者看了这些信息以后，可以据此找到发布信息的经纪人，然后经纪人会给他们推介其他的房源。在这种情况下，表面上看互联网平台发布的是房源信息，但实际上起到的是推介房地产经纪人的作用。所以最后的结果是：买房者可能的确是借助这个经纪人的服务买到了房子，但这时却无法回头去评价这次的服务，因为网站上挂出的是另一套房源，最终形成的经纪服务并不是针对网上那套房源的。在这种情况下，互联网平台当然就不用考虑消费者评价的因素了。而来找协会洽谈的这家互联网平台，目的是希望做真实房源、真实委托，所以才与其他的平台公司想法不同。

恰好，前几天笔者又和一家做特许经营的房地产经纪公司负责人谈起经纪人信用评价问题，他同样坦率地表示：公司对经纪人的评价和协会（或者政府）的评价标准肯定是不一样的。

虽然因为时间关系没有和他深谈，但我却并不认同他的观点。因为历史的经验证明：企业要持续稳定经营，是一定要有社会责任的，而所谓社会责任，就是要全面照顾到所有利益相关者——不仅是股东，也不仅是员工，还有客户，还有与企业相关联的各个利益主体。所以，企业如果在评价经纪人的时候不考虑客户的感受及他们对经纪人的评价，则不会顾及客户的利益，并最终会影响企业的发展。

（原载《中国房地产》2018年12月综合版）

房地产经纪行业管理与行业自律

承诺之后的议论

2016年6月16日至17日，中国房地产估价师与房地产经纪人学会（简称"中房学"）在北京举办了一年一度的全国房地产经纪人大会，会上有9家房地产中介机构签署了《房地产中介诚信服务承诺》以及《践行〈房地产中介诚信服务承诺〉保证书》。

当这个消息在几个小时之后发布到网络上时，马上引来很多议论。

有人提到了十年前在人民大会堂举办的类似活动，笔者后来查了一下，应该是16年前的2000年6月29日，建设部会同中国消费者协会、经济日报社等单位在人民大会堂共同主办了"百家房地产开发企业、百家房地产中介机构销售'放心房'、提供'放心中介'联合宣言活动"。而十年前的2006年，的确也是在人民大会堂有一个"2006全国房地产经纪评价结果发布暨行业发展峰会"，在会上，分别有优秀房地产经纪机构和房地产经纪人的代表发言，但并没有提出正式的倡议或者宣言。倒是后来在2013年12月17日，中房学在北京举办过"全国房地产经纪行业'诚信经营，专业服务'倡议活动"。

今年举行的这次活动，主办方特地强调：本次活动和过往的活动不同，不是倡议，也不是宣言，而是承诺。承诺了就必须要执行，如果不执行，按照《践行〈房地产中介诚信服务承诺〉保证书》的要求，要自愿接受处罚。

这十项承诺是：①发布真实房源信息；②从业人员实名服务；③服务项目明码标价；④不侵占挪用交易资金；⑤不哄抬房价；⑥不炒买炒卖房地产；⑦不违规提供金融服务；⑧不泄露客户信息；⑨及时处理投诉纠纷；⑩营造行业良好环境。

这些经纪机构相应做出的保证是：将承诺条款发布在本机构网站首页醒目位置，并张贴在本机构所有经营场所（包括门店）醒目位置，以接受社会监督；对本机构所有从业人员进行承诺宣讲，将执行情况纳入业绩考核；本机构及从业人员如有违反承诺条款的行为，将自愿接受中房学的自律惩戒。

但网上针对这个消息的"热门跟帖"几乎全是不信任承诺的声音，不妨照录如下：

承诺对他们来说，就像一个屁放了就算了。
中介都是黑心的狼。
讲这种承诺反正我是不信，违法成本相当低，哪有不偷偷摸摸重操旧业的。
2016第一大笑话。
那你们小日子不好过啊！
中介的承诺等于放屁。
应该有很多朋友都知道，一线城市的房价被炒高的主要推手之一就是地产中介。大家看看身边有多少个地产中介，每个地产中介有多少个人，这些费用还不都是从房价中出来的吗？

实话说，笔者也没有想到网上的反响这么强烈并且言辞如此激烈。

那么其他的经纪机构如何反应呢？在笔者所在的微信群里，也有经纪人对此发表意见的，一般也都是不以为然，认为是多此一举，理由是：在2011年1月20日住房和城乡建设部、国家发展和改革委员会、人力资源和社会保障部联合发布的《房地产经纪管理办法》就有类似的规定：

第二十五条　房地产经纪机构和房地产经纪人员不得有下列行为：
（一）捏造散布涨价信息，或者与房地产开发经营单位串通捂盘惜售、炒卖房号，操纵市场价格；
（二）对交易当事人隐瞒真实的房屋交易信息，低价收进高价卖（租）出房屋赚取差价；
（三）以隐瞒、欺诈、胁迫、贿赂等不正当手段招揽业务，诱骗消费者交易或者强制交易；
（四）泄露或者不当使用委托人的个人信息或者商业秘密，谋取不正当利益；
（五）为交易当事人规避房屋交易税费等非法目的，就同一房屋签订不同交易价款的合同提供便利；

（六）改变房屋内部结构分割出租；

（七）侵占、挪用房地产交易资金；

（八）承购、承租自己提供经纪服务的房屋；

（九）为不符合交易条件的保障性住房和禁止交易的房屋提供经纪服务；

（十）法律、法规禁止的其他行为。

我们可以不去理会网上的这些议论，也觉得承诺的内容和经纪管理办法禁止的内容相吻合是完全正常的。最重要的还是要看承诺之后的效果，对此，我们应该是有充分的信心的。

（原载《中国房地产》2016年7月综合版）

承诺的法律效力

最近，广州市多家房地产经纪公司联合签署了一份《阳光承诺》，其中的第一条就是：交易不成，不收中介服务费。

为此笔者专门请教了法律界人士，法律界人士告诉笔者：这样的单方承诺是有法律效力的，如果客户向法院申请强制执行这个承诺，法院是会受理的。

笔者想起了两年多以前，2016年6月16日至17日，在中国房地产估价师与房地产经纪人学会举办的全国房地产经纪人大会上，有9家房地产中介机构签署了《房地产中介诚信服务承诺》以及《践行〈房地产中介诚信服务承诺〉保证书》，但当时公众的评论却是普遍不相信这十项承诺（见2016年7月本专栏文章《承诺之后的议论》）。

当然，也有人分析，当时这些承诺的内容原本就是有法规约束的。

这十项承诺是：①发布真实房源信息；②从业人员实名服务；③服务项目明码标价；④不侵占挪用交易资金；⑤不哄抬房价；⑥不炒买炒卖房地产；⑦不违规提供金融服务；⑧不泄露客户信息；⑨及时处理投诉纠纷；⑩营造行业良好环境。

而2011年1月20日住房和城乡建设部、国家发展和改革委员会、人力资源和社会保障部联合发布的《房地产经纪管理办法》规定：

第二十五条 房地产经纪机构和房地产经纪人员不得有下列行为：

（一）捏造散布涨价信息，或者与房地产开发经营单位串通捂盘惜售、炒卖房号，操纵市场价格；

（二）对交易当事人隐瞒真实的房屋交易信息，低价收进高价卖（租）出房屋赚取差价；

（三）以隐瞒、欺诈、胁迫、贿赂等不正当手段招揽业务，诱骗消费者交易或者强制交易；

（四）泄露或者不当使用委托人的个人信息或者商业秘密，谋取不正当利益；

（五）为交易当事人规避房屋交易税费等非法目的，就同一房屋签订不同交易价款的合同提供便利；

（六）改变房屋内部结构分割出租；

（七）侵占、挪用房地产交易资金；

（八）承购、承租自己提供经纪服务的房屋；

（九）为不符合交易条件的保障性住房和禁止交易的房屋提供经纪服务；

（十）法律、法规禁止的其他行为。

这一次，广州部分房地产经纪机构签署的《阳光承诺》第一条则是《房地产经纪管理办法》完全没有规定的内容，2016年的《房地产中介诚信服务承诺》也没有这一条。这次广州部分房地产经纪机构愿意做出这样的承诺，在笔者看来是对房地产经纪行为的一种全新认知。

按照目前的认知，房地产经纪行为是为交易双方提供交易对方的交易意愿信息并创造交易机会，进而协助交易双方完成交易合同谈判并最终签订合同。在完成这些行为以后，经纪人就可以收取佣金（或"交易服务费"）。现在，这些签署了《阳光承诺》的房地产经纪机构表示：如果交易双方在签订了合同之后又协商一致解除合同，就不收取交易服务费。这隐含的意思是房地产经纪行为包括了为交易双方最终完成交易提供保证，这样的承诺当然是交易双方非常愿意看到的，接下来需要观察的就是今后的房地产经纪实践当中会出现怎样的情况了。

（原载《中国房地产》2018年11月综合版）

房地产经纪行业研究

职业资格与行业协会

8月12日,国务院下发了《关于取消和调整一批行政审批项目等事项的决定》,其中取消的共计11项职业资格许可和认定事项中,包括了房地产经纪人的职业资格许可。这本应成为本专栏9月份的话题,但当时感觉没想好话题的切入点。

9月4日至7日,笔者在美国参加美国亚裔房地产协会(AREAA)2014年年会,除了和21世纪不动产(century21)、realtor.com以及汇丰银行等公司的副总裁或区域负责人在圆桌论坛上讨论全球房地产市场以外,也会从行业协会的角度观察AREAA的行为模式。

AREAA成立于2003年,是致力于服务美国亚裔社区房地产专业人士的非营利性行业组织,也是专门代表全美亚裔消费者权益的唯一行业协会。自从成立以来,该协会的影响力日益壮大,协会和成员积极与州政府及联邦政府的官员沟通,反映亚裔房地产屋主和专业人士的关心事项。该协会的成员具有专业的市场知识,精通多国语言,拥有亚洲独有的文化意识,经验丰富,能够与亚洲国家的专业人员共创合作关系。

早在两年多以前,笔者就在2012年6月本专栏文章中以社会责任意识为题写过介绍AREAA的文章,其后每年都和AREAA的领导层及活跃会员有各种接触,对他们的行为模式的了解也更加深入。

首先从会员构成来看,这次参加AREAA年会的有20%以上是明显的非亚裔人士(白人、非洲裔人、拉丁裔人),我就此请教AREAA的负责人,得到的回答是:协会的宗旨是帮助亚裔人,那么不管是谁,只要他愿意缴纳会费,愿意参加活动,愿意在活动中和我们一起帮助亚裔人以及亚裔的房地产专业人员,那么欢迎其成为我们的会员。

而对比我们的协会,广州市房地产中介协会在今年换届的时候,上届理事会在决定本届理事候选名单的时候把所谓房地产电商一律排斥在外(后来又自己开会做了些微调)。其实笔者认为,不仅是和房地产中介关系紧密的房地产互联网平台公司不应被排斥在协会之外，就连协会章程中所规定的会员条件也可以进一步放松，应该像AREAA那样纳入更多的相关专业人士。

回到职业资格许可的问题上来，在美国，从事房地产经纪业务是需要获得职业资格许可的，具体说，是要考取本州政府颁发的房地产经纪人执照，不过本文不拟对这个资格准入问题深入讨论，而是希望讨论与资格相关的行业协会和会员问题。

不是每个取得执照的人都愿意加入行业协会，也不是每个取得执照的人都能够被允许加入行业协会。以美国房地产经纪人协会（NAR）为例，它拥有100多万会员，而全美拥有房地产经纪人执照的人有300多万。但不管是NAR还是AREAA，他们的会员都有强烈的行业自豪感和会员自豪感，因为加入协会意味着有更高的职业操守和职业技能，也就是说协会会员的"含金量"比一般的职业资格更高。有些协会颁发的会员资格甚至可以和硕士学位类比，原因很简单：要加入这些协会，首先要获得这些协会所颁发的职业水平证书，而获得证书所需要通过的课程考试堪比硕士学位课程的。例如，CCIM（Certified Commercial Investment Member，商业房地产投资师，名为投资师，实际上是从事商业房地产经纪业务的经纪人），就是既要通过系统的课程教育和严格的考试，还要具有足够的从业经验，全球获得CCIM资格的也才1万多人，所以CCIM都是时刻把徽章挂在西装上的，充满行业自豪感。

国务院取消房地产职业资格准入的规定发布以后，广州市房地产中介协会对本会会员的意向做了初步了解，他们普遍认为还是应该有一个资格证，否则如何将作为专业人士的他们和其他的非专业人士进行区分呢？其实，这次取消的是行业准入许可，也就是说不必拥有资格就可以从事这个行业；但并不意味着拥有资格是没有用的。而这个"有用"还是"无用"是由市场来评价的，市场认可拥有资格的人士，不认可没有资格的人，那么这个资格就是有用的。当然，前提是这个资格能够真正反映持有人的职业道德水平和职业技能水平。如果拥有更高等级资格真正意味着更高的道德水准和专业技能，并且进而能为资格持有人带来更高端的客户和收入，那么意味着市场对更高资格的认可，也就会有更多的人愿意获得更高的资格。

就在国务院宣布取消房地产经纪人的职业资格许可的第二天，2014

年8月13日,人力资源和社会保障部就发文称:"经与住房城乡建设部……等国务院相关行业主管部门研究,决定将取消的房地产经纪人……等5项准入类职业资格调整为水平评价类职业资格。"并且进一步明确:水平评价类职业资格由国务院部门依法制定职业标准或评价规范,按照有序承接、规范管理、平稳过渡的原则,具体认定工作逐步由有关行业协会、学会承担。

这个文件精神与中介行业市场的需求和从业人员的期盼是一致的,所以接下来行业协会的任务更重了,行业和社会对协会的要求也会更高。

(原载《中国房地产》2014年10月综合版)

协会和企业的边界

从2004年开始,笔者先是担任了两届广州市房地产评估专业人员协会的会长,又参与创办了广州市房地产中介协会并且担任第一、二届会长。由于在2004年之前已经有整整十年参与行业协会工作的经验,因此笔者自认为一直把协会的定位把握得比较准,这些心得很多已经体现在过往为本专栏撰写的文章当中。

随着行业的不断发展壮大和协会工作内容的不断扩展,协会工作也面临新局面、遇到新问题。2014年,在中国的房地产经纪行业先是发生了房地产经纪公司联合抵制互联网平台公司的一系列事件,后又遇上了国务院宣布取消房地产经纪从业人员职业资格许可。这使得房地产经纪行业对协会的需求一下子变得紧迫起来:首先是意识到互联网交易平台其实应该由协会来提供是最合适的;而在房地产经纪人职业资格许可被取消并被改为水平评价类职业资格之后,房地产经纪行业反而更急迫地认为需要保持房地产经纪人的职业资格水平评价,以区分具有专业技能和职业道德的房地产经纪人和不具备职业资格的一般人。而行业的共识是:水平评价工作同样是由行业协会来做是最合适的。

接下来要考虑的是交易平台怎么建立和水平评价怎么实现的问题。经过调研,行业的共识是这件事不能只是由协会来做,必须是全行业参与乃至全社会参与(如水平评价需要全社会参与评价),那么在协会和房地产经纪企业共同做事的时候,如何界定协会和经纪企业的边界,就是需要讨论和确定的重要事项了。

由此笔者想到了PPP这个概念,即Public Private Partnership,一般翻译成公共和私营部门合作模式。今年以来,在公共服务领域特别是一些政府特许经营部门引入PPP模式引起了特别的重视,全国人大也正在组织起草《特许经营法》,其核心实际上就是PPP。

协会和经纪企业(包括IT类企业)合作建立房地产交易服务平台和

经纪人信用等级评价平台（这两样是可以合为一体的）同样也可以借鉴PPP的模式，即由协会和相关企业共同来建立这样的平台。为此需要合理界定协会和企业的边界，即分清哪些事情该由协会做，哪些事情该由企业做，哪些事情该由协会和企业合作成立的实体来做。

在我国，长期以来行业协会主要是依托政府，因此自身各方面的实力并不雄厚。今后协会应该更多地面向行业，转向服务行业，需要做的事情会越来越多。要做好这些事情，除了增强协会自身的实力，还有一点很重要的就是要借助行业和社会的力量。仍然需要强调的是：企业能够做好的事情，应该让企业自主去做；行业需要的公共产品，则除了由政府提供以外，还有很多是可以由行业协会提供的，并且这些是只能由协会来做而不能由企业做的，如经纪人水平评价，只有协会做的才具有公信力；但在实现这些功能的时候，可以借助企业的力量，共同建设信息化平台，在协会主导下，由专门的实体来运行这个平台。如此，协会、企业、PPP合作实体这三者的边界就可以很清晰地界定，各自的运行规则也可以很准确地规范。

（原载《中国房地产》2014年11月综合版）

房地产经纪行业民间商会的发展路径

中国的房地产经纪行业正在经历剧变，而中国的社会治理模式也正在发生渐变。广东省在放松行业协会商会登记管理的情况下，已经率先放开了一业多会（即允许同一个行业内多个行业协会或商会并存），相信这也是全国的发展方向。

自去年全国范围内的若干大型房地产经纪公司发起抵制某些互联网电商公司以来，这些房地产经纪公司以此为契机开展了实质性合作，建立了会商制度（这实际上就是商会的雏形，只是未经民间组织管理部门登记注册，不能算正式的商会），并在会商的基础上进一步打算合股成立公司，这个公司将取代原来的电商平台，成为这些经纪公司的网络平台。

有趣的是：这些公司是从建立类似商会的实体起步，这个"类商会"的主要目标就是合股成立一个网络平台公司，而他们在讨论成立合股公司的过程中突然发现，一旦这个合股公司成立了，"商会"的作用就终结了。

笔者长期从事行业协会工作，当即一语道破了其中的奥妙：行业协会的宗旨是为行业谋利益，因此具体的工作目标是可以调整的。或者换句话说，行业协会所做的工作是根据会员的需求随时可以调整的。唯其如此，行业协会才能永续存在。只要行业内的企业存在，只要这些企业需要有一个独立的第三方组织来从事行业内的公共事务，就会存在对行业协会的需求。

而这些经纪企业共同形成的"类商会"的目标却相对单一：就是要成立一个合股的互联网平台公司，因此一旦这个目标实现，当然原先这个"类商会"的使命也就终结了。其实，这个由若干房地产经纪企业聚合而成的"类商会"更像一个合股公司的筹备组，一旦合股公司成立，"筹备组"当然也就结束了自己的使命。

当然，笔者也看到，这个"类商会"组织也开始举办一些行业内的论坛活动，如此发展下去，并且完成了民间组织登记注册的话，这个"类商会"是有机会成为一个正式的商会组织的。

笔者所在的广州市房地产中介协会还曾经"孵化"出一个类似的商会——广州市房地产中介协会按揭分会,笔者曾经在本专栏中介绍过(原文载于本刊 2012 年 10 月号《房地产专业服务的重要一环——按揭服务》),这个分会是专门在民间组织管理部门正式注册的。因为这个分会是由按揭服务企业自发成立的(对比广州市房地产中介协会,当初是在政府主管部门的主导下成立的),笔者曾经对其寄予厚望。但后来发现:这个分会的发展还是有些磕磕碰碰,其主要原因在于某些大型按揭服务机构其实是希望通过成立分会形成对行业的垄断,而笔者对此是充满警惕的。

另外,因为按揭分会是企业自发成立的,因此笔者建议由其中的企业老板来担任分会的会长,但两年多的实践发现:很少有企业的老板能够对分会工作倾注持续的热情,甚至作为会长的企业家也几乎对分会的工作不闻不问,开会也多数时候都不到场。

对比前面提到的"类商会",笔者认为这又是所谓的宗旨和目标的问题。经纪公司组成的"类商会"具有明确的商业目的——希望成立一家互联网平台公司,而按揭分会虽然也有一些明确的商业诉求(例如,开展房地产按揭服务人员职业水平评价,并以中介协会和按揭分会的名义向金融机构和客户推介),但相对来说,这类商业诉求的紧迫性不算很强,可做可不做,不像前面说的互联网平台公司,现在几乎是房地产经纪公司不可或缺的。

于是就形成了一个悖论:如果商会的目标是商业性的,那么当商业目标实现之后,商会的作用就随之消失了;如果商会的目标是行业性的,因为没有商业目的的激励,会员的积极性又提不起来,于是对参与商会的活动不够积极。

如何解决这个悖论,有待行业内外有兴趣的专家指教。

(原载《中国房地产》2015 年 2 月综合版)

行业自律促行业向上

从2014年开始,原来的房地产网络平台公司和行业外的资本不断进入房地产经纪行业,笔者原本希望外来资本的进入能够给这个行业带来一些新气象。的确也有一些新的O2O线上到线下公司是这样做的,这些公司的很多做法让消费者感到耳目一新;但同时也有一些公司作为新进入者,在和原有公司竞争的时候采用的却仍然是这个行业原来的做法,而这些做法本身却已经是被这个行业的有识之士公认为不恰当的,如大规模从其他公司挖业务员以及从其他公司套取房源信息。

案例一

一家经纪公司的经纪人在一个各地经纪人参与的大型微信群公布了两张照片,一张是在某家由互联网平台公司转型企业任职的某位经纪人在其所在公司网站上的端口页面,证明该经纪人是该转型公司的员工,另一张是该经纪人的名片,但名片上却用了另一家公司的名称。

据说这已经是一个普遍现象:因为该转型公司受到各家经纪公司的普遍抵制,无法得到同行在业务上的配合,所以其属下的经纪人往往冒用其他公司的名义。

微信群里的其他经纪人也讨论了这个事件,认为目前的法律无法有效制止这种冒用其他公司名义的行为,因此只有采取非常规手段来解决问题。何谓非常规手段?且看案例二。

案例二

在某城市,由于新进入的经纪公司冒用其他公司名义套取房源的现象太多,导致其他公司联合采取武力对付个别套取房源的经纪人,打伤人之后双方又在网络上互相声讨指责,乃至发展到在全国房地产经纪人大会上也有经纪公司的人向台上演讲的另一方公司的负责人扔水瓶抗议。

这些行为，基本上可以概括为按丛林法则行事。但除此之外，是否还能找到其他行之有效的办法？

首先，从那家转型公司一方来说，如果真的如传言所说：一家公司属下的经纪人都不得不冒用其他公司的名义才能开展业务，那么这家公司这么做下去也实在是无趣了。所以，非常期待这家公司能够反思一下，找到更好的办法来参与市场竞争。

其次，从其他的同行公司来说，其实除了按照丛林法则行事，也还是可以有其他的办法的。例如，在微信群向同行公布相关信息就是一个很好的解决办法，可以提醒同行拒绝与这些冒用其他公司名义的经纪人合作。

类似的做法在广州市房地产中介协会早已实行，协会在取得会员共识的情况下，在协会内部建立了失信经纪人名单，接受会员公司对原在本公司任职、后因违反公司规定或有不良职业行为而被公司除名或离职的经纪人的投诉，将失信经纪人列入名单，在会员内部公布；对失信经纪人的举证由提出投诉的公司负责。

相信采用这样的办法同样能够防止经纪人冒用其他公司名义的情况出现，因为只要将这类经纪人列入失信名单即可。

这样在会员内部公布名单的做法和向社会公布房地产经纪人被行政处罚有所不同，后者是在经过第三方充分调查取证之后，由协会行业自律委员会讨论并投票决定做出行政处罚建议，报行政主管部门，由后者做出处罚决定，然后由协会向社会公布处罚决定。如果能够做到这样，当然能够更好地对各种不良行为进行处罚，从而尽可能杜绝这些不良行为。但这样做的时间成本、人力成本都很高，取证的难度也比较大。而采取由公司举证并承担相应责任，在协会会员内部公开失信经纪人名单的做法，效率会提高很多，也不会影响失信经纪人的社会声誉，只是通过行业一致行动将这样的失信经纪人排斥在行业之外，对行业、对社会都是有利的。

所以，建议各地的房地产经纪公司和经纪人不妨采用这种协同一致行动的办法来解决问题，这比用丛林法则解决问题显然更好。这也是行业自律的一种重要形式，通过这种方式，才能够引领行业走向良性发展的道路。

（原载《中国房地产》2015年7月综合版）

小型房地产经纪公司的行动方向与行业协会

每逢年初,往往是展望行业发展前景的时候。

在宏观经济趋冷的大环境下,未来一段时间的房地产经纪行业很难再有过去那种粗放经营也能赚钱的好日子了。从行业发展的角度,这并非坏事。我们一直努力希望提高房地产经纪行业的专业能力和客户服务意识,在生意难做的时候,恰好能够倒逼行业质量提高。

这一轮中国房地产经纪行业的动荡和变革是从2014年上半年开始的。2015年年初的时候,笔者曾经两次在本专栏撰文讨论行业发展方向的问题(2015年1月刊的《房地产经纪代理行业变革的方向》和2015年4月刊的《房地产经纪行业的发展方向渐明》)。回头检视一年前这两篇专栏文章的预测,发现一个有趣的现象,那就是行业外资本的进入在形成房地产经纪行业寡头过程中并未起到很大的作用,行业内原来的大型公司扩张的速度相比而言反而更快一些,扩张的阻力似乎也相对更小一些。

正因为行业寡头的形成并不是十分顺利,所以小型房地产经纪公司仍然还是有足够的生存发展空间。而据笔者观察,很多小型房地产经纪公司也在积极思考和行动,寻找未来的发展方向。

大型公司最大的优势在其规模效应,缺少规模效应的小型公司的应对之策是采取抱团合作的方式。这两年笔者被拉进很多微信群,这些微信群的群友一般都是来自全国各地的小型公司的经纪人同行,他们在群里讨论最多的,一是联合筹建网络平台,二是组织专业培训。专业培训既包括基本技能的培训,更多的是客户挖掘和维护等方面的培训,也包括公司内部管理的经验交流。这说明小型经纪公司也非常明白正确的发展方向应该是苦练内功,从改善客户体验入手。

作为行业协会的从业者,笔者考虑更多的是行业协会如何顺应业内公司的发展需要,为会员公司提供更好的服务。

上述小型经纪公司抱团合作的主要形式往往是朝着成立公司性实体的

方向,而笔者曾经撰文比较过行业协会和由若干企业联合发起的"类商会"性质的公司性实体的区别(见 2015 年 2 月本专栏文章《房地产经纪行业民间商会的发展路径》),结论是:只要是公司性的实体,和协会就是有本质区别的,是无法替代行业协会方可发挥的功能的。

广州市房地产中介协会近年来努力吸引小型房地产经纪公司自愿入会,并顺应这些公司的需求,积极组织业内的交流学习和参观培训,也在切实探讨建立房源信息平台的可能性。在这个过程中,笔者感觉进一步努力的方向依然是提高房地产经纪行业对协会的认知度,因为长期以来协会给企业的印象还是"二政府"。相对于大公司而言,协会对小公司的作用其实更实际一些,因此协会的行动方向也应该更多地考虑小型房地产经纪公司的行动方向,并且让这些公司认识到协会的作用,进而利用好协会的行业服务和平台作用。

(原载《中国房地产》2016 年 3 月综合版)

房地产经纪行业管理与行业自律

行业协会的权力与行业自律

本文所论的内容起源于"据说",按理说不应该把"据说"的内容拿出来讨论,但因为这个问题在现实中的确也存在,并且是笔者亲身经历,因此也并非无的放矢。

据说(并非笔者亲耳所闻,只是听人转述)现在对行业协会有这样的规定:作为公权部门,法无明文规定则不可为。我们知道,这个规则应该是针对政府的,是法治的基本原则。与之相对,针对私人的规则应是法无禁止即可为。

公权力是人类共同体(国家、社团、国际组织等)为生产、分配和供给公共物品和公共服务(制度、安全、秩序、社会基础设施等),促进、维护和实现社会公平正义,而对共同体成员进行组织、指挥、管理,对共同体事务进行决策、立法和执行的权力。合法的公权力本质上是一定范围内社会成员的部分权利的让渡,或是说一定范围内社会成员的授权。

行业协会是不是公权部门?笔者认为是的,但和政府这样的公权部门是不同的。行业协会有公权力,但这种公权力的行使对象仅限于协会会员,这种公权力的来源也是会员的让渡。所以,如果说行业协会在行使这样的公权力应该遵循法无明文规定则不可为的话,这里所说的"法"应该是协会的内部"约法"——协会的章程和各项内部规定等等,这些章程和规定是协会会员在法律框架内一致通过并生效的(强调一下,这里讨论的是协会在管理协会内部事务的时候所遵循的规则,当协会作为社团法人在对外行事的时候,以及协会在处理其他事务的时候,都应该遵守国家法律和政府规章)。

行业组织是自律组织,因此其权力应该来源于会员授权,这是毋庸置疑的。但目前的现实情况可能是:即使会员形成决议的授权,也有可能和法规或者文件规定冲突。举例来说:在最近这一轮由国务院发文废除若干职业资格的同时,规定行业组织可以从事职业水平评价工作,但水平评价也需由人力资源行政管理部门许可。而现实情况可能是：行业组织的会员集体商议决定自行对会员进行职业水平评价，自行设计考试内容，编订考试教材，并且明确这种评价是自愿参加，也不构成从业门槛，只是为了向公众表明自己拥有一种由同行认可的职业水平，行业协会按照会员的决议向社会（主要是需求单位）推荐这种资格，但也仅限于推荐，是否采纳也完全取决于客户。从文件规定上看，这应该也是不能做的，但从前述对协会公权力形成过程的分析来看，应该是合理的。

现在政府希望行业协会能够发挥行业自律作用，但如果由协会会员授予协会的自律权也由于和政府文件规定不一致而无法落实的话，行业自律恐怕就很难落在实处了。

（原载《中国房地产》2016年8月综合版）

行业协会的执法权力之辩

2016年8月本专栏的标题是《行业协会的权力与行业自律》，时隔5个月，再来谈论行业协会权力的问题，缘自《人民日报》于2016年11月23日刊载的一篇文章《让行业协会走上前台》，作者是全国政协委员洪慧民，文章建议"赋予行业协会一定的执法权，规范行业内企业违反行规的行为"。

这样的说法不是第一次出现，笔者从事行业协会工作多年，在实践中曾多次听到社会上有这样的声音，而且发出这样声音的还有法律界人士，如律师乃至检察院负责人，但笔者一直对这样的说法持非常审慎的态度。

执法，亦称法律执行，是指国家行政机关依照法定职权和法定程序，行使行政管理职权、履行职责、贯彻和实施法律的活动。

我国规范行政执法的法律有《中华人民共和国行政许可法》（以下简称《行政许可法》）、《中华人民共和国行政强制法》（以下简称《行政强制法》）、《中华人民共和国行政处罚法》（以下简称《行政处罚法》）。

《行政许可法》第二十三条规定："法律、法规授权的具有管理公共事务职能的组织，在法定授权范围内，以自己的名义实施行政许可。被授权的组织适用本法有关行政机关的规定。"

《行政强制法》第十七条规定："行政强制措施由法律、法规规定的行政机关在法定职权范围内实施。行政强制措施权不得委托。"

《行政处罚法》第十八条规定："行政机关依照法律、法规或者规章的规定，可以在其法定权限内委托符合本法第十九条规定条件的组织实施行政处罚。行政机关不得委托其他组织或者个人实施行政处罚。"

《行政处罚法》第十九条还规定："受委托组织必须符合以下条件：（一）依法成立的管理公共事务的事业组织；（二）具有熟悉有关法律、法规、规章和业务的工作人员；（三）对违法行为需要进行技术检查或者技术鉴定的，应当有条件组织进行相应的技术检查或者技术鉴定。"

因此，要"赋予行业协会一定的执法权"，首先需要界定行业协会是否符合"受委托组织"的条件，即是否属于"依法成立的管理公共事务的事业组织"。对于这一点，笔者并不确定，在此提出来讨论。

在这个问题明确之前，笔者在《行业协会的权力与行业自律》一文中提出的思路似乎更可行，即：①应该明确行业协会拥有在会员范围执"法"的权力，而这个"法"是会员共同认可的规则。②应该明确这种内部规则不能规定什么行为（协会不能做什么）——注意这个思路是让行业协会"法无禁止即可为"，而不是"法无许可不可为"，前者是对公民的，后者是对政府的。也就是说，笔者还是倾向于将行业协会界定为"类公民"而不是"类政府"。

（原载《中国房地产》2017年1月综合版）

做百年老会

笔者于2010年5月当选为广州市房地产中介协会首任会长,承蒙会员支持,在2014年5月继续被选为第二任会长。

回想2014年5月,正是房地产互联网平台企业同传统房地产经纪企业和经纪人纷争初起的时候,后来有人称那一年为互联网中介的元年,而笔者在2014年年底则从更宽泛的角度,称2014年为中国房地产经纪代理行业的新元年(见2014年12月本专栏文章《开创中国房地产经纪代理行业的新纪元》)。也正是从2014年4月冲突爆发之时开始,笔者即连续在《中国房地产》杂志的专栏发文讨论事件的进展,并在其后继续对这个问题保持关注及发表看法。四年过去,当年的很多争议已经有了初步的答案(例如,传统房地产经纪行业并没有被消灭,反倒是多家互联网平台企业已经不复存在或者难以为继;又如,互联网终究成为房地产经纪人不可或缺的重要帮手;等等),而略感欣慰的是:笔者在过去专栏文章里面做的很多分析和预测已经被实践证明是正确的。

今年5月底是广州市房地产中介协会第二届向第三届交棒的时刻,换届之前,笔者在应邀为换届特刊写《会长寄语》的时候就首先回顾了上面所说的2014年及其之后的行业发展,以及当时笔者所做的分析和预测,还有后来房地产中介行业的实际发展历程。

之所以在《会长寄语》的开篇先回顾这些,是因为这正是作为会长应该要做的事:及时准确地把握行业的发展动向,并动员会员和从业人员向着正确的方向前进。方向不正确,百年老会何从谈起!

回首过去,经历完这四年的风风雨雨,广州市房地产中介协会走完了八年的历程。对于一个八年前才成立的协会,八年的历史就是其全部的历史,但对于一个向着"百年老会"的目标迈进的协会来说,八年还几乎可以忽略不计,这个年幼的协会还需要继续往前走九十二年。是的,从筹备协会的时候开始,我们就把目标定在了"百年老会"。毫无疑问的是:现在读这篇文章的读者朋友和写这篇文章的笔者一样，绝大多数已经不会看到九十二年之后的房地产中介行业，但我希望那时的房地产中介从业人员仍然能够在一百年前我们这些人建立的协会平台上继续往前走，并对我们这些人现在所做的工作感到满意。

百年老会的前提是行业的可持续发展，房地产中介行业发展至今，早已被社会承认是不可或缺的帮手（在过去四年时间里又被证明是不会被互联网消灭的行业，笔者甚至大胆预测，房地产中介行业未来也不会像某些行业那样，被人工智能所替代），但毋庸讳言，房地产中介行业的社会声誉的改善还存在很大的空间，如何让房地产中介行业成为一个被社会认可和尊重的行业，是协会所面临的一项长期任务。百年老会的目标需要靠协会会员和行业从业人员共同努力、一步一个脚印地去实现。

（原载《中国房地产》2018年6月综合版）

房地产经纪行业管理与行业自律

持续观察的样本
——NAR

笔者在2012年到美国的奥兰多首次参加NAR（全美房地产经纪人协会）的年会，第一次参会，除了忙着建立和巩固同NAR领导层的关系，更多的是被其巨大的会议规模所震撼——每年参会的各类代表总数达到2万人（包括规模巨大的展会以及参展商，也包括来自加拿大、中南美各国以及欧洲的上千名代表）。等到2013年在旧金山第二次参会，则更多地关注了美国房地产经纪人的参与政治活动的情况。第三次也就是2014年在新奥尔良，则更多地关注美国房地产经纪行业的商业模式及其变迁，因为当时中国的房地产经纪行业也正开始发生剧烈的变动。

时间过去了三年，NAR依然是笔者持续的观察对象，同时作为我心目中中国的房地产经纪行业协会的对标以及参照系，从NAR的年会可以折射出中国房地产经纪行业这两年发生的重大改变。

首先是中国前来参会的人员，在2015年的年会上，中国最老资格的房地产互联网平台公司依旧组团参会，但和前三年不同的是：其总裁没有出席，而前三年其总裁都会作为嘉宾上台发言。这似乎可以看作是2014年以来由这家公司引发的中国房地产经纪行业剧变的一个阶段性、指标性事件。与之相对应的是，和这家公司站在对立面的一个集团——某房地产中介联盟，继2014年组团参会之后，今年继续组团到会。虽然今年该联盟代表团的组成人员大约一半都是联盟当中一家牵头企业的代表（联盟另一家主要牵头企业则自己另外组团参会），从代表性来说稍逊，但其在组织团员参访美国大型房地产中介公司和数据公司、向美国同行取经这方面则做得比以往更加娴熟和高效。

把目光转回美国同行，美国的房地产经纪行业也在面临互联网冲击，互联网平台公司所采用的互联网企业惯用模式也在侵蚀传统房地产经纪企业的经营领域、压缩其利润空间，因此这次年会上有很多专题对此进行讨论，包括在 NAR 的管理大会（相当于我们的理事会）上，也专门讨论了这个问题，并通过决议要采取措施防止情况恶化。

在这个背景下，美国同行对中国房地产经纪行业发生的剧变也表示了非常大的关注。

说到美国同行对中国的关注，作为全美一百万房地产经纪人的行业协会（美国房地产经纪人总数大约三百万，其中一百多万是 NAR 会员），他们深知中国与之对等的组织是中国房地产估价师与房地产经纪人学会（CIREA），因此尽管有其他的行业团体希望和 NAR 建立正式关系，NAR 还是很明确地表示只给 CIREA 以正式官方待遇。这种政治敏锐性应该是和 NAR 长期以后的政治参与传统密切相关。NAR 在首都华盛顿有专门的办事处，负责参与国会听证、院外游说的活动。就在一个月之前的 10 月 21 日，NAR 会长 Chris Polychron 还在美国国会就一项住房金融和保险法案出席听证会，当然，NAR 参加此类听证会的目的是通过法案形式增加经纪人的业务来源和业务收入，而这一点也是房地产经纪人加入 NAR 和积极参与协会各种活动的重要原因。

（原载《中国房地产》2015 年 12 月综合版）

房地产经纪行业管理与行业自律

从美国亚裔房地产协会看房地产中介的社会责任

美国亚裔房地产协会（AREAA）成立于2003年，是一个非营利性房地产专业组织机构，其主要成员是房地产经纪人，也包括住房贷款、律师等相关专业人士。协会宗旨是代表美国亚裔房地产专业人才发表有力意见，促进美国亚裔社区增加持续性的房屋拥有权的机会。

仅从协会的这个宗旨，我们就可以看出该协会所代表的亚裔房地产中介行业立意很高，有很强的社会责任感。下面从该协会最近提出的2012年五大重点计划来看看他们是如何通过具体的行动计划来体现其社会责任感的。

2008年的次贷危机过后，虽然目前美国国内房地产及贷款市场已止跌，但房地产行业仍然虚弱和不稳定，制定政策人士以及各相关机构正在运用多种方法，促使房地产市场稳定，以刺激广泛性的经济复苏。而在这场次贷危机中，美国亚裔人士族群比其他族裔在房屋拥有权、房屋净值，以及获得信贷机会方面下降的程度比其他族裔更大。

根据2010年的人口调查，亚裔在美国人口中是增加得最快的，占美国人口总量的5%，共1700万人，其中2/3是在美国境外出生。过去30年，因为很多亚裔人士在经济上和社会上十分成功，一般人以为他们都拥有房产，其实他们的收入虽然较高，但他们的房屋拥有权以及房地产净值仍然比不上其他族裔。2007年，在次贷危机以前，亚裔只有61%的人拥有房屋，相对其他族裔69%的住房自有率是偏低的。次贷危机之后，行政官员公开声明：在多种族的团体中，亚裔是损失房屋所有权最多的族群。加州洛杉矶大学美国亚裔研究中心亦提出，次贷危机剥夺了亚裔近十年来在房地产上聚集的财富。在这种背景下，美国亚裔房地产协会提出了2012年五大重点计划：①协助屋主重建信用；②解除房地产复苏的障碍；③恢复贷款市场的信心；④重新投资美国住宅和社区；⑤为未来多元化亚裔族群做准备。

他们不仅提出了明确的目标,而且为实现这些目标制定了具体的方案。

第一要点:协助屋主重建信用。当亚裔面临银行查封房屋的威胁时,他们的信用形象亦大受影响。亚裔惯常集中大家庭中不同辈分家人的收入,购买一所大房子同住,所以一旦一套房屋被银行查封,受影响的人也比较多。另外,亚裔多拥有生意,所以他们贷款的方法也比较非传统。也正因如此,房贷重组对亚裔信用评级的负面影响比对其他人更为显著。亚裔房地产协会提供的解决方案是:①继续在房屋重组及短售屋中免除税务负担和差额求偿;②减低屋契代替银行法拍以及将短售屋的借款人在贷款信用评级方面受到的负面影响降到最低;③要求贷款机构用亚裔借款人的母语在银行制度下冻结的查封屋前提供教育性的咨询辅导。

第二要点:解除房地产复苏的障碍。由于次贷危机导致银行急售的所谓法拍屋仍然在市场上积压较多,会拉低房价从而影响房地产市场的复苏。根据 Core Logic 的统计,大约 140 万件的贷款案在 2012 年 2 月时已过期 90 日以上而未偿还,拍卖屋存货达 48 万套。这么多过期贷款以及拍卖屋对房地产复苏十分不利,也使消费者难于重建他们的信用。新建屋和广泛性的经济复苏,必须等到这些存货出清并达到一个比较正常的程度才能发生。亚裔房地产协会针对这种情况提出的解决方案是:①在贷款服务者及投资者中,发动一个有条理的程序去重组贷款,给亚裔借款人一个合法的机会,减轻贷款的负担,重新拥有房屋。②在房贷重组之际,同时在贷款服务者及投资者中间发动积极性的短售屋。③如果再没选择,上市所有银行法拍屋,优先提供自用住宅购屋者选用以提高维持房屋拥有权。④选用亚裔房地产协会熟悉亚裔市场的房地产专业人才,推广银行法拍屋的抉择及房屋之出售。在这里我们可以看到,亚裔房地产协会利用自身的专业优势和市场优势,既帮助了亚裔人士,也为自己巩固和扩大了业务来源。

第三要点:恢复对贷款市场的信心。次贷危机过后,投资者对贷款市场都缺欠信心。目前,房利美 Fannie Mae、房地美 Freddie Mac 及美国联邦住宅局 FHA 正在努力增加贷款。亚裔房地产协会提出的解决方案是:①保证合格的借款(QM)及合格的住宅贷款(QRM),包括各种传统性安全、有公文证明而且正当有保险的房地产。这些房地产必得包括让亚裔借款人有其他贷款信用方法,这些政策亦不应令到其他合法的借款人无法获得房屋拥有权。②在税务法规许可内,继续削减贷款利息。③通过房利美 Fannie Mae,房地美 Freddie Mac、FHLB 及 FHA,政府继续给以贷款支持。④如果借款人不能偿还欠债,又没资格做房贷重组,容许贷款服务人在合理情况下采用银行法拍,刺激贷款投资者的信心。⑤如果贷款行政人员推出不能持续的贷款,或欺骗有关贷款的表现,应检举起诉这些人员。

这里的最后一条也体现了亚裔房地产协会的专业知识和社会责任。因为次贷危机之所以产生,很大一部分原因是贷款公司向明显无力还债的借款人推介贷款,即所谓不可持续的贷款。

第四要点:重新投资美国住宅和社区。美国吸引了外国达 24000 亿美元的投资,加上 60% 的国际货币储备都是美元,而美国在国外的投资亦达 33000 亿美元。根据全美房地产经纪人协会 NAR 的数据,在 2011 年,国外人士在美国投资于房地产的总值达 8500 亿美元,其中估计有大部分投资是来自亚洲的。为此,亚裔房地产协会提出下列解决方案:①通过参议员 Charles Schumer 及 Mike Lee 提出的法规,凡愿意在住宅房地产业投资 50 万美元以上的国外人士,可获得暂时性、有效期三年的入境证。该法规可帮助刺激房产的复苏,又可在美国国内稳定亚裔社区。②继续执行 EB-5 投资人可获得入境签证的政策。如国外人士在美国投资 50 万至 100 万美元,提供十份新工作,也可获得美国公民权。

第五要点:为未来多元化亚裔族群做准备。人口调查预测到 2050 年,亚裔人数会增至 4000 万人,占全美人数 9.7%。亚裔人口剧增的原因是因为国外移民日增。在每年 100 万的合法移民中,1/3 是来自亚洲国家。此外,大部分的海外学生亦来自亚洲。这些人士帮助了美国国内的商业增长,为美国科技创新增添了活力。和其他借款人比较,借贷相对于收入的比率(DTI)在亚裔族群有复合性的效果,原因是:①亚洲家庭通常人数较多。②贷款的费用通常由这许多人共同负责。③亚洲家庭的平均 DTI 是 41%,比其他人口 32% 的 DTI 高。亚裔虽然平均收入较高,购买力又较强,却由于他们是做生意及自营主身份,不能用一般的贷款方式。如要获得房屋拥有权,亚裔需要寻找非传统的其他途径,这比获取正常的房屋贷款要难。加上语言的障碍,亚裔比其他族裔获得房屋拥有权的更少。为此,亚裔房地产协会提出下列解决方案:①凡是政府资助的计划,应指定提供本国语言的辅导。②向亚裔人士提供对非传统的信用记录的贷款方法。过去亚裔房地产协会提出法案而后来成了法律的 HERA'08,要求 FHA 为拥有非传统信用记录的借款人试验自动保险的解决方法。虽然有比较保守的保险趋向，这些新尝试值得试用，以帮助多种多元化族裔的借款人。

虽然由于法律环境不同，我们可能不能很准确地了解亚裔房地产协会提出的这些方案的含义，但却不难看出他们积极参政、努力为亚裔社区提供专业帮助的意愿和能力。一个行业只有让社会感受到其存在的价值，才能持续稳定地发展，而提高行业自身价值的最好办法，就是让行业担负更多的社会责任。

（原载《中国房地产》2012年6月综合版）

美国房地产经纪人的政治参与

2013年11月,笔者参加了在旧金山举行的全美房地产经纪人协会年会,在前往旧金山之前,笔者访问了位于美国中南部的俄克拉荷马州的房地产经纪人协会(OAR),接待我的是Lisa Noon女士,她是OAR的CEO。我注意到她在向我介绍协会情况的时候反复提到一个词,当时并没听得很明白究竟是哪个词,但从她说的内容能够知道是一个关于经纪人政治参与的组织。而且,在整个介绍情况的过程中她几乎主要都是在谈政治参与的问题。

图1　笔者在OAR访问,左一是OAR负责政府事务的副会长Matt Robison,左四是CEO Lisa Noon,左五是政府事务及RPAC联络员Stephanie Carter

随后在参观 OAR 的宣传图片时，才明白她说的是 RPAC 这个词。后来登录 ORA 的网站（www.oklahomarealtors.com），发现网站的一个主要栏目（仅次于 Member Tools，即会员服务栏目）就是 Government Affairs，即政府事务栏目，在政府事务栏目里就有一个 RPAC 子项，原来 RPAC 是 Realtors Political Action Committee 的缩写，即经纪人政治行动委员会。进一步研究相关的网站，发现 RPAC 其实是全美房地产经纪人协会（NAR）的一个委员会。

说起 NAR，以前就知道它除了芝加哥的总部，还在美国首都华盛顿有一个办公室，这个办公室就设在离美国国会不远的地方，有 100 多名工作人员，主要任务就是在华盛顿游说。再看 NAR 的网站（www.realtors.org），其中的一个栏目叫作 Political Advocacy，这比 Government Affairs 说得更明确，就是要进行政治支持，要为自己这个团体的政治主张进行辩护。

在查找 ORA 的网站时，笔者还"误入"了另一个网站 www.oar.org，碰巧的是，这个网站也是一个地方房地产经纪人协会的网站，这个地方是加利福尼亚州湾区的一个城市，名为 Oakland，这个协会的网站上同样有类似的栏目，名为 Local Government Relations，即地方政府关系。

就在本届 NAR 年会上，前总统夫人、前国务卿希拉里·克林顿被邀请在大会演讲，然后还在台上接受了 NAR 会长 Gary Thomas 的访谈。这同样是 NAR 的政治手笔，因为众所周知，希拉里有很大的可能在明年竞选美国总统。

回头再来说 RPAC，这个委员会向 NAR 会员募捐，有意思的是，它把会员的捐款称为 investment，即投资，并且明确告诉会员：给 RPAC 的"投资"是不能税前扣减的（这就与一般的慈善捐赠不同），同时也明确告诉会员，这种"投资"是自愿的，并且是用于政治目的的。

当然，RPAC 还会告诉会员，投向 RPAC 的钱用在了什么地方：用于成功通过新的经纪人关系法，取消了单方代理经纪人和交易经纪人（不代表任何一方，仅协助办理交易手续），这使得经纪人和消费者对相关法规更容易理解。用于成功通过立法免除住宅和商业房地产经纪人因为原始记录文件的问题而误算的面积。发起对银行的抗争，使银行不得从事房地产业务。通过立法允许电子签名。然后，RPAC 告诉会员：你的投资帮助 RPAC 继续与损害行业的立法做斗争。

房地产经纪行业管理与行业自律

图2　NAR会长Gary Thomas在NAR大会上采访希拉里

　　NAR是自愿加入的,并不强迫所有持牌经纪人加入。事实上,全国有300多万持牌经纪人,但加入NAR的只有100万,这100万会员有专门的名称Realtors,这个名称是经过注册的,只有NAR会员才可以使用Realtor称号。成为Realtor就必须遵守NAR的职业道德准则,也就是说Realtor比一般的房地产经纪人更加需要自律。广州的房地产中介协会采取的也是自愿加入的原则,协会也尝试通过为经纪人提供各种服务来吸引经纪人入会,但究竟什么东西才是经纪人真正需要的?这些东西协会又是否能够提供?这是两个根本性的问题。美国的NAR以及各级地方协会能够代表会员向立法部门和政府部门提出利益诉求,这正是经纪人所需要的,能够为经纪人带来核心利益的,而且也是单个的经纪人和经纪公司所无法做到的,这才使得NAR成为一个有吸引力的行业组织。

　　长期以来,在我国,民众提出利益诉求特别是政治利益诉求是一件很微妙的事情。但事实上,只有让民众充分表达自己的诉求,并且通过协商和博弈实现可能实现的诉求,才能让社会平稳发展。党的十八届三中全会提出要改进社会治理方式,激发社会组织活力,在笔者看来,只有当社会组织能够代表其利益团体提出并实现其合法合理的利益诉求,才能说是具有了活力。另外,作为行业组织,在面临这样重大机遇的时候,也应该具备足够的政治参与能力和政治表达能力,才能够代表行业争取行业利益。

在三年来为《中国房地产》杂志撰写的专栏文章中,笔者多次讨论过房地产经纪行业组织的作用和工作模式。十八届三中全会提出的方向,让我们看到了房地产经纪行业组织未来发展的方向。

(原载《中国房地产》2013年12月综合版)

企业伦理与社会责任

2016年11月初,笔者前往美国参加了一年一度的全美经纪人大会。和每年一样,在开幕大会上,首先隆重表彰了五位全美选出的年度经纪人。一同参加大会的中国房地产经纪人都是首次参加这个大会,甚至是首次接触美国的房地产经纪人,所以他们几乎每个人都感到诧异:这五位房地产经纪人并不是根据经营业绩选出来的。而在我们国家,评选优秀房地产经纪人几乎都是经营业绩或者是职业技能的竞争。

每年全美经纪人大会号称参会总人数都在2万人以上(包括与大会同期举行的展会人数),在这样盛大的聚会上能够走上领奖台的这五位房地产经纪人获得的称号是什么呢?是"好邻居"。在讲述获奖经纪人故事的短片中,我们看到的全是这些经纪人为邻里社区服务的各种场景和事迹,几乎完全不涉及他们的房地产经纪业务。

现代企业管理理论认为:伦理道德是现代企业的核心价值构件。并不是伦理道德有助于企业的经营,而是伦理道德本身就应该是和企业同时存在的,或者说企业的价值追求本身就应该包含了伦理道德的建树。

伦理道德是企业的核心价值构件,而伦理道德的外在表现就是企业所承担的社会责任。传统的经济学观点认为:为股东实现组织利益的最大化是企业的天职,否则就不成其为企业,增进和保护社会福利是政府和非营利组织的责任。而现代社会经济学的共识则是:企业不只是对股东负责的独立实体,它们还要对社会负责,因此企业不只是创造利润,还应包括保护和增进社会福利。企业的目标从最初期的股东利润最大化发展到企业整体利润最大化,再到兼顾员工利益,进而发展到追求企业相关利益者价值最大化,最终还要同时保护和增进社会福利。企业追求的目标在不断扩展。

今年以来,政府主管部门严管严查房地产行业的违法违规行为,很多房地产经纪人感叹生意不好做,但很多有见识的房地产经纪人则认为这才是行业发展的方向。现在感觉难受,正是因为过去的经营太不规范。

利用这次去美国参会的机会,我也和国内一些同去参会的房地产经纪公司的老板和高管探讨了这个问题,他们同样赞成现在这样严管。他们说得很实在:"要我来把员工管起来,规范他们,我也做不到,我也只能用业绩指标来考核他们。政府严查严管,就能帮我把这些经纪人管住。"

用企业道德和企业社会责任的尺子来衡量这些话,当然仍然是不合格的,但从积极的一面看,他们至少不是行业净化的阻力。从制度变迁的角度来看,尽管这些年已经有不少房地产经纪公司通过内部制度建立了真房源查验等诚信经营的模式,房地产经纪行业内部正在发生诱致性制度变迁,但政府主导的强制性制度变迁仍然是很有必要的。不管是社会公众还是房地产经纪业界,都希望政府主导的强制性制度变迁能够持续下去,并由此进一步激发和激励行业内部的诱致性制度变迁,使房地产经纪行业走上良性发展的道路,使房地产经纪人成为受社会尊重的职业。

(原载《中国房地产》2016年12月综合版)

后　记

　　2010年，《中国房地产》杂志的总编马志刚跟我说起杂志上讨论房地产经纪的文章比较少，问我能不能写一写。当时我刚参与筹建了广州市房地产中介协会，在办会过程中，首先，我经常接触到有关房地产经纪人的方方面面，会有感而发；其次，我的一些办会理念以及对行业的观点希望让大家知道，所以我就答应下来。于是，我在《中国房地产》2010年8月号发表了第一篇文章《房地产经纪人会推高房价吗?》，当时杂志冠以"名家专栏"。也就是这一篇，基本上奠定了这个专栏文章的风格：每篇文章的主题均来自实际的观察和思考，文章篇幅不长，把话说完就打住，不做深入全面的探讨，多数属于提出问题、提出观点，而不做进一步的论证，目的在于抛砖引玉，引发大家的关注和思考。

　　写了大约两三年，我跟志刚总编说："我写不下去了，感觉肚子里没货了。"他不让我停笔，"逼"着我继续写，我也只好搜肠刮肚继续写。说实话，自己也觉得文章质量参差不齐，所以要感谢《中国房地产》杂志不离不弃，每篇都来文照登。为了这个专栏，我也不得不逼着自己多想、多观察。于是这个专栏一直保存至今，期间经历了《中国房地产》杂志的两次扩版：先是从月刊扩充为半月刊，上半月为综合版，下半月为市场版；后又继续扩充为旬刊，增加了学术版，而"名家专栏"一直在综合版保留下来，只是名称改为了"廖俊平专栏"。

　　时光荏苒，白驹过隙，转眼这个专栏已跨越十个年头（这也是我自己始料未及的），积攒下来的文章也有三百多篇了，其中绝大多数是关于房地产经纪的，也有一些其他方面的文章。

　　自从2010年广州市房地产中介协会成立，蒙各位会员不弃，我在2014年和2018年两次连任会长，第三届任期将于2022年结束，而我在大学的教书生涯也将在2023年走到终点，趁着现在还有精力，想把这些年发表的相关专栏文章结集出版。

这个集子只选取了专栏中有关房地产经纪的文章,其他与房地产经纪相关性不大的文章没有入选。除此之外,还有几篇文章是在本人的微信公众号"分享从不懂房地产开始"发表的。《中国房地产》杂志专栏上的文章基本上会在这个公众号转载,反过来,很多时候是先写了公众号文章(因为公众号文章每天可以发,时效性更强),再改写之后发表在专栏上,但有些时候发完公众号以后没有把文章发到专栏上。

在编撰这本集子的时候,首先是将全部文章分类,共分成三个大类:房地产经纪行业现状与行业发展、房地产经纪行业合作与行业升级、房地产经纪行业管理与行业自律。第一大类是针对行业状况的;第二大类所说的行业合作主要是关于行业合作的互联网平台建设,这是行业升级的必由之路;第三大类是笔者在从事行业协会工作时的观察和思考所得。

文章的编排基本上是按照在《中国房地产》发表时间的顺序,但有些文章是前后关联的,就把这些相互有关联的文章放在一起了。

集子编撰完成之后,我请中国房地产估价师与房地产经纪人学会会长杜鹃女士为本书写序,杜会长欣然应允,在此对杜会长的关爱和支持表示由衷感谢。

中山大学出版社的前任副社长张学勤、本书责任编辑王睿为本书出版给予了充分的支持和关心。特别是王睿编辑,勤勉敬业,一丝不苟,在此一并表示衷心感谢。